東京大学駒場スタイル

Komaba style, the University of Tokyo

東京大学教養学部 編

Komaba Style, the University of Tokyo

Edited by the College of Arts and Sciences, the University of Tokyo

University of Tokyo Press, 2019
ISBN 978-4-13-001351-2

はじめに——学際知の俯瞰力

本書『東京大学駒場スタイル』を通じて、私たちは「紙上オープンキャンパス」、「紙上ホームカミングデイ」の同時敢行に挑んだ。多彩な顔ぶれが紙面に集い、創立以来七〇年の歴史を回顧し、未来を展望する。過去・現在・未来の駒場生とそのご家族はもちろんのこと、広く教育・研究関係者、さらにこれからの大学に期待を寄せてくださる各界各層に、是非とも駒場の今をご覧いただきたい。

ひとくちに「駒場」と言っても、「駒場経験」は東大生の数だけある。そしてその経験も、それについての記憶の色彩も濃淡も各人各様である。

東大生（学部生）は学部の一、二年次（「前期課程」）を駒場で過ごす。それは入試の形態によるものではない。東大への入口が、国内の高校の卒業生を対象とした一般・推薦入試であろうと、国外の高校の卒業生を対象とした外国学校卒業学生特別選考であろうと、まずは駒場で学ぶ。したがって、学士入学者、編入学者（現状では理学部、工学部への編入学者）のような若干の例外を除くと、東大生に駒場経験を持たないものはいない。

これに対して、一部の東大生（一学年三〇〇〇名のうち二〇〇名弱）は、教養学部の後期課程三学科（教養学科、学際科学科、統合自然科学科）のいずれかに進学して三、四年次も駒場生活を続ける。これに加えて、二〇一二年に駒場キャンパスに開設された「英語による学部教育課程

（Programs in English at Komaba, 略称ＰＥＡＫ）」の学生（実績としては毎年三〇名程度）も、基本的に教養学部後期課程の「国際日本研究コース」あるいは「国際環境学コース」に進学する。つまり、本郷経験を持たない東大生である。

さらに、短期交換留学生も駒場に集う。一九九五年から短期交換留学制度（Abroad in Komaba Program, 略称ＡＩＫＯＭ）に基づき、教養学部は学生交流覚書を締結している海外の協定校から一年間の交換留学生を受け入れてきた。現在では、制度自体は全学交換留学制度（University-wide Student Exchange Program, 略称ＵＳＴＥＰ）に模様替えしたが、協定校から本学が受け入れる交換留学生のうちの多くも、駒場を本学における勉学の拠点としている。

さらに、駒場（Ｉ）キャンパスで日夜学業に専念没頭する総合文化研究科・数理科学研究科の大学院生（修士・博士課程）。研究・教育活動に明け暮れる教員。そして学生・教員の活動を多方面から支える職員と続く。これら多彩な駒場人たちの思考と行動の軌跡が、この駒場キャンパスで日々交差する。

一九四九年に新制東京大学に設置された教養学部は、この春、創立七〇周年を迎える。それを記念して編まれた本書の中で過去・現在の教員・学生らによって語られるのは、駒場とのかかわり方によって異なる、それぞれ独自の駒場経験である。その各人各様の物語を生み出すのが、教養学部と大学院総合文化研究科がもつ学際性と重層性にほかならない。

総合の中の総合

東京大学は、その憲章（東京大学憲章）において、国民から付託された資源を有効に活用して、教育・研究の成果を社会に還元することを約束している。変化のない社会であれば、大学も専門知ごとの職業教育を提供すればこと足りよう。しかしながら、一個人の生涯労働期間に産業構造の変化の起きる社会では、すぐに役に立つ実務知識などすぐに役に立たなくなる。それに代わって求められるのは急速な変化にも臨機応変に対応できる力であり、総合研究大学の存在意義もまさにそこにある。社会で活躍するには何を措いても実務教育だとするような短絡は、総合大学には馴染まない。

駒場では、前期課程には「総合」科目があり、後期課程には「統合」自然科学科、「学際」科学科、分科に「超域」文化科学分科、「総合」社会科学分科がある。大学院研究科はそれ自体が「総合」文化研究科であり、その中に、「超域」文化科学専攻、「広域」科学専攻、さらに「相関」基礎科学系、「広域」システム科学系、そのうえ「相関」社会科学コースもある。「総合」「統合」「広域」「超域」「相関」の志が駒場に集結しているのである。

東京大学という総合研究大学にあって、これほど知の総合性を強調している部局はほかにない。学部前期課程、後期課程、そして大学院（修士・博士課程）と、三層のどの層をとっても、あるいは人文・社会・自然科学のどの学術領域をとっても、総合的な学知が重視されている。

人類社会の課題への学際的応答

ではその総合的学知にどのような意味があるのか。

健康・安全、経済の成長、文化・芸術の創造、紛争の回避、真理の探究、技術の革新、人間としての自己実現等々。人間社会における諸価値の実現に学知は欠かせない。大学が生み出す学知の還元を社会が待望するのは当然だろう。

他方で、学術研究にはディレンマが付随する。歴史を振り返れば、第二次世界大戦期のマンハッタン・プロジェクトは、米国の安全を確保するための国家プロジェクトであった。一国の安全保障という目的のために動員された先端知は、原子爆弾という成果をもたらしたが、この事業は同時に国家間に熾烈な軍備競争を生み、人類の共存を危うくする事態を招いた。このように、ある特定の価値の実現に資する学知は、他の価値を損ないうるのである。

ほかに二つ例を挙げよう。現在の世代の生活水準の向上には経済の成長が必要だろう。しかし開発には「社会的コスト」が伴う。たとえば、地球温暖化、オゾン層の破壊、生物多様性の喪失、酸性雨、砂漠化などの地球環境問題。このような開発は、将来の世代のための地球環境の保護や、地球規模の共有資源（グローバル・コモンズ）の保全という地球人類社会に共通で長期的な価値と両立せず、その意味で持続性を持つものではない。それゆえに、今日では、環境保全にも配慮した節度ある開発としての「持続的開発」が地球規模の課題として意識されるに至っている。

また、エイズ（後天性免疫不全症候群）、エボラ出血熱、ＳＡＲＳ（重症急性呼吸器症候群）など、国境を越えて広がる感染症の撲滅は国際社会の共通の利益と言える。この感染症の撲滅には、医薬品の知的財産権の保護という法的措置が求められる。というのも、それなしには先進国の製薬企業が医薬品の研究・開発に潤沢な資金を投資する経済的な動機を確保できないからである。しかし、研究・開発への投資を回収するために医薬品が高価となっては、途上国の多数の患者に安価な医薬品へのアクセスを保障するという地球人類社会のもう一つの価値を実現できない。そこで知的財産権に一定の制限を設けようと国際的な合意形成を目指す政治的な動きも生まれている。

もし私たちが、その想像力を自分で見聞きできる範囲を超えて広げることができずに、ただ個人の、あるいはたまたま所属する特定集団の短期的な利益だけを追求することに専心したらどうなるだろうか。人類社会は、ここに説明したようなディレンマから抜け出せず、その共通にして長期的な利益を実現できるものではない。

それゆえに、広く世界を見渡し、遠く未来を見据え、天涯に知己を得て彼ら・彼女らと協働して地球規模の諸課題に主体的に取り組むグローバル・シティズンを育てることに、教養学部・大学院総合文化研究科の今日的な使命がある。

先端知の再生産へ

ここまで述べてきたように、教養学部・総合文化研究科が培おうとする学際知は、断片的な知見を連結・統合する総合的な知であり、それが時代の変化に対応する判断と、それを先導する勇気に根拠を与える。

教養学部は東京大学における学部前期課程教育の責任部局であるが、その前期課程教育は、前期課程のみならず、後期課程、大学院の三層にわたる知の奥行きがあってはじめて可能になるものである。ここでは学際知という学術の新地平までをも展望しうる射程の長い導入教育が行われている。ただ駒場の教育は特定の専門分野に囚われない知の広がりを持つというだけではない。

無論、学際知の理念さえあれば学部の現状が正当化されるというものではない。その成果も確認しておくべきだろう。駒場の学際的な教育は、実際に、後期課程に特化した諸学部に比肩しうる評価を受けている。

たとえば、本学の学生として、学業等において特に顕著な業績を挙げ、他の学生の範となるとして総長が表彰を行う総長大賞については、直近の二年間は教養学部後期課程の学生——二〇一七年度は柏倉沙耶さん（統合自然科学科）、二〇一八年度は山岸純平さん（統合自然科学科）——の受賞が続いた。また、前期課程修了後、後期課程への進学の場面でも、教養学部後期課程への進学を希望する学生は多い。さらに、特定の後期課程への進学を期す国内・国外の高校生のための選考プロセスとして本学には推薦入試などがあるが、本学部後期課程はそこでも一定の存在感を有している。

教養学部創設から七〇年、駒場は、文系、理系の両分野において、組織の重層性を活かし、一方において先端研究の成果を学部教育に還流しつつ、他方において学部教育の成果として養成された人材が次世代の研究を担って行く態勢を整えてきた。東京大学駒場スタイルとも言うべき学際知の探究は駒場ある限り終わることはない。

前東京大学大学院総合文化研究科長・教養学部長　石田　淳

目次

I　いま、大学の研究と教育とは？――東大駒場の挑戦

II　知の循環――研究と教育の連動

Ⅳ 学びの遺産——キャリアを切り拓く

V　理想のキャンパス――学びを支えるインフラ

キャンパスマップ

⑮ 第一高等学校寄宿寮跡　II 歴史と組織 1，V 歴史ある風景 1
⑯ 駒場ライターズスタジオ　II 先進的な教育 2
⑰ QOMジム　V ユニークな施設 1
⑱ MRI装置　V ユニークな施設 2
⑲ パイプオルガン　II 社会とのつながり 3
⑳ スタインウェイのピアノ　II 社会とのつながり 3
㉑ 大隅良典先生ノーベル賞受賞記念碑　V ユニークな施設 3
㉒「橄欖《かんらん》」碑　V 歴史ある風景 1
㉓ 駒場農学碑　II 歴史と組織 1
㉔ 嗚呼《ああ》玉杯之碑　II 歴史と組織 1
㉕「一高ここにありき」の石碑　II 社会とのつながり 1
㉖ 新墾《にいはり》之碑　II 社会とのつながり 1
㉗ 第二グラウンド　V 歴史ある風景 2
㉘ 野球場　V 歴史ある風景 2
㉙ ラクビー場　V 歴史ある風景 2

※本文で言及していない関連施設等も含みます.

東京大学駒場

❶ 正門	V 歴史ある風景 1
❷ 1号館	II 歴史と組織 1，V 歴史ある風景 1，3
❸ 8号館	V 知的資源・アーカイヴ 1
❹ 講堂（900番教室）	V 歴史ある風景 1
❺ 101号館	V 歴史ある風景 1
❻ アドミニストレーション棟	V 知的資源・アーカイヴ 1
❼ 駒場博物館	II 歴史と組織 1，V 知的資源・アーカイヴ 1，3，V 歴史ある風景 1
❽ 駒場図書館	V 知的資源・アーカイヴ 1
❾ アメリカ太平洋地域研究センター図書室	III 激動する社会を読み解く 1
❿ 三昧堂《ざんまいどう》	V 歴史ある風景 1
⓫ 駒場ファカルティ・ハウス（一高同窓会館洋館）	V 歴史ある風景 1
⓬ キャンパスプラザ	V 歴史ある風景 1，3
⓭ 駒場コミュニケーション・プラザ	V 歴史ある風景 1，3
⓮ 旧第二本館跡	V 知的資源・アーカイヴ 1

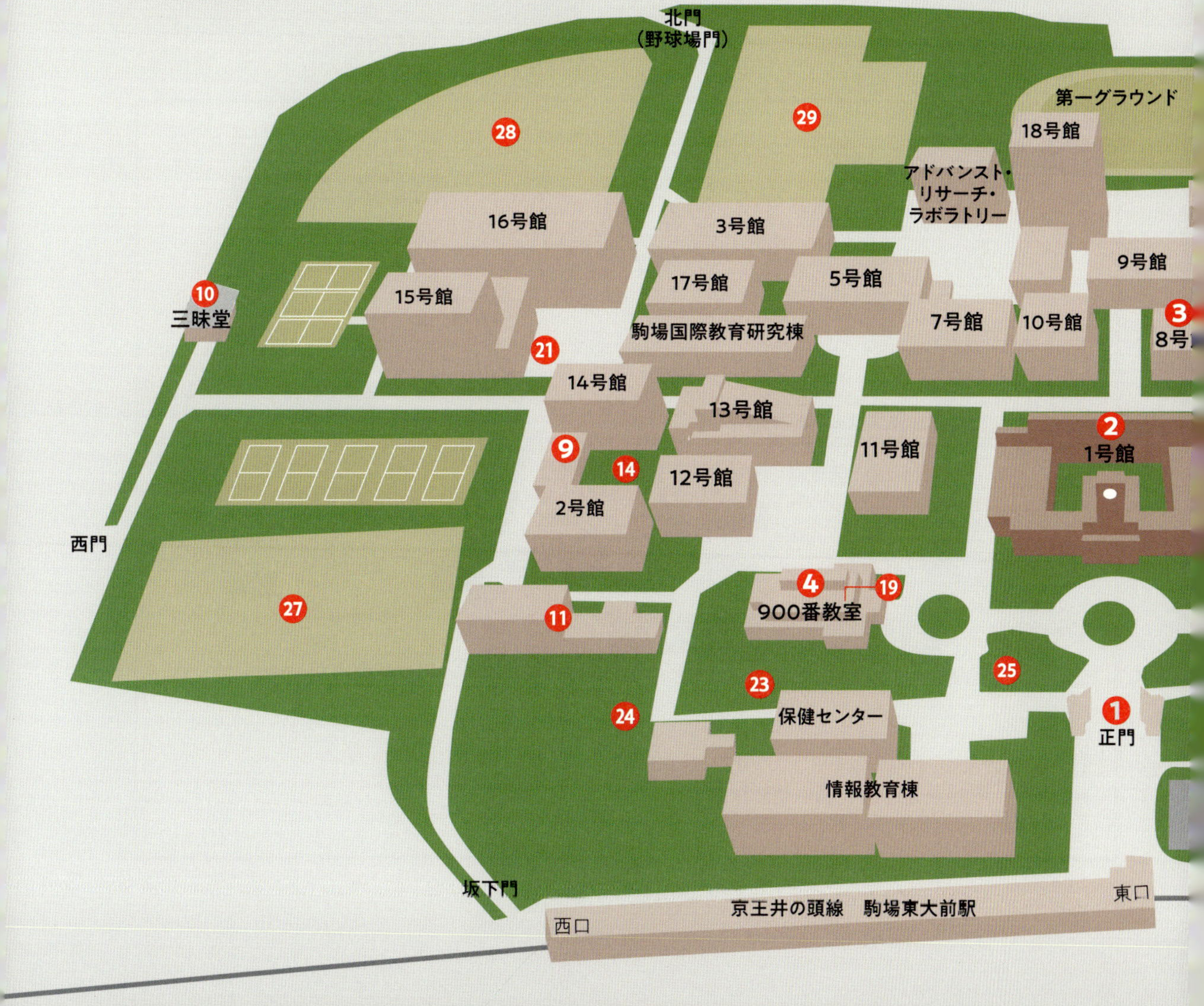

東京大学駒場キャンパス空撮写真（撮影　東京大学教養学部共通技術室 技術専門職員 滝澤勉，2014年11月21日）

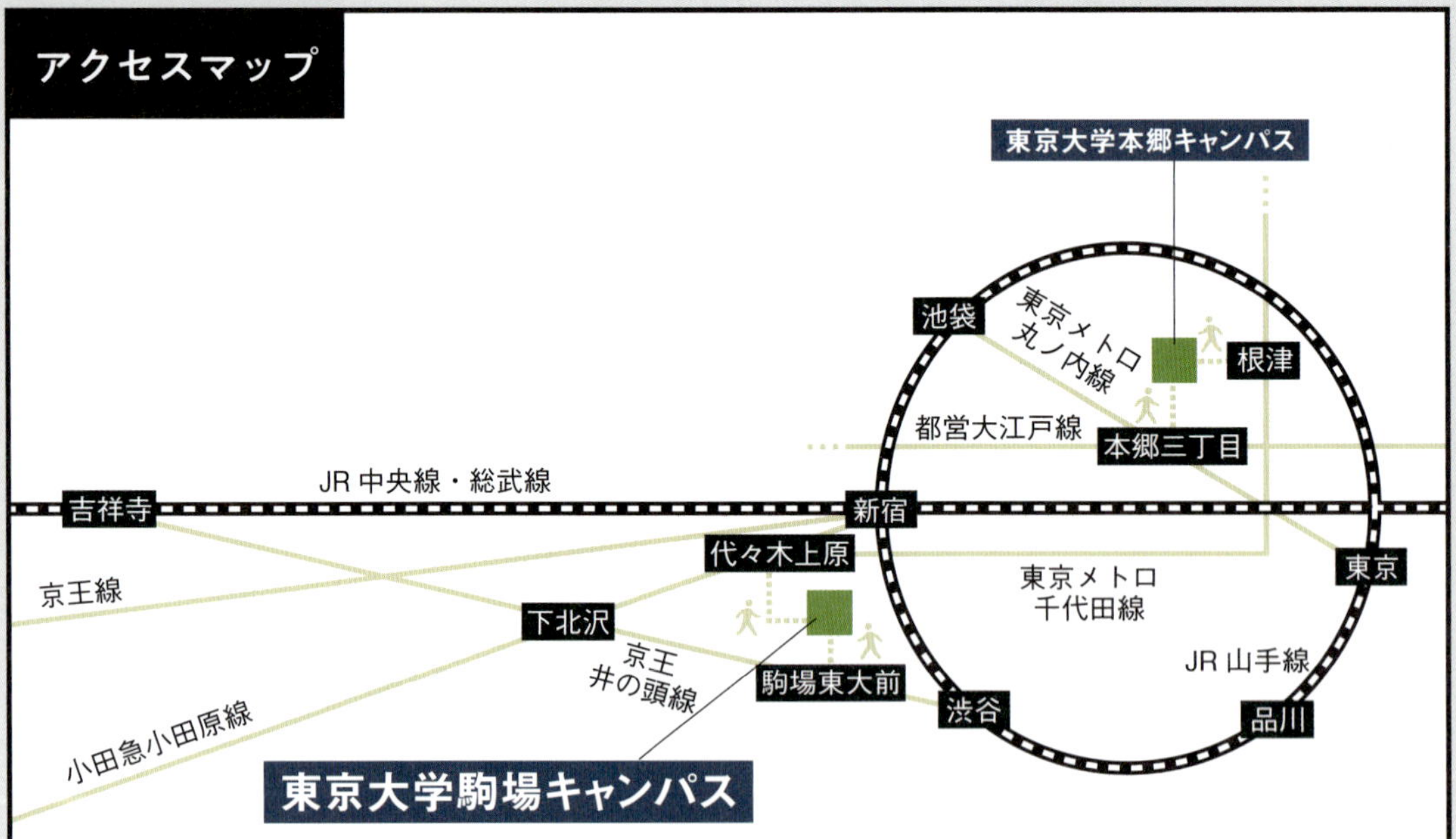

【所在地】
東京大学大学院総合文化研究科・教養学部
〒153-8902 東京都目黒区駒場 3-8-1

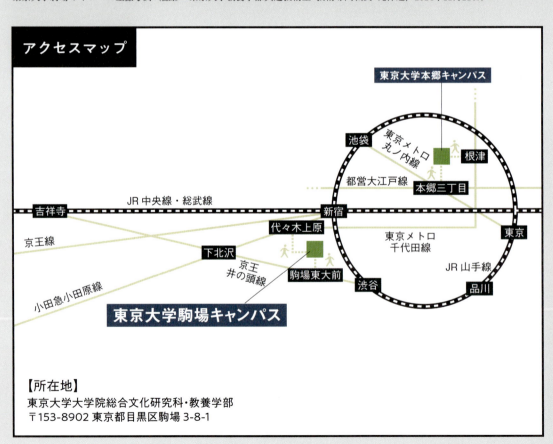

I

いま、大学の研究と教育とは？——東大駒場の挑戦

鼎談　大学の力量と

石田　この鼎談は、東京大学駒場キャンパスで、教養学部の学生としての、そして生物学教室の助教授としての年月を過ごされた大隅良典先生をお迎えし、新旧の教養学部長たる太田邦史先生、石田が加わって行うものです。

　ここでは、東京大学駒場キャンパスにおける研究・教育に関する三つのトピックを取り上げます。まず第一に「前期課程教育の意義」です。東京大学に入学した学生は駒場にある教養学部に所属し、前期課程二年間の学生生活を送りますが、この学部前期課程の学問の広域性について考えます。第二は「研究と教育の連環」ということで、駒場の三層構造（前期課程、後期課程、大学院）、すなわち研究・教育の重層性が生み出す相乗効果を論じます。そして第三は「大学と社会との連携」、言い換えると、外部との関係のあり方ということです。

教養学部における前期課程教育の意義

石田　まず第一のトピック「前期課程教育の意義」ですが、教養学部の創立時点（一九四九年）の旧大学設置基準によると、「大学は一定数の一般教育科目および専門科目を開講すること」となっていました。「専門科目」を学ぶ後期課程とは異なり、前期課程においては「一般教育科目」を学ぶとされ、それが人文科学、社会科学、自然科学、外国語、保健体育の五科から成る五科体制というものです。その意味では、前期課程で専門にとらわれることなく幅広く学ぶとされたのは、考えてみれば当然のこととも言えます。

　大隅先生が一九八八年に駒場に着任された後、一九九一年に大学設置基準の大綱化がありまして、大学はこの既存の制約から自由になりました。その結果、多くの大学で「教養学部」は改組・解体されましたが、東京大学は教養教育重視の姿勢を変えることなく、教養学部では「基礎科目、総合科目、主題科目」の体制が整えられました。新入生には、専門にとらわれることなく、人文・社会・自然科学を幅広く分野を横断して学ぶ機会が保障されたわけですが、このことに一体どういう意義があると考えるのか。この問題を手がかりに、教養学部における前期課程教育の意義について考えたいと思います。

大隅　東大は、独立した教養学部を持つ日本の中で唯一の大学です。教養部がいろいろな大学で廃止されて、前期課程教育に相当するものが縮小されてきたというのが、ここ二十年ぐらいの大学の歴史です。私はやはり、東大の前期課程において駒場で二年間を過ごすというのはもの凄く貴重なことだと思っています。

　いろいろなものの知識、われわれが知らないといけない知識が膨大になったという

社会の器量

太田邦史 × 大隅良典 × 石田 淳

こともあるのですが、例えば大学入学前の高校生が、いきなり工学部で電気工学をやりたいとか、理学部で生物をやりたいとか決断することに、そもそも無理があります。何をやりたいのかを立ち止まって考えるその二年間というのが、私自身も含めて、大変貴重な時間だったと思います。受験勉強から抜け出して、はっともう一度自分の先々を考えてみるという意味でも、それほどまだ専門性が高くない状況で二年間過ごせるのは、とても大事なシステムだと思っています。

この頃、企業のトップの人といろんな会話をするときに、「私は文系ですから」という言葉を発する方が多いんですね。そういうことを言っている間は、この国はいろんな問題点を解決できないと、私は思っているんです。文系と理系の区別もないほどの人間力をどう身に付けるかということが大学の課題だと思います。海外の大学を見て回ると、たいへん雑多な人間が集まって来られるシステムになっています。教養学部も、そういうものの一つの手本になってくれるといい。駒場の前期課程の役割というのは、そういうことではないかと思っています。

太田　大隅先生に質問があるのですけれども、高校から大学に来るときに生物学をやりたい、こういうことをやりたいという明確な目的がおありになったのか。それとも、もっと違う分野のことをやりたいと思われていたのでしょうか。

大隅　私は生き物が大好きで昆虫少年でしたけれど、実を言うと生物学をやりたいとは、これっぽっちも思っていなかったんですよ。われわれの時代は高校で理科を三科目とればよかったので、一年で地学、二年で化学、三年で物理をとって大学に入った。だから、高校の生物の授業というのは実はとったことないんです。そういう人が、生物学者の中には一定程度いるんですね。私は親の希望もあったのか、どこか自然科学には関わりたいということはあったんですけど、実際には化学をやろうと思っていたんです。

ところが、これも時代背景で、ちょうど分子生物学のまさしく勃興期で、ジェネティック・コード（遺伝子コード）がどんどん決まっていくのが本当に面白くて、それで分子生物学に進みたいと思ったのが、私にとっての教養学部の二年間ですね。そういう意味でも、まだいろんなことがわからないときに考えられる時間というのは、とても大事だと思っています。

太田　大隅先生は、分子生物学のことを勉強されたとき、どの先生についていましたか。

大隅　これもよく言うんですけど、化学というのは大きな体系があって、有機化学と無機化学が分かれ、かえって大学で習うことはそれほど新しくない傾向があるじゃないですか。一方、当時は生物学、特に分子生物学の分野で、日本に大先生がまだいたわけではなかったんですね。そういう権威がない分野というのは、若者がとても元気なんですよ。例えば、「分子生物学を勉強したいです」と言っても、教科書はほとんどなかった。F・ジャコブとE・L・ウォルマンの『細菌の性と遺伝』（原著一九六一年）くらいかな、それも前期課程の学生が読むには難しくて。ジェームス・D・ワトソンの『遺伝子の分子生物学』（原著一九六五年）もその後ですから。でも、そういう意味で楽しかったですね。

問題の発見を大事にする

太田　いま駒場でトップの学生を伸ばしていく大隅先生のような学生を育てたいということで、「先進科学研究機構」というのを作り始めているところなんです。大隅先生が分子生物学を勉強されたのと同じように、最先端の新しいことを、やる気のある学生にどんどん教えていくというものです。それで学生のやる気を喚起したいなと。そういう取り組みについてはいかがですか。

大隅　大変面白いと思います。そのときに、やはり自分たちで考えて、問題を発見していけることを大事にしてあげるといいだろうと思いますね。マイナーになっているようなところに面白い課題があるはずなんですよ。

例えば、工学系でも情報分野などは流行りだけど、ものづくりで面白い課題というのはいっぱいあるはずです。だから、「これは新しいですよ、次の課題はこれですよ」と人がワッと寄ってたかっていることをやるのではなくて、あまり注目されてないけれど、これから面白いことが発掘できるかもしれないという精神を養ってあげないと。ところが、「先端」や「先進」と言うと、その流行りのことに群がってくる。

大隅良典(おおすみ・よしのり)
東京工業大学科学技術創成研究院特任教授・栄誉教授，自然科学研究機構特別栄誉教授，総合研究大学院大学名誉教授，基礎生物学研究所名誉教授，東京大学特別栄誉教授．専門は分子細胞生物学．1945年生れ．東京大学教養学部基礎科学科卒，同大学院理学系研究科相関理化学専門課程博士課程単位取得，理学博士取得．東京大学教養学部助教授，岡崎国立共同研究機構基礎生物学研究所教授などを経て現職．2006年日本学士院賞，2009年朝日賞，2015年文化功労者，2015年ガードナー国際賞，2016年文化勲章，2016年「オートファジーの仕組みの解明」によりノーベル生理学・医学賞など多数受賞．

もちろんそういう人がいていいんですが、その言葉についていけないけど、とてもユニークな考え方をする人を教育で拾い上げていくことが大事なんじゃないかなと思います。

太田　先生のおっしゃったとおり、学生が自主的にやることを考えて、人に左右されずに、本当にオリジナルのものを生み出せるようにしていく。そういう能力が、東大生は本来高いと思っているんです。一方で、東大生はやはり他人の目が気になる。そういう状況でも、自分の考えで物事を決めるなど、自主性を持つような考え方を学生に作ってもらいたいと思っています。

大隅　私もそういう先進的な研究をする機構があってほしいと思うと同時に、でも「もっと流行りのことに飛びつきなさい」ということではないだろうという気もする。そこをどういうふうに形にできるかは難しい問題だとは思うんですけど。

太田　その点、大隅先生のオートファジー（細胞自身が細胞内のタンパク質を分解するための仕組み）の研究というのは、失礼ですけれど、最初はそんなに注目はされてなかったと思います。けれども、これが非常に大きな課題だということが、だんだん世の中にわかってくるようになってきたのですね。

大隅　そうですね。けっこう時間がかかっていますけどね。

太田　そのことは、一つのよい事例なのではないかと思います。若い人にはそういう具体例が、わかりやすい人生のルートになると思うのです。ですから、大隅先生がノーベル賞受賞後に駒場で講演されてから、駒場の教養学部の理系に進学する学生の数が増えました。非常にいい効果が、私たちにとってはありました。しかも、自分で考えられる自主性の高い学生が教養学部の後期課程に来ています。

失敗を恐れては科学はできない

石田　この自分で考えるということについては、前期課程ではずいぶん前から「理科の過密ダイヤ」の問題が指摘されてきました。カリキュラムのノルマが非常に厳しくて、どうしても受け身になってしまい、自分なりの問題を発見する、あるいは自分だけの課題を発見するということは、なかなかできないとも言われるのですが、このあたりはどうでしょうか。

大隅　私が分子生物学をやりたいと思ったのが駒場の二年の頃なんですが、それでも自分で考える基盤がもう一つしっかりしてないなと思ったので、基礎科学科に進学しました。基礎科学科というのは、前期課程の延長みたいなものですね。まだあと二年間、レイト・ディシジョンをするという課程に進んだんです。その頃の基礎科学科というのは、私が二期生ですから、まだ海のものとも山のものとも評価が下ってない時代でした。とても面白いヘテロジェニティ（非同質性）な人たちの集団が形成されていたんですよ。去年、駒場で私の同級生が集まろうと、上と下の学年も混ぜて、全体で八十人ぐらい集まったんです。こうした同窓会は時々あるんですけれど、いつも楽しいんです。というのも、経済企画庁に入ったやつがいたり、医者に途中からなったやつがいたり。私は大学院で相関理化学専攻に進学しましたが、それ以外にも地球物理、天文、数学、薬学とか、駒場からみんな違うところに行った。先々いろんな道に歩んだ人がいる。そういう意味で、基礎科学科というのはいろんな人たちの集団で、面白いところでした。

ただ、実を言うと私は落ちこぼれで、量子化学だとか電磁気学だとかとてもついていけないなと感じたので、もうこれはいいやと思った。量子力学の最先端も、分子生物学の最先端もわかったらいいけれど、「わかったから何か凄いことができるわけでもない」というように、どこかで居直らないといけない。私はあるときに、それができました。だからいま、若者には「勉強というのは、知識がいっぱい詰め込まれた状態を作るということではないよ」と言っている。そうでないと、お勉強にずっと慣れて育ってきている世代には、自分で何かをやってみようという意欲が育たないんだと思うんですね。

太田　確かに東大生は点数で後期課程の進学先が決まったりするので、優等生は全科目を頑張ってしまい、それがそのままずっと続いていくという傾向があります。そうではなくて、どこかで人間の脳みたいに取捨選択して切り捨てていくというのも大事なプロセスですね。

大隅　ええ。私は「年を取るとは切り捨てることなんだよ」ということを言うんですけど。

石田　確かに、知識や情報を消化しなければならないという強迫観念は、学生に非常に強い。どこかで居直ることが必要だと思います。

石田淳（いしだ・あつし）

前東京大学大学院総合文化研究科長・教養学部長（2017～2019年）．同大学院総合文化研究科 国際社会科学専攻 国際関係論コース 教授．専門は国際政治学．1962年生れ．東京大学法学部卒，同大学院法学政治学研究科修士課程修了，シカゴ大学政治学部 Ph.D.（Political Science）取得．東京都立大学法学部教授，東京大学社会科学研究所助教授などを経て現職．著書に『国際政治講座』（共編著，東京大学出版会，2004年），『日本の国際政治学2　国境なき国際政治』（共編著，有斐閣，2009年），『国際政治学』（共著，有斐閣，2013年）など．

大隅　いまの社会は「一回も失敗しちゃいけない」という感覚が若者にはありますよね。特に受験を勝ち残った東大生には、失敗したらマイナスのスパイラルに落ち込んでしまうという恐怖感が凄く強いんだと思うんですね。失敗しちゃいけないという感覚は、科学とは相容れないんですよ。だって、科学というのはほとんどが失敗ですから。そうすると、若者の気分から言えば、先生が偉くて、言われた課題をこなしていくのが一番無難だという考えになってしまうんですよね。

太田　リスクを取らないということ。

大隅　「できました、先生」、「次は何やりましょう」という感じの学生が、やっぱり東大生でも増えてきているんですね。自分で課題を発見するよりは、提起された課題をいかに速く手際よく解くかが大事なことだとみんな思い込まされているという問題がある。

石田　失敗してはいけないという発想は科学とは相容れないと大隅先生に言っていただくと、学生は本当に勇気づけられるんじゃないかと思います。

太田　優秀な学生には、ずっと競争で勝ち残っているような人がいて、ちょっと実験がうまくいかなくて論文が出ないとかいうと、もう自分は落ちこぼれたんじゃないかと思ってやめてしまうんです。そんなもったいないことをしない方がいいのにと思います。

研究と教育の連環

石田　この文脈で、「研究と教育の連環」という第二のトピックに移らせていただきます。駒場キャンパスでは、学士の前期課程と後期課程、それから大学院と、三層にわたる学術活動が行われています。いま、教養学部では、研究の成果を学部教育に還流して次世代の知の担い手の育成を図る「先端知の再生産」を部局の構想に掲げています。そこで駒場のこの重層的な組織の中で展開する「研究と教育との連環」について多面的に考えたいと思います。

駒場では、「レイト・スペシャライゼーション」(時間をかけて専門を決めること)、そして「アーリー・エクスポージャー」(早い時期から先端研究に触れること)を以前から標榜してきましたが、これは学生の視点であって、実はこれだけであれば一人の教員が前期と後期を両方担当する必要はない。つまり、別の教員が前期課程だけ、あるいは後期課程、大学院だけを担当することでも実現します。けれども、そこはやはり違うと思われます。前期課程だけを担当する教員の前期課程教育には緊張感がないのではないか、学問を基礎から再構築するという気概を持った研究者が基礎を教えるということに意義があるのではないか、ということを考えるのです。このあたりに関連して、「先端的な研究」と「基礎的・基盤的な教育」の連環についてお考えを伺えればと思います。

大隅　大変難しい問題で、駒場の三層構造はある意味では理想形に近いところもありますが、それはシステム全部で完結していればよいのかもしれない。特定個人がいつも三層構造の教育を担うことに関しては、少し考えてみる余地があるかなと、私も八年間、駒場で授業をして思ったところでもあります。研究者として一流というのは、最先端の論文をたくさん書いているということではない。やはり駒場の先生方が一流の研究をしていると社会的にも認められるために必要な条件は満たさないといけないという気がします。

ただ、当たり前のことですが、必ずしも議論されないのは、どういうところが教養学部の先生として大事な要件かということですね。もの凄く素晴らしい研究をしていればいいということでもない。一方で、例えば、教育で若者をエンカレッジしてあげるというのは一つの能力です。そのためには、自分自身も自信がないといけない。

何か大きな装置を持ってきて、学生何十人でやるようなラボは難しいから、そうではなくて面白い研究を展開する。もし教養学部で行える枠を超えると思ったら、その人たちは外部に出ていけるようにする。そういうシステムがあると三層構造が大きな意義を持つのかなと思っています。

私も分子生物学の解析をスタートする頃までは駒場で研究をやったんですけど、やはりその先を展開できたのは、岡崎市の基礎生物学研究所に行けたからです。その一方で、教養学部でこういう仕事がなされたという評価は残っていく。とても大事な問題が解けるという確信を持った人が、ここで研究室を持っているというように。だから、教養学部の先生になる資質というものを大学の方がきちんと見極める基準を持たないと、三層構造も理念としては正しいけれど、ということになってしまうと思いますね。

実は教養学部にもバラエティがあって、太田先生のように大きなラボを維持できる人もいるヘテロジェニティが認められるということは、とても大事だと思うのです。みんな同じことを考える人たちの集団になったら、それも面白くないので、その辺もバランスがとても難しいと思います。

引用件数よりも研究の本質や人物

太田　私も大隅先生の専門に非常に近い、酵母の遺伝学とか、分子生物学をしております。授業では自分の研究内容であるとか、偉大な発見のエピソード、例えば酵母の細胞周期研究でノーベル賞を受賞したポール・ナースの研究の話とか、そういう実際の研究の生々しい話をすると、学生の目が輝いてくるんです。こういうものが、実際に研究をやっている人ができる授業なんじゃないかなと。そこが三層構造のよいところではないかと思います。

大隅　それはもう間違いないですね。

太田　自分の研究分野でいえば、例えばいまこんな高性能なDNA配列解析装置が登場してきたのだけれども、それを使うとこんな凄いことができるとか。また、基礎科目の授業で、けっこう高度な自分の研究の

太田邦史（おおた・くにひろ）
東京大学大学院総合文化研究科長・教養学部長（2019年〜）．同大学院総合文化研究科 広域科学専攻 生命環境科学系 教授．同大学院 理学系研究科 生物科学専攻（兼担），同・生物普遍性連携研究機構（兼担）．1962年生れ．東京大学理学部卒，同大学院理学系研究科生物化学専攻博士課程修了．理学博士．理化学研究所研究員などを経て現職．専門は分子生物学，遺伝学，構成生物学．Invitrogen-Nature Biotechnology 賞（ベンチャー部門，2006年），文部科学大臣表彰・科学技術賞（研究部門，2007年）などを受賞．著書に『自己変革するDNA』（みすず書房，2011年），『「生命多元性原理」入門』（講談社選書メチエ，2018年）など．

内容も一年生相手に話したりします。私がやっている酵母の研究は、学生があまり興味を持たないのですが、実は酵母のような単純な生物を研究することで、人間の病気などのいろんなことがわかる事例を教えたりできます。そういう点が、駒場の凄くいいところかなと思います。それがしかも一、二年生という、非常にフレッシュな若者にアクセスできるわけです。

大隅　そうですね。私もこの頃、「太田先生の授業を聴いてました」という人に会いますね。

太田　僕も、理学部で大隅先生の液胞に関する講義を聴かせていただきました。

大隅　そうですか。言われてちょっと恥ずかしい思いをするんですけれど。でも、教養学部は高校から入ってきて、最初に所属する場所です。これは選択制ではないから、たまたまなんですよね。例えば、生物を誰から習うかは運不運なんですね。面白い先生に当たったらもう生物学をやろうと思うし、つまらない講義だったら生物学なんてやるまいと思う。そういう意味では、けっこう責任があるんですよね。

　それは、必ずしも何か凄い研究をしていたということと関係がないのかもしれない。私がいるときから、教養学部のある先生のところから生命化学科や生物学科にたくさん行くということがあったんですよ。だから、教養学部の先生の持っているべき資質というのは、たぶんあるんだと思います。

太田　そういう面で、研究と教育のバランスを考えられるような人を採った方がいいかなという気がしています。

大隅　そうですね。それとやはり、「教育が面白い」と思えないとやっぱりいかんということもあると思います。

石田　先ほど、教養学部の教員の資質というものを学部の側で見極めないと、この理念としての三層構造がうまく機能しないということをおっしゃられて、それは本当にそうだなと思いました。

大隅　この頃、「インパクト・ファクターの合計を書きなさい」とか数値化を求められますが、くだらないと言いながら、どうしても引っ張られる。「ああいうのは教養学部は一切使いません」とか宣言されたら、それはそれでインパクトがあると思うんですね。

太田　でも採用に当たっては、そういったものは考えないと。

大隅　いや、皆さん、「インパクト・ファクターとかくだらない」と言うんですよ。実を言うと、とてもすぐれた研究者の集団では論文数なんて一切議論しない……。去年、イエール大学に行ってインパクト・ファクターのことが議論になったら、「この大学ではそれは禁句です」とのことだった。

石田　イエール大学の広報で、学部の一年生もノーベル賞受賞者から授業を受けることができるということをうたっていますが、実は教養学部にも大隅先生がいらして、その頃の学生はまさにノーベル賞受賞者の授業を受けることができた、そういう共通性がある。そのイエール大学で、「インパクト・ファクターは禁句です」というのは、ますますわれわれも考えてみる価値がありますね。

太田　コールド・スプリング・ハーバー研究所のブルース・スティルマン所長も、同じようなことをおっしゃってました。やっぱり論文の引用件数とかインパクト・ファクターとかではなく、その研究の本質や人物をみて採用人事をしなければいけない。

大学と社会との連携

石田　インパクト・ファクターのお話が出ましたので、最後のトピックである「大学と社会との連携」に話題を移したいと思います。未来の人類社会が直面する課題はいったい何なのか、その課題解決を図るための知のあり方をどういうものか。あるいは、社会のあり方が大学における研究・教育にどういった影響を与えるのか。いろいろな捉え方があり得ますが、大学と社会との連携について考えたいと思います。

　私は課題解決型、しかも短期的な課題解決型の学問なり知のあり方なりにも限界があるのではないかと思います。私の専門の国際政治に近いところで例を挙げると、短期的な課題解決型の学問の典型はマンハッタン・プロジェクトです。まさに戦争に勝つために国家の予算を投入して、そこで原爆開発を行うということがありました。いま、解決するべき人間社会の課題にはさまざまなものがあります。なおかつ大学におりてくる運営費交付金が逼迫していて、そこで大学としては社会の課題について解決策を提供する代わりに、社会から予算や研究資金を呼び込みたいということがある。そういう意味で、社会のあり方に引っ張られていく側面もあるように思います。学問の自由、特に企業の要請からの自由、あるいは国家の要請からの自由という問題でもあると思います。

大隅　私はその辺が最大の関心事なので、いま、大隅基礎科学創成財団を立ち上げて取り組んでいます。議論し始めたらいろんなことがあるのですが、まずはいまの政治がとても貧困なのだと思います。極端なことを言うと、大学を貧しくしておいて、「企業からお金をもらってこられる大学は生き残れるし、そうではない大学は潰れなさい」というのが国の基本方針だと感じています。大学が企業の下請け機関になったら、それこそ大学の責任放棄です。企業と大学の関係というのを、もう本当に考えてみる時期に来ているんだと思っています。

　学生の側から言えば、大学で学問を勉強しようという雰囲気がだんだん薄れてきているんじゃないかと思いますね。だから、就職するための予備校になっている。本当にかわいそうなことに、いまの若者は「研究って楽しいな」というのを経験する間もなく企業に入ってしまうという現状があります。

　だけど、企業にしても、昔ほど気骨のある学生が来てくれなくて、言われたことを

やるけどそれ以上のことはやらない。一方でグローバルな競争がとても強くあるので、企業はそれならもう日本は見捨てて、海外の拠点でそこの学生と切り結んだ方が早いということになる。そうなると、日本の大学がますます形骸化していってしまう。だから、いまや大学と企業の利害としては、人材を育てようという視点では同じ問題を抱えていると、私は企業のトップの人とずーっと話をしている。そこが原点で、どれほど本当の意味で考える力のある人材を大学が育てるかというのが使命だと言っている。「就職率が何パーセント」というようなことは全然関係ないというのを大学人が思わないと、本当にみじめになる。大学が「一流企業に何人を入れました」というのは、予備校が「一流大学に何人を入れました」というのと全く同じこと。これは、私のとても大きな危機感なんですね。

石田　先ほど財団についてお触れになりましたけれども、その点について、この文脈で何かございますか。

大隅　私は東工大にいるので、そこに基金を作ったんですよ。東工大の若手研究者の支援を今年（二〇一九年）からスタートしたんです。私が立ち上げた財団は二つ目的を持っていて、第一は研究者目線で研究者を支援したい。第二は先ほど言ったように大学と企業に関するもので、プロダクトを目指すのではなく、基礎研究を進めるうえで大学と企業との協力関係で作っていきたいということです、

百年先を考えて大学を大切にする

太田　この大学と社会の関連で言えば、大学というのは変わる部分もありますが、変わらない部分をしっかり守っていくことが大事だと思います。アカデミズムなど、人類の長い歴史の中で英知を積み重ねてきているその部分が、最近はあまりリスペクトされてないのではないかと思います。

大隅　やはりそうなんですよね。「日本は大学が多過ぎるから潰せばいいんだよ」と企業の方もけっこう平気で言いますからね。政府の論調がそういうことになっているからというのもありますけれど。

太田　その中で大学の存在意義として、産学官連携とか、私もベンチャーをやったりしているんですけれども、思ったほどには十分なサポートがあるわけでもなくて大変でした。産学官の連携を始めると、厳しい現実を見てしまうわけですよね。政府は産学連携を促進するように音頭を取っていますが、それに乗ると相当の苦労が待っているというのが現実の姿ではないかと思います。

大隅　私は経験があって、駒場時代のまだオートファジー研究の始まる前ですが、ある企業から「あなたの研究はとても面白いから、研究会においでよ」と言われて、毎年二百万円の研究費をもらっていました。だけど、何かこの課題をしてくださいというのではなかったから、とてもありがたかったです。大学人が「お金をもらいに行くために企業の人とつき合います」というようなさもしいことをしていると、この国の大学は滅茶苦茶になってしまうのではないかと。基礎科学は国が支えるものだと思ってきましたし、そういう時代にたまたま居合わせたので、われわれの学生時代というのは産学協同反対というのが非常に大事なスローガンでしたから。

太田　例えば軍事研究なども、今後、問題になってくるのではないかと思うのですけ

れど。

大隅　そうですね。だから、本当の意味でよい人材を世の中に輩出するというのが大学の使命で、それに関してはやはり企業の方も困っていると思いますよ。ただ、実を言うと、優秀そうに見える人はいる。

太田　プレゼンがうまいとかですね。

大隅　本当にその人の能力というのを、企業もそろそろ見ないといけない。そうでないと、もう成り立たない。人口が減っていくわけですから、いまから大学の人を採ったらその企業の幹部を育てていくことになる。そういう意味で、企業と大学で利害は離れていない。大学と企業できちんと議論すると、決して的を外れていないという思いがあって、そういうことを私はやってみたいと思っています。

太田　一つ申し上げたいのは、その人材育成という点で、昔はノブレス・オブリージュといいますか、学問だけでなく高潔な人徳を育てて、不正や悪事をはたらかずに、人のために尽くすという考え方があったと思うのです。それがだんだん自分のことだけを考えて、お金が入ればいいという感じの人が増えてきているように思えます。いまの学生は優しい、いい子たちなんだけども、もうちょっと社会とか世界のために生きることも考えてほしいなという気持ちがあります。

大隅　本当にそう思いますね。われわれの時代だったら、授業がなくなるぐらいストライキがいっぱいあっていいはずのことに、いまの学生が全く敏感でないんですよね。

石田　そう、学生にはもっと社会に対して関心を持ってほしい。

大隅　就職活動する学生はみんな、「役に立ちたい」と言うんですよ。だけど、「役に立つとはどういうこと?」と聞くと、ほとんどが答えられないんですね。あまり否定しにくい言葉なので、免罪符みたいになっているのですが、少し突っ込んで聞くと、「企業に入って、数年後にみんなが使ってくれるような製品を作りたい」というようなイメージなんですね。そんなものは三年後には使われなくなっているということまで考えない。なので、「どれぐらいのスパンで自分の人生を考えるのか」、「五年後、十年後、人類の百年後ぐらいを考えてよ」と言うんですけどね。

石田　大隅先生はどこかで、百年先のことを考えて、大学のことを大切にしてもらいたいと強調されていました。

太田　まさに大学の使命というのは、その辺にありますよね。

大隅　そうじゃないと、やはりこれは本当に人類は危ういなと思いますね。人間というのは進歩してないんだなと。このまま行ったら、戦争だってもう一回起こるかもしれないし、今度起こったらもう前の戦争の比ではないですよね。でも、何かつまらないことで戦争というのは始まるのかなという思いも、昨今の情勢だとありますよね。

太田　ちょっとした意地の張り合いとか。

石田　そこは本当にそうなんですよね。そろそろお時間がきました。きょうは本当に貴重なご意見を伺うことができました。たいへんありがとうございました。

II

知の循環——研究と教育の連動

1 歴史――一高から東京大学教養学部へ

津田浩司

東京大学教養学部は二〇一九年で創設七〇周年を迎える。これは、戦後の学制改革に伴い一九四九年五月三一日に新制東京大学が設立されたのと同時に、駒場の地に「教養学部」が置かれた時から起算してのことである。もっとも、新制の東京大学が明治政府により開設された旧制の東京大学（後に「東京帝国大学」と改称）を前身としているように、この教養学部にも当然母体となった教育機関がある。それが、一八八六年四月に誕生した第一高等学校（通称「一高」、設立時は「第一高等中学校」）である。この一高が本郷から駒場に移ってきたのは、一九三五年のことと意外にも新しい。ここでは東京大学教養学部の沿革として、一高の成立と駒場への移転、そして教養学部の誕生へと歴史を紐解いていきたい。

第一高等学校の成立

ペリー来航後、幕府は蘭学に限られない洋学全般の研究教育のために、「蕃書調所《ばんしょしらべしょ》」を開設していた。冒頭で述べた旧制東京大学の成立は一八七七年、この蕃書調所を源流とする「東京開成学校」の「本科」と、同じく旧幕府直轄の「医学所」を引き継いだ「東京医学校」との統合により実現したものであり、当初は法・理・文・医の四学部体制であった。そしてこの東京大学の誕生に合わせ、それまで東京開成学校の予備教育学校と位置付けられていた「東京英語学校」――旧蕃書調所から派生した「東京外国語学校」から、一八七四年に英語科のみが分離独立したもの――と、東京開成学校の「普通科（予科）」とが合併再編され、「東京大学予備門」となった。かくして、東京大学の各学部に入学すべき全生徒（医学部への進学者は一八八二年から）は、大学直属のこの予備門にて欧米語の習得を含む四年間の準備教育を受けることとなった。

一八八六年、帝国大学令・中学校令により、東京大学は「帝国大学」――後に京都帝国大学の設置に伴い「東京帝国大学」へと改称――へ、そして東京大学予備門は「第一高等中学校」となった。この時、後者は前者の管理下を離れ文部省直轄となり、東京大学以外の他の官立学校への入学者をも幅広く養成する教育機関として位置

本郷向丘弥生町に新築された当時の第一高等学校正門と本館時計台（工学系研究科建築学専攻蔵）

付けられるようになる。その前年までに、旧東京開成学校所在地（神田錦町・一ツ橋）にあった東京大学法・理・文の三学部は本郷へと移転し、医学部——東京医学校時代にいち早く本郷本富士町の加賀藩上屋敷跡へと移っていた——との校地統合を果たしていたが、第一高等中学校もそれらの後を追うように、一八八九年に神田一ツ橋の地から本郷向丘《むこうがおか》弥生町へと移転した。

一八九四年、高等学校令の制定に伴い、第一高等中学校は「第一高等学校」へと改称された。修学期間三年、諸帝国大学への予科と位置付けられたこの一高は「ナンバースクール」の先駆けとして、全国各地からエリート男子が集まった。

一高の特徴は、何といっても皆寄宿制を採用したことだろう。一九〇一年以来、一部の例外を除き約千名にのぼる一高の生徒が寄宿寮に起居し、しかも自治によって生活を律するという、他の旧制高校でも例を見ないユニークなシステムが採られたのである。学校と寄宿寮とが一体となった人格陶冶の場としての一高は、その所在地から「向陵」とも呼びならわされたが、一九三五年に一高が本郷から駒場へ移転した後も、独特の愛着と気概を込めて「向陵」の呼称は維持された。

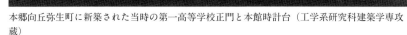

本郷から駒場の地へ

では一高がなぜ駒場へと移転することになったのか。実は一高の駒場移転の話は、一高が神田から本郷へと移って数年も経ないうちにすでに起こっていたという。

かつて将軍の御狩場だった駒場の地には、一八七七年に内藤新宿にあった「農事修学場」が広い土地を求めて移転、一八七八年に「農学校」（ほどなく「駒場農学校」と改称）として開学、外国人教師を招いて近代農業の教育と実験を行っていた。これが一八九〇年には東京帝大と合併し、後に農学部となる。ところが、この農学部の学生にとっては、駒場と小石川植物園との交通の便が悪く研究上支障が多く、また東京帝大側としても、農学部だけが遠隔地に存在することは総合大学としての意義や学術研究上の観点から不都合であり、かつまた東京帝大では年を追うごとに各学部が膨張し手持ちの敷地のみでは対応が困難と感じられるようになっていた。こうしたことから農学部と一高との間で敷地交換の話が出てくるわけだが、しかし一高側としては、（一高史によれば）「多年にわたる輝かしい歴史と伝統の母体である本郷の地に対する熱烈な愛着と誇りとから」、移転問題に対しては強い拒否反応があったという。よう

武装行進にて本郷から駒場へ．写真は渋谷の商店街（『写真図説　嗚呼玉杯に花受けて――第一高等学校八十年史』89頁）

やく一九二一年に入って、東京帝大の古在《こざい》由直総長の主導により、一高の菊池寿人校長との間で敷地交換の話がやや具体化し始めるが、その矢先の一九二三年九月一日、関東大震災が起こる。本郷・駒場ともに建物等に大損害を蒙り、一高本館は爆破解体のやむなきに至るほどであった。東京帝大では一時、再建のために本郷から国分寺方面や代々木練兵場への大移転案も出るが、しかし費用等の面から本郷の現有地に居すわることとし、改めて駒場の農学部と一高との敷地交換が最も現実性のある再建案として浮上することになる。一高側としても、東京帝大との永年の関係を踏まえ、また実際問題としてその東京帝大から財政的援助が受けられる駒場移転案こそが、最良の再建計画であると判断されるに至った。一九二四年三月、一高の全校生徒を講堂に集め駒場移転案が検討され、満場一致で可決を見たのを受け、ついに同年九月に東京帝大との間で敷地交換の正式調印に至った。

当初四年後とされていた工事完成・移転の時期は、復旧予算の繰り延べ等から大幅に遅れたが、本郷の大講堂（安田講堂）や図書館等の再建を手掛けた東京帝大工学部教授内田祥三《よしかず》（営繕課長を兼務、後に総長）らの設計により、駒場の地に本館（現一号館）や図書館（現博物館）などの堂々たる建物群が徐々に整備されていった。そして迎えた一九三五年九月一四日、護国旗を先頭に八六八名（不参加は二〇五名）の学生が本郷から駒場までを武装行進し、ここに一高の駒場への移転が完了したのである。

ちなみに、この一高敷地（現「駒場Ⅰキャンパス」）の西側には、関東大震災で被災した東京帝大航空研究所が、一高に先立ち一九三一年に越中島から移転を果たし、現在は「駒場Ⅱキャンパス」となっている。また、これら両校地に挟まれた駒場公園は旧前田侯爵邸に相当するが、これは震災後に東京帝大の敷地拡張に伴い、本郷本富士町になおあった前田侯爵邸が農学部実習地と等価交換のうえ移転してきたものである。

一高から東京大学教養学部へ

駒場の地で青春を謳歌していた一高生らも、戦時色が強まるなか、修業年限が二年に短縮され、さらには一九四三年には一一九名が学徒出陣、残った学生も翌年からは勤労動員に駆り出され、各地に散り散りとなった。代わって校内には軍人の姿が目立つようになり――本館と一部の附属施設は陸軍に、寮の一部は戦争末期に海軍に接収されていた――、一九四五年五月二五日の空襲ではついに一高の建物も複数被災、荒廃のなか終戦を迎える。

戦後、学制改革により六・三・三・四制

となったのに伴い、今日でいえば高校と大学にまたがっていた旧制高校は再編されることになった。その際、他の旧制高校は各地の大学の「教養部」などへと姿を変えていったが、ただ一高のみは、東京大学——一九四七年に「東京帝国大学」から改称——と合併、再スタートを切るにあたり、独立の学部たる「教養学部」となった。

一高移転当時の駒場キャンパス全景（『写真図説　嗚呼玉杯に花受けて——第一高等学校八十年史』92頁）

なお、この教養学部の前身としては一高以外にもうひとつ、一九二一年に官立の七年制高等学校——今日でいう中高一貫校——として設立された、中野の旧制東京高等学校（通称「東高」）があった。バンカラ気風の一高に対しスマートな校風で知られた東高は、空襲を受けた中野の校地で尋常科（四年制）を再建し、高等科（三年制）は三鷹の中央航空研究所跡地に移転した。このうち高等科が、東京大学教養学部の母体として一高とともに再編され、一方の尋常科は現在東京大学教育学部附属中等教育学校に、そして三鷹の校地は三鷹寮として受け継がれている。

一九四九年五月三一日に発足した新制東京大学において初代教養学部長を務めた矢内原忠雄は、駒場で行われるべき教養教育について、以下のように語っている。「東京大学の全学生が最初の二箇年をここに学び、新しい大学精神の洗礼をここで受ける。ここは東京大学の予備門ではなく、東京大学そのものの一部である。しかも極めて重要な一部であって、ここで部分的専門的な知識の基礎である一般教養を身につけ、人間として片よらない知識をもち、またどこまでも伸びて往く真理探求の精神を植えつけなければならない。その精神こそ教養学部の生命なのである」。こうした教育理念に基づき、東京大学に入学した一・二年次生全てに対し教養教育（前期課程）を施す責任部局として、教養学部は新たなスタートを切った。第一回入学式は同年七月七日、入学者は一八〇四名であった。

時代は下り、一九九〇年代の大学改革（いわゆる「大学設置基準の大綱化」）により全国各地の大学から教養部が姿を消すなかにあっても、東京大学教養学部はカリキュラムの抜本的改革を行いつつこの教養教育の伝統を堅持した。今日、学際性・国際性を特色とするその教養教育を担っているのは、同時に学部三・四年次（教養学部後期課程）および大学院（総合文化研究科）の教育をも担う高度な専門性を兼ね備えた教授陣であり、ここに「前期課程—後期課程—大学院」の三層構造のなかで最先端の研究成果と教養教育とが還流し合うという、類まれな学びの場が駒場において実現しているのである。

（つだ・こうじ）
大学院総合文化研究科　超域文化科学専攻　准教授
／文化人類学

2 組織――先端知を生み出す三層構造

清水　剛

前項においても少し述べられたように、東京大学教養学部というのはいささか特殊な存在である。すなわち、教養学部においては、「前期課程―後期課程―大学院」の三層構造が存在し、その中で最先端の研究成果と教養教育が還流し合う仕組みになっている（後掲図参照）。

しかし、これだけを聞いても、そもそも三層構造とは何なのか、なぜ最先端の研究成果と教養教育が還流し合うのかわからないだろう。そこで、ここでは東京大学の教育システムとその特徴を説明しながら、その中で教養学部においてなぜ前述のような知の循環が可能になるのか、を述べていきたい。

東京大学の教育システム

東京大学の教育システムが他の大学とは異なっていることは比較的よく知られている。一般に他の大学では、受験生は自分が志望する学部を選択し、試験に合格したらその学部に所属することになる。大学においては自らの専門分野に関する専門教育とともに、教養教育、すなわち個別の学問分野にとらわれることなく、様々な分野を学ぶ中で自ら考える能力を養うような教育がなされるが、この教養教育も学部教育の中でいわゆる「一般教育」のような形で提供されることが多い。

逆に、例えば国際基督教大学のような、米国型に近い仕組みを取り入れた大学では、しばしば大学の学部課程が一つの学部（例えば教養学部）となっており、四年間の学部教育全体が教養教育（リベラル・アーツ教育）と位置づけられている。三年次に上がる段階で専門分野（メジャー）を決める大学もあるが、その場合でもメジャーだけでなく他の分野についても学ぶことができるようになっている。これは、米国のリベラル・アーツ・カレッジのカリキュラムを踏襲したものであり、いわゆる専門教育については主として大学院で行うことが想定されている。

東京大学の教育システムはこのどちらでもない。まず、東京大学への新入学生はすべて教養学部に所属し、二年間の教養教育を受ける。これは前期課程教育と呼ばれる。そして三年次になる際に、教養学部前期課程から法学部や経済学部、あるいは理学部や工学部といった学部に進学し、後期課程二年間の専門教育を受けることになる。端的に言えば、東京大学では学部教育を二つに分け、一、二年生では教養学部で教養教育を、三、四年生では（後述のように教養学部後期課程を含む）各学部で専門教育を行っているのである。

もう少し細かく説明しよう。まず前期課程では志望する専門分野などに基づいて文科一・二・三類、理科一・二・三類の六つのグループ（科類）に分かれており、入学試験もこのグループに分けて行われ、入学後のカリキュラムもこのグループごとに異なる。しかし、全ての学生が教養学部という同じ学部に所属し、その中で専門にとらわれず、人文科学・社会科学・自然科学のすべての領域にわたって様々な授業を履修する点は変わらない。例えば、全ての学生が複数の外国語を履修し、また文科の学生はいわゆる理科科目を、理科の学生も文科科目を履修することが求められる。そのような中で、視野を広げ、自ら考えることを学んでいく。そして、教養学部の教育を受ける中で自分の学びたい分野を再考し、場合によっては志望する専門分野が変わることもある。

上記の文科一・二・三類、理科一・二・三類はある程度は進学先となる学部に対応しているが、この対応関係も複線的であり、例えば理科二類からは農学部、薬学部、理学部、工学部、医学部など様々な学部に進学できる。また、先に述べたように自ら学びたい分野を再考した結果として、例えば理科二類から文学部を志望する、あるいは文科二類から工学部を志望するといったケースもありうるため、このような学生のための枠が設けられていることも多い。そして、その後期課程の進学先の一つとして、教養学部にも専門教育を行う後期課程が用意されており、教養学科、学際科学科、統合自然科学科の三学科において主として学際的・国際的な分野についての教育を行っている。

大学院課程はこの専門教育の延長線上にあるものと考えられている。工学部や理学部などの理系の学部では学生は大学院の修士課程（二年間）まで学ぶのが一般的であり、学部によって若干異なるが大体七、八割の学生は大学院進学は理系に比べれば一般的ではなく、法学部（法科大学院を含む）・文学部で二〇％台、教育学部で一五％、経済学部では一〇％以下となる。教養学部では三〇％台で、理系諸学部よりは低いが、文系諸学部よりは高いという状況になっている（『東京大学の概要　資料編』二〇一八年）。

この仕組みの何が特殊なのか？

しかし、このように書くだけでは、一体この仕組みがなぜ特殊なのかはよく分からない。教養教育を担当する学部が存在し、かつその学部が専門教育と大学院も担当しているのは確かに珍しいかもしれないが、既に述べたように教養教育（一般教育）、専門教育、大学院という要素は大体どの大学でも見られるものである。一体、教養学部という存在の何が特殊なのだろうか？

この点は、前項でも見た東京大学と教養学部の歴史を振り返ると分かる。東京大学の中でも、法学部や文学部、理学部や工学部等は戦前の東京帝国大学（東京帝大）を継承した存在である。ゆえに、後期課程教育は東京帝大における専門教育を受け継いでいる。ところが、教養学部は東京帝大ではなく、第一高等学校（一高）及び東京高等学校（東高）を継承した存在であり、前期課程教育は旧制の高等学校における教養教育を受け継いでいる。すなわち、戦後の東京大学の教育システムは、戦前の大学における専門教育と高等学校における教養教育を新しい東京大学に押し込んでしまったものなのである。もともと、戦前の高等学校の教育年数は三年（一九四三年の高等学校令改正後は二年）、大学の教育年数も三年であったが、この合計六年分を四年間に押し込んでしまったことになる。

　この点で、基本的には各学部の教育の中に教養教育を取り込んだ他の多くの大学や、逆に学部課程全体を教養教育として位置付け、その中に専門教育を取り込んだ国際基督教大学や米国のリベラル・アーツ・カレッジとも異なる仕組みになっている。とりわけ、東京大学では前期課程二年間を教養学部という独立の学部が担当し、かつその教養学部は東京帝大のあった本郷ではなく一高のあった駒場キャンパスに置かれたために、専門教育を担当する本郷キャンパスの他の学部との区別が明確になった。

完結した存在としての教養学部

　実は、この二つの異なる教育を四年間に押し込むシステムは結構負荷のかかる仕組みである。専門教育を行う諸学部の側からすれば、二年間で専門教育を教えるなんて無理だ、ということになり、できる限り専門教育の期間を延ばそうとする。学生から見ると、教養学部の二年間で理系・文系を問わず様々な科目を取ったうえで、進学後は専門教育を詰め込まれることになるわけであり、これは彼らにとっても負担が大きい。

　しかし、そうであるにもかかわらず、東京大学内においても教養教育の意義は認められてきた。東京大学の「憲法」に当たる東京大学憲章でも、「東京大学は、学部教育において、幅広いリベラル・アーツ教育を基礎とし、多様な専門教育と有機的に結合する柔軟なシステムを実現」するとされており（I　学術　教育システム）、リベラル・アーツ教育が専門教育の基礎をなすと捉えている。これは、教養学部において自分の専門以外の教育を受けることの意義や、その中で自分の専門を考え直す――しばしばlate specializationという言葉で表現される――ことの意義が認められているからであると思われる。

　そして、教養学部から見ると、教養教育を学部内で完結させるために、旧制高校と同様に、教養学部だけで一つの独立した教育システムを維持する必要があるということになる。すなわち、東京大学教養学部はそれ自体として一つの小さな大学としての役割を求められるのである。実際、東京大学教養学部にはギリシア語・ラテン語から素粒子物理まであらゆる分野の専門家がそろっているが、これは一つの学部であるにもかかわらず、それ自体完結した存在であることを求められた結果である。また、旧制高校の教育を引き継いだ結果として、そのレベルの高い教育と自由を愛する空気もまた引き継がれた。すなわち、一高校長であった新渡戸稲造のように、各時代を代表する知識人達が旧制高校の教授を務め、学内は闊達な雰囲気にあふれていた。これが引き継がれた結果として、様々な分野についての専門家が集い、自由に活動する東京大学教養学部が形成されることになった。

偶然に生まれた後期課程

前期課程とは異なり、教養学部後期課程は一九四九年の教養学部創設時に新たに計画され、一九五一年に発足したものである。第二代学部長である麻生磯次によれば、この後期課程というものは当時の文部省が卒業生の出ない学部というものはありえないと言ったためにできたとされる（「歴代学部長座談会――教養学部の回顧と展望」『教養学部報』一五〇号、一九六七年七月八日）。麻生の言葉を借りれば、むしろ「窮余の策」だったのである。

しかし、この「窮余の策」は結果として大きな成功を収めることになった。というのは、東京帝大を引き継いだ諸学部との関係上、これらの学部と直接競合するような分野の学科・分科を設立することはできなかった。この結果、教養学部後期課程は当時としては新しい学問分野――これらはしばしば学際的・国際的な分野だった――を中心として設立された。教養学部後期課程の中で最初に設立されたのは一九五一年発足の教養学科だが、この教養学科はアメリカ・イギリス・フランス・ドイツの各文化と社会（現在の地域文化研究）、国際関係論、科学史・科学哲学という、法学や政治学といった伝統的な学問分野に収まらない、分野横断的な領域でスタートしている。その後、一九五四年に文化人類学及び人文地理学分科が設置されたが、これもやはり新しい分野であった。また、理系の基礎科学科が一九六二年に設置されるが、そこでは既存の理学、工学の学際的な再編成が目指され（例えば応用物理学講座や物理機器学講座）、物理学、工学、生物学が連携する分野を設ける（生体協関学講座）など、やはり分野横断的な形で構成されていた。

また、こうした最先端の、新たな学術への果敢な挑戦を支える基盤が、教養学部には存在していた。それが、上で述べたような、完結した教育システムを支える様々な分野の、かつレベルの高い専門家達である。そしてもう一つ、これも旧制高校の伝統として、教員が一つの専門分野に必ずしもとらわれず、しばしば越境していくという特徴も指摘できるだろう。農業経済学者である新渡戸稲造が国際連盟事務次長を務め、『武士道』を著すなど、一高にはもともと自己の専門にとらわれない、その意味で多芸な人が多かった。東京大学教養学部となってからも、専門分野を超えて活躍した人は多い。このように、後期課程が新しい、学際的・国際的な分野を中心として編成されたことが、東京大学教養学部にいた様々な分野の、かつ越境をしていく専門家達とうまくかみあって、教養学部後期課程は多くの優秀な学生を集めることになった。現在でも、教養学部後期課程は先進的で分野横断的な学問を学ぼうとする学生にとって魅力な場所であり続けている。

新たな研究を生み出す大学院総合文化研究科

上で述べた、教養学部が学際的・国際的な性格を持つ新たな教育のシステムを展開し、優秀で闊達な学生たちを惹きつけるという構造は大学院においても見られる。現在の大学院総合文化研究科はほぼ教養学部後期課程に対応する大学院課程になっているが、歴史的には教養学部後期課程と教養

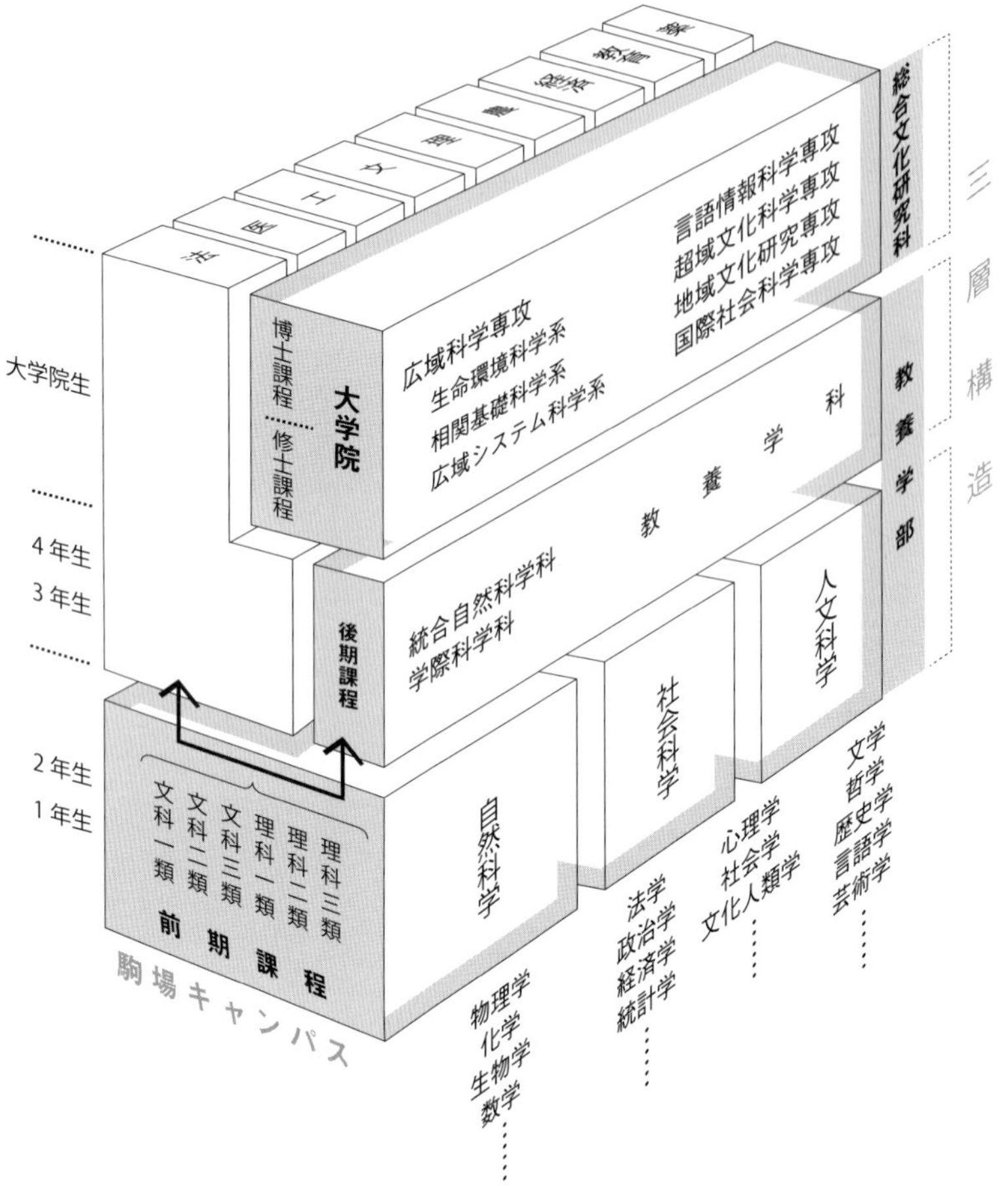

三層構造（組織・進路）イメージ図

学部の大学院（すなわち総合文化研究科）とは必ずしもリンクしていなかった。一九五三年に新たに東京大学の大学院が設立された際に、当時の人文科学研究科の中の西洋古典学、比較文学比較文化、そして社会科学研究科の中の国際関係論の各専門課程（現在の専攻）が駒場に置かれた。このうち、西洋古典学は教養学部にむしろ専門家が多かったという事情もあったようだが、比較文学比較文化や国際関係論はとりわけ新しい分野の大学院課程として設置された。その後、一九六五年には社会学研究科文化人類学専門課程、一九六六年には理学系研究科相関理化学専門課程（基礎科学科の大学院課程に当たる）、一九七〇年に理学系研究科科学史科学基礎論専門課程がやはり駒場に設置されたが、これらもやはり学際的な新しい研究分野に焦点を当てていた。

その後一九八三年に、上記の比較文学比較文化専攻及び国際関係論専攻、そして新設された地域文化研究専攻と相関社会科学専攻の四専攻によって大学院総合文化研究科が設置された。この総合文化研究科に上記の文化人類学専攻、相関理化学専攻、科学史科学基礎論専攻も移行し、次第に駒場の大学院課程は総合文化研究科に統合されていった。一方で一九九〇年には表象文化論専攻を新設し、一九九三年にはいわゆる大学院重点化（学部を中心とする組織から大学院を中心とする組織への移行）の一環として言語情報科学専攻が設置され、一九九六年の文系専攻再編による超域文化科学専攻、国際社会科学専攻の設置で大学院重点化が完了した。

現在の大学院総合文化研究科は教養学部後期課程の大学院課程として、学際的・国際的な先端分野をより専門的に学ぼうとする人々の受け皿となっている。

三層構造、そして研究と教育の循環

以上、述べてきたことから、東京大学教養学部、そして大学院総合文化研究科の特殊性がある程度分かってもらえたものと思う。もともとの一高・東高の伝統を受け継ぐ形で、一つの学問分野にとらわれることなく、様々な分野を学ぶ中で自ら考える能力を養う教育である教養教育を担当する独立の部局として設置されたために、一つの学部でありながら小さな大学のような多様かつ優秀な教員を多くそろえていた。また、その教員たちは自らが教養教育を教えているためか、はたまた旧制高校の伝統かは分からないが、自らの専門分野に閉じることなく様々な活躍をした。そのような教員たちが、教養学部後期課程・大学院総合文化研究科という場を与えられ、学際的・国際的な新しい学問分野に飛び込んでいった結果、駒場の自由な学風が花開くことになる。このような前期課程・後期課程・大学院のつながり示すのが「三層構造」という言葉なのである。

一九四九年の創設から現在に至るまで、東京大学教養学部は新しい、わくわくするものを生み出し続けてきた。とりわけ研究の場では、既に述べたようにそれぞれの教員が自らの学問分野を超え、また学際的・国際的な連携を進めていく中で、未来を開く、魅力的で刺激的な成果を生み出し続けている。このような研究者の考え方、動き方は、それ自体が多様な学問を学ぶことで視野を広げ、自ら考える力を養うという教養教育の理念に沿ったものである。そしてまた学生たちも、そのような研究に触れながら、自ら新しい領域に飛び込んでいき、そこから多様で先端的な成果を生み出している。この結果として、教養教育はさらに豊かに発展していく。教養学部の教育と研究は、様々な分野を広く浅く知ることではなく、繰り返し述べているように視野を広げ、自ら深く考える力を養うものである。

その意味で、これまで東京大学教養学部で行われてきた研究について学生に伝えていくことそれ自体が、私達の目指す教養教育の実践なのである。教養学部においては、第一線で活躍する研究者が一、二年生に対する教育を行うが、それにはこのような意味がある。そしてもちろん、このような教育が後期課程、大学院と続くことで、広い視野を持ち、自ら考えながら学際的・国際的な研究を進めていくことができる。

教員、学生を問わず、それぞれの人が自らの学問分野を超えて広い視野を持ち、そのような中で新しい分野を学び、作りだしていくこと――これが、東京大学駒場スタイルなのだと思う。

（しみず・たかし）
大学院総合文化研究科　国際社会科学専攻　教授／経営学

教員の日々

1 コトバとコマバと四つの顔と

広瀬友紀

駒場キャンパスに籍を置く教員の多くは私も含め三つの肩書きを使い分けている。教養学部前期課程、教養学部後期課程、そして大学院という三層構造があるなかで、それぞれ異なる層に属する学生さんを相手に教育業務を行い、肩書を名乗り分けているのだ。ここでは私自身のケースを例に挙げて、三つの役割について説明してみたい……(おっと、実は四つあるので後述)。

前期課程(一、二年生)と私 ――「英語部会の広瀬です」

私にとっては「英語のセンセ」として接する学生さんの人数が最も多いだろう。大学教員は研究者でもあるが、教養学部の教員はそれぞれ何らかの前期部会に属しており、中でも特に、言語学、文学、地域研究を専門とする教員の多くは○○語部会(私は英語部会)に属し、語学担当教員としての役割も負うのだ。東大に限らずそういうケースは多く、この語学教育の部分は巷ではともすれば「専門に関係ない不本意な仕事」と認識されることも。で、ご多分に漏れずイヤイヤ「英語のセンセ」やってんだろとか思ってる? ぜひいちど授業に来てみて、イヤイヤには見えない自信あるよ。

私が主に担当するのは読解やリスニング中心の授業で、これはご想像どおり、つまらなくやろうと思えば果てしなくつまらなくできてしまう。題材を「理解する」ことを最終目標に置くのでは高校までと同じで刺激も少ないだろうし、テキストや映像にどういうツッコミを入れられるか、書かれていない舞台裏をどう推測するか、など、どんな手を繰り出してやろうかという工夫は楽しい。その結果、常に一〇〇%成功でないのは私の力不足だが、それでもどこかに反応して楽しさを見いだしてくれる学生さんがたとえ少数でもいればしめたもの。

自分の専門は言語学・心理言語学なので、時にはあえてガチガチの構文論的なネタを振ってみるが、敬遠されるどころか文系理系問わず食いつきがいい。おしなべて「分析的」に理解するのが皆さん得意で、文法用語を出したとたん反応がよくなる人いるよね(笑)。英語というコトバをみたとき、日本語を母語として身につけた人間の視点ならではの気づきが得られることもある。

逆に日本語に関して新たな気づきが、そう、英語について考えることをきっかけに得られることもある。言語学に興味ある人ともそうでない人とも、なにか分かち合える気づきが副産物として得られたらいいな、などと常に企みつつ語学科目を担当する日々。そして私自身研究者として第二言語の文理解のプロセスにもとより興味があるので、学生さんたちの反応そのものが研究のヒントにつながることもあるのだ。

語学授業の他に、言語学の研究者という立場で一、二年生に関わる授業として総合科目「言語構造論」を二年おきに担当していて当然気合いが入る。内容は言語学のざっくりした概論。言語学って楽しいだろ〜言語って人間ってすごいだろ〜という布教活動のようなもの。大学院に進学した学生さんから、この授業をとったのが言語学を研究するきっかけになりました、なんてことを言われたらそれだけでむこう一〇年は張り切れそう。逆に「張り切りすぎてイタい」って言われても上等、こちらはイタくもかゆくもないわ。

後期課程（三、四年生）と私——「教養学部・教養学科・超域文化科学分科・学際言語科学コースの広瀬です」（長い……）

後期課程専門科目としては心理言語学に関する入門授業を担当。履修学生は、私の所属する学際言語科学コースだけではなく、他コース、他学科、他学部、時には大学院にまたがって分布しているため、専門分野の話としてピンポイントすぎずなおかつ遠すぎず、少しずつ違った視点からではありながらも関心を共有する集団というのも刺激的。基本となる背景を押さえる部分は必須だけど、分野の入門科目でもある以上、外せない文献が「学生さんまだ生まれてません〜」という、多少古い年代のものに偏りがち。だけど折に触れて最近の研究を紹介したときの学生さんの生き生きした反応も見たい。そのあたりの時間配分は永遠の課題か……。

授業以外の学務としては、二〇一八、一九年度にはコースの運営を見通し統括する役目も（持ち回りのコース主任として）負っていて、ハンコ押し業以外に何かとあるのだ。個別の学生さんの将来展望や人生設計について直接話をきく機会もあり、皆それぞれスムーズに卒業してその先に進めるだろうか、現在の規則やカリキュラムなどの枠組みにそのための改善点はないだろうか、ということを考えるのも業務のうちである。組織運営業務は一括りに「雑用」と呼ばれることもあるが、なかなかクリエイティブな仕事でもあるのだ。

大学院生と私——「総合文化研究科・言語情報科学専攻の広瀬です」

大学院では入門科目や実習科目も担当しつつ、修士課程と博士課程の研究指導が主な業務。週に一回ゼミを行っている。

学問分野によっては、大学院生の研究

広瀬友紀（ひろせ・ゆき）
大学院総合文化研究科 言語情報科学専攻 教授．専門は心理言語学．最近は成人と子供を対象に，人間の文理解における予測処理や階層性評価に関する研究を行っている．1969年生れ．著書に『ちいさい言語学者の冒険』（岩波書店，2017年）．

テーマは教員が予め用意したものを分配して共通の枠組みの中で研究を進めるスタイルが一般的かもしれないが、文系の多くの教員は基本、学生が取り組みたいテーマを自分で決めることを前提にしている。

しかしそうなると、学部生だけでなく大学院修士課程でも、多少異なる分野出身の学生さんの場合、たまに「そ、それは面白いといえなくもないけど学術研究として意味があるのか」……単刀直入にいうと「だから？」ということもありうる。そうした際は、それを既存の研究で得られている知見と未知の課題の間のどこかに位置づけるための作業（削る・加える・練りなおす）を一緒に行うことになる。その過程でゼミの先輩学生たちからもフィードバックを貰いつつ、小さくても「科学的な観点からみて意味あること」に落とし込んでいく作業には時間がかかる。なのでようやく本人の納得する形でテーマが固まって一番ホッとするのは、当該学生でなく他でもない私だ！

こうした段階を華麗に最初から、もしくは苦労の結果クリアして研究を進めている大学院生に関しては、私の仕事はもはや、彼らを直接「手取り足取り」指導するというイメージは当てはまらないように思う。どちらかというと後方支援、つまり彼らにさらなる発展の機会や環境、方法を提供することが中心になる。国際学会の参加をサポートしたり、研究発表や情報交換の場としての研究会やワークショップを企画したり、ゼミに外部からのゲストを招いたり。そんな中ではゼミの発表資料・論文・各種申請書の添削や、ゼミの場でのコメント（ただの言いたい放題？）が主な「研究指導」の形である。あとは正直、ほとんどがゼミの運営、各種作業割り振り、実験や予算の段取りや書類書きなどのマネージャー業務ばっかりだ。だけど「機会さえ与えれば勝手に進歩する」学生の姿を見られる瞬間はまさにマネージャー冥利につきるもので、じゃあもっとすごい機会作ってあげようじゃないの！と奮起させられる。そんなこんなで、新入り学生相手の「手取り足取り」指導は、私よりも先輩学生たちのほうがよほど頼りになるというのは、もとをただせば私の功績だといってよかろう（いやいや）。

そして研究職である以上、自分自身の研究も重要。私自身は主に、視線計測、読み・反応時間計測などの方法で、生身の人間が実際に言語刺激を聞いたり読んだりしている際のリアルタイムな解釈のあり方を探る実験を学生さん対象に行っている（参加してくれた方ありがとうございます）。人間が普段普通に、自然に、文を理解する過程を知るためには、あえてちょっと特殊な文やフレーズを用いることもある。構文・構造について考えることがもともと好きな人が多いのは授業等を通してわかっているが、果たして、実験の狙いは何なのかということに並々ならぬ好奇心を発揮してくれたり、授業で扱った内容との関連性を見いだしてくれる参加者さんにはつい嬉々として余計なネタばらしまでしそうになる。

2019年1月に行った国立台湾大学との共同ワークショップ．学生が主役．

学生プロジェクトの数も多いので、複数の実験担当者が助け合い個々の実験を（私のも含め）まわしているが、そういう意味では、指導学生と私の関係は、協力者もしくは同志のようなものかもしれない。

そして四つめ――「オカン広瀬です」

「子供の言語獲得」そのものが専門だったわけではないが、大人と子供の言語処理の比較にはもともと興味はあった。子の親になりそれがいかに魅力的な領域か実感できるナマの機会が増えたことも後押ししたといえるのかもしれないが、現在は子供対象の実験も複数行っている。

　また機会あってアメリカ・ハワイ大学に子供連れで一学期間滞在できたこともあり、我が子を皮切りに、子供が第二言語として英語を獲得する様子を記録・記述するデータベース作成に着手するきっかけも得られた。このように子供の存在のおかげで研究者としての展望が広がった部分は大きいが、実生活においては育児が仕事を制限する部分も当然だが少なくない。

成人に行った実験の3歳児対象バージョンを試しているところ．あらゆる想定外に備える．

　私は普段ワンオペ育児をしているので、ゼミコンパをはじめ数々の機会で研究室の学生メンバーには息子も本当にお世話になっている。おかげで息子は小学生のくせに大学院生を尊大に友達扱いして、意味不明なあだ名までつける始末である。

　実は、コンパでたまに遊んでもらうだけでなく、ピンチの際には常識的なレベルを超えて育児と仕事の両立を学生さんに助けてもらったことも何度もある。それについては「普通に迷惑」「公私混同」という見方のみならず、「子供って面倒」と若者にわざわざ知らしめて少子化を加速させるなと叱られるかもしれない。でも、もし究極に開き直るとするなら……目の前にある仕事を、子連れで（周囲も巻き込んで）なりふり構わずクリアしようとする大人がいてもよくない？

　家庭に自分以外に育児専念要員がいて、自身は仕事優先で常に研究に邁進できる人ばかりじゃないのに、その事実はこうして無理矢理可視化されてみない限り当事者以外にはわからない。だから、今は学生である彼らがいつか育児と仕事の板挟みを体験したときに、あるいはそんな渦中にある他者に対し、「（広瀬の）あれがアリならこれもアリだよね」と思わせるようなモデルがいてもいいんじゃないかと。彼らが将来自分自身やパートナーの、もしくは彼らが接することになるであろうあらゆる人たちの選択肢を広げてあげられることにつながらないかなと、そんな希望を言い訳に、引き続きなりふり構わずやっていく所存である。

国立台湾大学との共同ワークショップ後の懇親会．私もお客さんも子連れで．

2 分子に魅せられ分子を教える

長谷川宗良

教員の日々ということであるが、理系に限っても研究分野や理論・実験など手法の違いによって多種多様の教育研究スタイルがある。故あって私が執筆をさせていただいているが、これが平均的な教員の活動ではないことをあらかじめお断りしておく。

教育活動

月曜日は研究室のセミナーを開催している。十七時から開始するこのセミナーでは、大学院の学生が自分の研究に関連する先端論文を紹介しその内容について検討・議論している。この場において学生の研究およびプレゼンテーションの指導を行うのであるが、私自身もディスカッションを通して先端研究の動向を摑み理解を深め、また新しい研究テーマを着想する重要な場となっている。さらに、学生各自が行っている研究についての進捗報告を行い、研究の今後の方針を決定する場にもなっている。

火曜日の二時限目、教養学部後期課程・統合自然科学科の三年生向けの量子化学の講義に向かう。今日の講義内容は、多電子原子の波動関数についてである。統合自然科学科の学科定数は六十名弱で、十名〜二十名程度の少人数の講義がほとんどである。このため学生と教員の距離が近いのが特徴となっている。受講学生が百人規模の講義では、講義中に学生が質問をすることには勇気が必要であり、質問を受けることは稀である。質問のある学生は、講義が終了してから聞きにくることが多い。一方、少人数の講義であれば敷居も下がり、講義中に学生から質問が出ることがしばしばある。このような学生との質疑応答は教員にとって楽しいひと時であり、学生がつまずく箇所を把握でき講義の改善にもつながる。しかし、答えに窮する鋭い質問をする学生も中にはおり、冷や汗をかきつつ答えを考えることもある。

水曜日の三時限目、教養学部前期課程一年生向けの初年次ゼミナール理科の講義へ向かう。二〇一五年より始まったこの講義は、学生が能動的に考えることを重視しており、教員による一方的な講義・授業というよりも議論をし自主的に考えることが重視される、まさにゼミナールである。初年次ゼミナールの立ち上げに至る経緯や意図については、立ち上げにご尽力された増田建先生ご執筆の「Ⅱ　知の循環　初年次教育」に詳述されているのでご一読願いたい。

　ここでは、私が行ったゼミについて紹介しよう。「水――身近な物質を分子科学の視点から考える」と題したテーマで、分子の形について学生に考えてもらっている。例えば、水分子は一つの酸素原子に二つの水素原子が結合した折れ線型をしている。酸素原子と水素原子の距離についてもデータベースを調べれば正確な値がすぐに分かる。しかし、「分子の形はどのようにして測定することができるのか？」という素朴で根源的な問いに答えることは意外と難しい。この問いに答えることが私のゼミの目標である。学生に主体的に考えてもらうため、「好きな分子を選んでその分子構造を決定せよ」という目標だけを与える。その後は四、五名のグループに分かれ、彼らの視点で具体的に解明すべき問題を作ってもらう。この問題の作成が実は難しいのであるが、本質的で切れ味の良い問題を設定することが科学研究においていかに重要であるかを伝える意味も込めて、学生にはいつも問題設定と格闘してもらっている。例えば、カーボンナノチューブという炭素でできた微小のストローのような形の物質がある。これは極めて細く硬いため、注射器の針として用いることができれば、痛みを感じないのではないだろうか。このため、カーボンナノチューブの直径や薬を通すべき穴の直径を知ることは重要であり、さらに構造を知ることによって硬さや穴の大きさといった性質への理解へつながるのではないか、といった感じで「カーボンナノチューブの構造を調べる」というグループがあった。このグループでは様々な手法の原理を調べ、カーボンナノチューブの構造がいかに決まるのか論じてくれた。

　実はこのゼミのテーマは、私自身の研究内容と密接に関係している。後述するが、分子の形は強い光の中で変形する。分子の形を正確に決定することは古くからの研究課題であるが、光の中にある分子の形を正確に決定することは、いまだに解決が困難な大きな課題の一つとなっている。ゆえに、初年次ゼミナールでは、素朴な疑問、イメージしやすい問題、先端研究に直結するという観点からこのテーマを選んだのである。

　ゼミでは、学生に分子の構造を決定する方法やその方法の原理を調べてもらい、分かったことを受講者全員の前でプレゼンテーションしてもらっている。その発表を聞いた学生・教員と発表者の間で質疑応答をし、そこで答えられなかった点や疑問点を次週までに明らかにするという形で連続的に進めている。さらに、講義外で教員と学生の間を繋ぐツールとして、東京大学で導入している学務システム（UTAS: UTokyo Academic affairs System）の中にある初年次ゼミナール・振り返りシートを利用している。これはネットワークベースで自由に質問・コメントを書き込むことがで

長谷川宗良（はせがわ・ひろかず）
大学院総合文化研究科 広域科学専攻相関基礎科学系／先進科学研究機構准教授．1974年生れ．専門は物理化学，高強度光科学，分子分光学．研究テーマは高強度レーザー光中の原子分子過程．分子科学研究奨励森野基金（2012年）．

き、教員は空いている時間にそれらを見て学生からの質問・コメントに返信をする。双方向でのやり取りを行い、次回のゼミ発表に反映させるわけである。

水曜日の五時限目、大学院の修士・博士課程向けの分子科学基礎論の講義に向かう。大学院での講義も十〜二十名程度の少人数で行われる。専門的な内容ではあるが、分子を取り扱う上で知っておくべき事項についての講義であり、四、五回程度のレポート課題を課している。講義終了時やレポート提出の際に質問を受けることがしばしばあるが、時には学生自身の行っている研究内容についての質問もあり、講義内容と直接関係がなくとも議論をすることもある。

金曜日の五時限目、教養学部前期課程の自然現象とモデルの講義へ向かう。この講義では、様々な自然現象をモデル化し、観測結果とモデルに基づいた計算結果を比べることで、モデルの成否を判断し、自然現象がモデルによっていかに説明されるか学ぶことを目標としている。自然科学の内容であるが、理科生・文科生の両方を対象とした選択科目であり、文科生の受講生も見受けられる。

図1　研究で使用している回折格子

これは教養学部統合自然科学科に所属する複数の教員によるオムニバス講義であり、最大の特徴は各教員の専門性を生かし、実験を専門とする教員は演示実験を取り入れ、また理論を専門とする教員はエレガントな学問体系や理論モデル、コンピュータを利用した先端的な科学について分かりやすく解説する点にある。特に演示実験は、学生の目の前で実験を行い実際に起こる現象を目の当たりにしてもらい、教科書からは得られない体験をしてもらう。私の担当回では、分光学に関連した講義を行っている。多くは話だけで済ませてしまう水素、酸素、ネオンからの発光について実際に見てもらい、学生一人一人に光を分ける回折格子を配布し分光させている（図1、2）。ある学生からは、配布された回折格子をいつも持ち歩き様々な光を見ていると言われ、大変嬉しかった覚えがある。

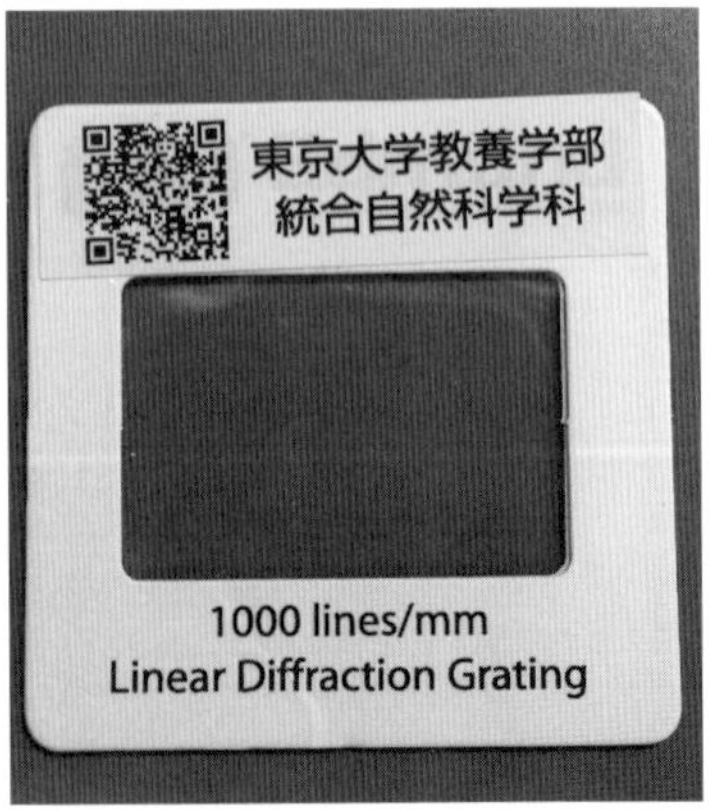

図2　自然現象とモデルで配布している回折格子

私は講義の資料をあらかじめ学生に配布し、予習・復習に生かしてもらっている。このためにITC-LMS（Information Technology Center-Learning Management System）を用いている。このシステムも教員と学生を繋ぐものであり、教員が資料をアップロードし、システムを通じて履修学生全員へメール通知し、学生が資料をダウンロードすることができる。私が学生の頃は資料を紙で頂き、先生の手書きの文字に味を感じていたが、現在は資料も電子的に作成し、学生も紙媒体を用いずタブレットなどで見ることに慣れているようである。

研究活動

　上で記した以外の大部分の時間は、研究活動が中核的な位置を占める。私の専門は物理化学で、「高強度光と原子・分子の相互作用の理解と化学への応用」が研究テーマである。分子は原子核と電子から構成されるが、化学において重要な化学結合や分子の形は、電子の運動によって支配されている。これらの電子は原子核から非常に強い電気的な引力を受けて運動をしている。電子が受ける力の源を電場と呼ぶが、電子は原子核の作る電場によって力を受けて運動をしているのである。また光――より一般的に電磁波――は、振動する電場を含んでいる。このため、光を分子に照射すると、分子の中にある電子は光の電場から力を受ける。しかし、光による電場は原子核の電場と比較すると非常に小さいため、光の照射が分子へ与える影響は小さなものとなる。そこで、強い光を用いて光が持つ電場を大きくし、原子核の作る電場と同程度にすると、電子は光から大きな影響を受ける。その結果、光を用いて電子を動かすことが可能となる。先述のように、分子の化学的な性質は分子中の電子によって決まるため、光によって分子の化学的性質を改変できるのだ。例えば、直線型である二酸化炭素分子は、強い光の中で曲がった構造となる。また、空気中の窒素分子や酸素分子の向きはランダムであるが、強い光を照射することによって分子の向きが空間的に揃う。このような、従来観測されなかった新しい現象が、強い光を用いることによって多数観測されている。

　新しい現象を観測するための実験方法を考えたり、そのための装置作りをし、実際に実験を行うことが実験家の日々の過ごし方である。実験では一個一個の原子や分子を直接目で観測することは困難であるため、光や電気といった外部からの刺激に対しての応答を観測する。例えば、光を分子へ照射し吸収される量を測定するといった具合である。そして、得られた実験結果を解釈するために解析を行い実験結果と一致するモデルを考える。原子や分子の世界は直接目では見られないため、モデルを考えることによって、ミクロの物理・化学現象を想像するのである。多数の実験アイデアを思いついても上手くいくことは少ないが、試行錯誤する時間も楽しい。初年次ゼミナールと同様に、実験の際に良い問題設定を考えることが重要なのだ。考えた実験が上手くゆき、計算と比較して結果を解釈し、自然現象を理解できた瞬間が最も嬉しい瞬間である。

おわりに

　以上に述べたように、教員が行う大きな柱は研究と教育である。一方、良い研究、良い教育を進められる環境づくりもまた必要である。大学での研究教育の主体が教員である以上、大学運営に教員が参加することは不可欠であろう。特に駒場は前期課程（一、二年生）、後期課程（三、四年生）、大学院という三層構造からなっており、これら三層における組織運営が必要である。このための会議や委員会へ出席し大学運営を行うことも日々の活動の一部となっている。

　以上、私を例として挙げさせていただいたが、駒場キャンパスにおける大学教員の日々の活動について概要を知っていただければ幸いである。

1
初年次教育
――学生の意識の変革

増田 建

初年次ゼミナール

二〇一五年度より東京大学に入学した学生は全員、「初年次ゼミナール」を受講することとなった。初年次ゼミナールは、東京大学に入学したばかりの一年生が、1Sセメスターに受講する必修二単位の基礎科目であり、二〇名程度の少人数の学生に対して、教員とティーチングアシスタント（TA）がきめ細かな指導を行うゼミナール方式の授業である。初年次ゼミナールは文科生を対象とした「初年次ゼミナール文科」と、理科生を対象とした「初年次ゼミナール理科」に分かれるが、基本的な授業の設計や理念は共通している。その理念は、学術的な体験（アカデミック体験）を通して、基礎的な学術スキルを習得することにある。初年次ゼミナールでは、第一線の研究者である東京大学の教員から最先端の学術研究課題が提示され、学生はそれらの課題に能動的に取り組むことで、実践的なスキルを身につけていく。非常に学術志向の高い初年次教育であり、学生の自発的な取り組みが必要とされることが本授業の大きな特徴となっている。この授業を通して、学生の学びの意識を、「受験のための学び」から「大学での学び」に変革していくことも大きな目的となっている。

二〇一五年度から開始された学部の総合的教育改革では、学事歴の変更、展開科目の設置、前期課程修了のための単位数削減など、数々の改革が行われた。その中でも、初年次ゼミナールの開始は最も大きなものと言えるであろう。文系ではこれまでの基礎科目であった「基礎演習」を改変する形で、また理系では全く新たに科目を設置することとなった。特に理系では、入学者約一八五〇名に対して、二〇名程度のクラスを新たに一〇〇コマ開講する必要があったことから、教養学部の教員だけではとても対応することができなかった。そこで、後期課程の理系学部全体が共同して授業設計・実施に責任を担う全学体制を構築することにした。また附置研究所・センターからの開講もお願いした。文系、理系とも、授業開始のための準備・調整には非常に時間と手間がかかったが、最終的に初年次ゼミナール文科では毎年六二～六四コマ、初年次ゼミナール理科は毎年一〇〇コマの多様な授業が開講されている。

授業の効果や学生の反応

筆者自身も開始当初から初年次ゼミナール理科を担当しているが、受講している学生たちからはおおむね好評を得ている。駒場の理系前期課程では大人数講義が中心であり、授業の中で学生同士が議論しあう機会は決して多くない。初年次ゼミナールの中で、学生たちは考え、自分の意見を述べ、議論することを楽しんでいるようである。また通常の授業では得られにくい学術的な刺激が得られることも、重要なエッセンスになっている。学生による授業評価アンケートでは、通常、基礎科目に対する満足度は決して高くないのであるが、初年次ゼミナールは非常に高い満足度を示している。また二年生の終わりに実施している「教養教育の達成度についての調査結果」を見ると、初年次ゼミナールを受講した学生のアンケート（二〇一六年度以降）では、「自分の知識や意見を表現する力」、「論理的・分析的に考える力」や「主体的に行動する力」が身についたと自己評価する学生の割合が上昇傾向にある。特に、東大生が最も苦手とされていた「他者と討論する力」の項目について、アンケートを取り始めた当初の二〇〇七年には、身についたと自己評価する学生の割合が二〇％程度であったのが、二〇一六年以降は三五％以上に達している。もちろん、初年次ゼミナール以外の効果も加味する必要があるが、東京大学の新たな取り組みである初年次ゼミナールは、その効果を着実に挙げている。

本授業を開始してからすでに四年が経ち、初年次ゼミナールを受講した一期生がいよいよ卒業を迎えることとなった。初年次にこの授業を受けた学生が、学士課程の間にどのように成長し、社会人や大学院生として能力を発揮してゆくのか慎重に評価する必要がある。今後は、東京大学における教育効果の検証を踏まえて初年次ゼミナールの改善を行ってゆく。

初年次ゼミナールの様子

（ますだ・たつる）
大学院総合文化研究科 広域科学専攻 広域システム科学系、教養教育高度化機構初年次教育部門兼務 教授／植物生理学

2
英語教育
——伝統と挑戦のきずくもの

板津木綿子

挑戦のもたらす喜び

駒場で働きはじめて一二年経つが、今まででで一番うれしかった日だったと思う。

この日は、新設された英語科目の授業が終わる日だった。カリキュラム改革で構想を練り、それが実際に授業として展開されたのが二〇一五年の夏学期だった。少人数クラスの英語スピーキング授業を一年生の必修科目にするという試みである。自由記述欄を大きくとった授業アンケートをつくった。回答を読むと、驚くことに九割の学生が好意的な反応をしていた。

「話すことに苦手意識があったけど、思っていた以上に話せて自信がついた」「持っている語彙でも案外考えを伝えることができると気づいた」「高校時代は受験勉強ばかりで、話す力を鍛えることができなかったので、ようやくスピーキングの練習ができてうれしい」

教師冥利につきる瞬間だった。わたしの感じた気持ちは、駒場で英語教育を担ってきた何世代もの先輩教員が感じてきた悦びに似ているのだろう。こういった挑戦を駒場の英語教員は積み重ね、その蓄積があって今の駒場の英語教育がある。その特色を紹介しよう。

教養と実践的応用力の追求

まずは、一年生の必修科目である教養英語。駒場の英語教育の伝統と蓄積を最も受け継いでいる科目だ。この授業の特色は、東京大学英語部会の編集したリーディング用の教科書を使用する点にある。この教科書（何度か代替わりして、現在は『教養英語読本』（全二巻、東京大学出版会）を使用）は、文理問わずさまざまなテーマに関する上質な英文を集めたもので、良い文章を味わう楽しさと英語を介して教養を磨く醍醐味を感じることが狙いである。こういった教科書を作れるのは、おのおの専門的な研究領域を持ちながら、語学教育にたずさわる駒場の英語教員だからこそではないかと思う。教養英語に加えて、幅広いテーマと多彩な授業形式から選んで履修できる選択必修科目（総合科目L群）も用意されている。

英語を母語として使う人は、世界に三億五千万人。英語を公用語の一つとして使う人は、一〇億人。英語を外国語として使う人は七億人。つまり、英語を母語とする人たちは英語話者人口の中で少数派である。多様な英語を話す人たちと、いかに情報を分かりやすく正確に伝え、説得力のある議論を展開するか。東大の卒業生はどんな道に進んでも、その多くが国内外の人と英語で意見を交わす機会にめぐり合うだろう。その準備のための科目が二種類ある。

その一つが、ALESS（Active Learning of English for Science Students）とALESA（Active Learning of English for Students of the Arts）という姉妹科目である。学生は一年次にどちらかを一学期間履修する。ALESSは二〇〇八年から行われている理科生のための必修ライティング科目である。理科生の八割弱は大学院に進学するため、科学論文の執筆に馴染んでおくことは必須である。この科目の特長は、学生が先行研究に基づいた仮説と実験方法を考え、実際に実験で集めたデータを使って科学論文に仕上げる点にある。ALESAは文科生の必修ライティング科目として二〇一三年に始まった。こちらも人文・社会科学系分野で使われる論法を学び、学術的な裏付けに基づいた論文を執筆するための授業である。社会問題や文芸批評などから主題を絞り、千~千五百語程度の英語論文にまとめるのだが、その作業を支援する駒場ライターズスタジオが併設されており、大学院生のティーチング・アシスタント（TA）に相談ができる。ALESSについては、ALESSラボが併設されており、院生TAが仮説や実験の立案、データ分析の相談に応じている。両科目ともに良い論文を集めた冊子を毎年発行し、後輩の学習に役立てられている。

左から，ALESS，ALESAの優秀論文集，教養英語の教科書

もう一つの科目が、冒頭で述べたスピーキング科目のFLOW（Fluency-Oriented Workshop）である。この授業は、単なる日常会話を学ぶものではなく、知的な議論や折衝ができるような英語運用能力をつけることを目標としている。授業は一ターム、すなわち七週間で完結するが、履修後にスピーキング能力を自分で高める方法も習得する。ALESS／ALESA、FLOWは多様な領域の博士号を持つ国際色豊かな教員が担当しており、言語習得・異文化理解・知的教養の重層的な学びの環境が整えられている。

時代と学生のニーズに耳を傾けながら、教養課程における英語教育の理念を深化させ、実践してきたのが駒場の英語教育である。教養を得るための英語、学問の追究において必要とされる英語の実践的応用力。この両輪を力強く推し進めることで、英語教育が駒場の研究・教育の発展に貢献できれば幸いである。

（いたつ・ゆうこ）
大学院総合文化研究科 言語情報科学専攻 准教授
／アメリカ研究・英語教育

3
TLP(トライリンガル・プログラム)
――世界の明日を担うための出発点

石井 剛

グローバルリーダーを目指す学生のための言語教育

グローバル化の呼び声と共に英語の重要性が喧伝されるようになって久しい。それに対しては、なぜ英語だけがという批判の声も向けられている。しかし、英語が今日世界で活躍するための最低条件であるのが現実である以上、だいじなのは「英語もそれ以外の言語も」という姿勢である。とりわけ「グローバルリーダー」を目指す学生にとっては。ＴＬＰ（トライリンガル・プログラム）は、そういう学生のための特別な言語プログラムである。

具体的には、入学試験で英語の成績が合格者のトップ約一割に入った学生だけを対象に、英語ともう一つの外国語の集中トレーニングを行い、母語の日本語を加えた三言語を自由自在に操れる人材育成を目指す。中国語（二〇一三年）、フランス語、ドイツ語、ロシア語（以上二〇一六年）、韓国朝鮮語（二〇一八年）、スペイン語（二〇一九年）という順に開設されている。国内トップの大学のさらにまたトップの学生を育てること、それがＴＬＰのミッションである。入学時のみならず、履修修了までトップでいることが求められるので、学生たちは当初の英語力に安住しているわけにはいかない。だから、中国語を例にとると、修了できるのは入学時履修者の半数ほどである。ＴＬＰは企業などの貴重な経済的支援を受けて推進される全学「グローバルリーダー育成プログラム（ＧＬＰ）」の一環である。社会からの負託に応える責任を果たしていく必要があるのだ。

こうしたプログラムが発足したことの意義はもとより一様ではない。特に強調すべきなのは、この新しい世界史的趨勢の中で、従来行われてきた大学の外国語教育が根底から変革される端緒を開いたことだ。近代の大学は西洋に学問的栄養を求めた。外国語教育は主として欧米の言語を読んで翻訳することを主眼とし、それは戦後に大学進学がすっかり大衆化したあとも継続した。そしていわゆる「一般教養」の中で進級するための最低条件としてその役割を果たしてきた。しかし、英語のプレゼンスが他の欧州言語とは比較にならぬほど強まった現代、外国語教育は再定義の必要に迫られている。

ＴＬＰは東京大学で教えられているすべての第二外国語に均等に設置されているのではない。それぞれの言語が、世界の構造転換とそれに応じた大学教育の改革ニーズのもとで、グローバルリーダーを育てるための理念とストラテジーを立てる。つまり、「なぜこの言語でＴＬＰなのか」という問いに対する当該言語独自の回答が、既存の第二外国語のフレームとはまったく別の次元で与えられるのである。

TLP の教員と学生（東京大学 HP「2016年度前期 TLP 中国語修了式」より）

本気で世界の明日を担う
――ＴＬＰの願い

では筆者の担当する中国語はどうか？　上述のように実はＴＬＰは中国語から始まっている。それはいったいなぜだったのだろうか？

近代日本が西洋に範を求めたのは時代的要請であったが、それはアジアとの関係をどのように処していくのかというきびしい問いと常に表裏をなしてきた。その結果もたらされた二〇世紀の災厄については贅言を要するまでもない。しかし、中国を核とする東アジアのプレゼンスがこれほどまでに高まった今日、「欧米かアジアか」という選択の間で揺れた近代日本の知性を惰性のように引きずることはもはやできない。「欧米もアジアも」であることこそが、いまやあらゆる分野でリーダーたらんとする人材に求められる当然の視野であり、母語に加えて英語と中国語を自由に操れることはそのための基本条件である。もはやそれは外国の優れた学問を翻訳して理解するというレベルの話ではなく、日本から世界の平和と繁栄の構築に積極的に関与していくための実践ツールであり、智慧の源泉である。アジアと太平洋のはざまにある日本の大学から巣立っていく将来のトップエリートたちにとっての必須条件とは何か。ＴＬＰを中国語から始めることは、東大がこの問いに対する答えとして示した具体的な回答であり、明確なメッセージであった。

いま、世界は大きくその姿を変えようとしている。しかし、その先にどのような世界を求めるのか。それを本気で問い、新しい世界の創造を担うこと。ＴＬＰはその出発点を支える。気概と能力を持った優秀な学生を最高のレベルで鍛え、その背中を後押しする――ＴＬＰの役割はここに尽きると言えるだろう。

（いしい・つよし）
大学院総合文化研究科　地域文化研究専攻　教授／
中国近代哲学・思想史

4

キャンパス・アジア・プログラム
——リベラルアーツで東アジアをつなぐ

清水 剛

東京大学教養学部とアジア諸国との関係は深い。その前身の一つである第一高等学校は既に一八九九年には清国からの留学生を受け入れており、一九四九年に教養学部が設立された際にも、英語・ドイツ語・フランス語等と並んで中国語が教えられていた。一九七三年にはアジアを対象とした地域研究の専門課程（教養学科アジアの文化と社会分科課程）が創設されるなど、アジアとの関係は維持されてきた。

教養学部のキャンパス・アジア・プログラム

とりわけ近年ではアジアからの留学生を多く受け入れ、大学間交流も増加しており、アジア諸国との関係はますます強化されている。このような状況を踏まえ、文部科学省の日中韓三か国の大学間交流事業である「キャンパス・アジア」事業の一つとして二〇一六年に開始されたのが、教養学部の「日中韓教養教育アライアンスによる高度教養教育の充実と『協創型人材』の育成」プログラム（以下、キャンパス・アジア・プログラム）である。

このプログラムは、北京大学元培学院、ソウル大学校自由専攻学部というやはり教養教育を行う中国、韓国の二つの組織と協力して、東アジアの歴史や文化、社会を良く理解し、国境や学問分野を超えて人々と協力できるような人々（協創型人材）を育成しようとするものだ。

このプログラムには二つの特徴がある。一つは、あくまで英語をベースとしつつも、できる限り日中韓の三か国語による学習や交流を推奨する点である。注意してほしい点は三か国語「の」学習ではなく、三か国語「による」学習や交流であるということだ。英語だけで学習し交流するだけは、それぞれの国の歴史や文化、あるいは社会に深く入っていくことは難しい。そこで、例えば本学から派遣された学生には、中国語や韓国語で行われる授業を履修することを推奨している。

もう一つは、サマースクールやウィンタースクール、あるいは学生カンファレンスといった短期（数日～二、三週間）のプログラムと一学期あるいは一年間の留学を組み合わせている点である。それぞれは決して珍しいものではないが、これらを組み合わせることにより、学生が自分の参加できるプログラムから参加し、そこで関心が広がることでまた別なプログラムにも参加していくことができる。実際、サマープログラムやウィンタープログラムを履修して、そこから一学期あるいは一年の留学に行った学生や、ソウル大学校に留学し、そのあとで北京大学に留学しようとする学生等も出てきている。

キャンパス・アジア・プログラムに参加する学生は、バックグラウンドも関心も様々である。教養学部の中でも文科、理科の両方から参加があり、他学部からの参加も多い。彼らは英語だけでなく、中国語や韓国語なども使いながら他の大学からの学生と交流し、いつの間にか仲良くなっている。このような中から、アジアの人々とともに働く人材が出てくるだろうと思っている。

現在までに三か国合計でサマープログラムを二回、ウィンタープログラムを三回開催し、また駒場からは長期の留学生を北京大学に一七名、ソウル大学校に一三名派遣している。長期・短期を合わせて受け入れと派遣を合計した学生数は既に一〇〇名を超えており、キャンパス・アジア・プログラムを通じた日中韓の学生のネットワークも広がりつつある。

2017年度3大学サマープログラム（駒場）でのフィールドトリップ（上），同年度ウィンタープログラム（ソウル大学校）（下）．（日本学術振興会 HP「大学の世界展開力強化事業（平成28年度採択）東京大学取組概要」より）

東アジアリベラルアーツイニシアティブ

このキャンパス・アジア・プログラムを教養学部内で担当しているのは、二〇〇五年に設立された東アジアリベラルアーツイニシアティブ（East Asia Liberal Arts Initiative, EALAI）という組織である。EALAIのようなアジアの大学との交流に特化した組織があるというのもまた、教養学部とアジアとの関係の深さを感じさせる。現在、EALAIではこのキャンパス・アジア・プログラムだけでなく、ベトナムにおける日本研究支援プロジェクト（ゼンショー東京大学・ベトナム国家大学ハノイ校　日本研究拠点プログラム）等も行っており、また日越両国政府の合意に基づき設立された日越大学（Vietnam Japan University, VJU）の運営にもかかわっている。また、これから本格的に動き始める東京大学と北京大学との共同プロジェクト「東アジア藝文書院」の教養学部での運営も担当する予定である。東京大学教養学部とアジアとの関係はこれからも続いていくのだろう。

（しみず・たかし）
大学院総合文化研究科　国際社会科学専攻　教授／
経営学

5
先進科学研究機構とアドバンスト理科
——若手研究者と学生の相互作用

清水　明

後退している？

　私が理科一類に入学した一九七五年に最初に受けた「力学」の講義の内容は「解析力学」だった。これは、普通の講義では最終回に軽く触れるだけで済ませるような、古典力学の完成形である。それを、入学したての一年生の必修講義で教えられたのである。定期試験の問題も、剛体が坂道を転がってきて溝にガタンと落ちて抜け出す、という難しい問題だった。今だったら、たとえ物理学専攻の大学院入試でも、こんな問題を出題したら正解率は一割に満たないだろう。そんな問題が、理科一類一年生の定期試験に出題されたのだ。

　私が助教授として駒場に戻ってきた一九九二年には、三五歳の童顔の私は学生と間違われて、イチョウ並木でサークル勧誘のビラをたくさんもらった。そんな若い教員だったので、学生達も親近感を覚えてくれて、質問があったらいつでも部屋に来なさいと講義で言ったら、大勢が質問に来てくれた。中には、他の先生の講義の質問まで私にしてきた学生もいた（その女子学生は今、研究者として活躍している）。

　さて、現在の駒場はどうか。大学院入試としても難しい問題を一年生の定期試験に出題したら、学生には大ひんしゅくを買い、授業アンケートは最下位、教務委員会で問題視され、部会主任から厳重注意を受けることだろう。だから、大多数の学生に「難易度がちょうどいい」と言ってもらえるように、講義も試験も易しい内容にとどめる。「これじゃ物足りない」という学生も出てくるが、そういう学生には我慢してもらう。また、くたびれた肌から年齢をごまかせなくなった私の部屋に質問にくる一年生は、ほとんどいなくなってしまった。そりゃ、一年生から見たらもう爺さんなんだから、親近感なんかわきようがない。じゃあ、その代わりに若い教員のところに質問に行っているかというと、あれ？　若い教員が少ないぞ。たとえば、私のように理論物理を専門とする准教授を若い順にならべてみると、三八歳、四四歳、……。

　これでいいのだろうか？　確かに、昔より生協は綺麗になったし、ルヴェソンヴェールもできたし、一五・一六号館やアドバンスト・リサーチ・ラボなどの新しい研究棟も建ったし、21 KOMCEEには学生が使える機能的MRIまで備えられていて、駒場のハードは格段によくなった。しかし、ソフト面では後退した部分もあるのではないか？　いや、過去との比較だけでなく、東京大学の「これから」を考えたとき、ソフト面をこのままにしておいて良いのだろうか？

若手教員と学生の相互作用

そこで、まず「先進科学研究機構」という新しい組織を作り、教員人事の仕方から刷新した。通常はシニアな研究者が分野を決めて公募することが多いのだが、〇〇学の△△分野を専門とし、若手で、日本語が流暢で、……といくつも条件を付けることになるので、目星を付けていた研究者がちょうど他大学からのオファーを受諾したばかりだったりと、「良縁」に恵まれずに人事が難航することが少なくない。しかもシニアな研究者が目星を付けた分野が本当に将来性があるのかどうかも疑わしい。

そこで、「分野よりも人」「能力があって研究意欲が高い人がポストとスペースを得れば、勝手に面白い研究を始めるものだ」という私の信念を先進科学研究機構に取り入れた。すなわち、分野を決めずに自然科学全体を見渡して有望な若手を探す。そうすれば、適任者がたまたま居ないなどという確率はゼロになり、輝いている若手が必ず見つかる！

次に、こうして新規採用した若手研究者達を、後期課程や大学院の学生だけではなく、通常の講義に物足りない前期課程の学生達とも密に相互作用させたい。そのために、従来よりも高度な内容を少人数講義で教える「アドバンスト理科」を前期課程の一、二年生向けに開講することにした。高度な内容をオムニバス的に紹介するよくある講義ではなく、システマティックな内容をきちんと積み上げていく講義である。学生は世界をリードする若手研究者から大きな刺激を受け、多くの事を吸収する。同時に、若手教員も、一年生の根源的な疑問に真摯に答えようともがく中で、新しい研究の扉が開くことも希ではない。そういう相互作用を引き起こしたい。

このような理想論にも見えかねない計画だが、一定の支持を受けることができて、二〇一九年一月から若手教員が「先進科学研究機構」に着任を開始し、同四月からは彼らによる最初の「アドバンスト理科」が開講される。その講義内容は、私も全部出席したいほどわくわくする内容である。乞うご期待！

（しみず・あきら）
大学院総合文化研究科　広域科学専攻　相関基礎科学系　教授、先進科学研究機構　機構長／量子物理学・物性基礎論

1
東大駒場友の会
——駒場の支援、親しき集い

浅島 誠

経緯と役割

東大駒場友の会の前身である「駒場友の会」は、東京大学の卒業生や教職員および在学生の保護者が協力し合い、駒場キャンパスにおける教育・研究を支援するために、二〇〇四年（平成十六年）三月二十四日に発足した。この年には国立大学法人化があり、大学にとっても大きな過渡期であった。当会の設立にあたり、東大駒場の教職員は社会や大学に対して並々ならぬ責任感を持っていたであろう。設立を遡ること三年前の二〇〇一年には旧制第一高等学校（一高）の寄宿舎だった駒場寮の廃寮があり、その一年後には国立大学の法人化が閣議決定され、国立大学の在り方が盛んに議論された。当時私は東京大学評議員・教養学部長をしており、教養学部の教授会でも法人化への懸念や、東京大学における教養学部の必要性と役割について議論した。また一高からの伝統であるリベラルアーツ精神を継承し発展させたいという思いもあった。このような議論を通じて、一高出身の方々や教職員、卒業生から有志が集まり、駒場キャンパスにおける教育・研究を支援するための組織として設立したのが「駒場友の会」である。

初代の会長は本間長世名誉教授、第二代は毛利秀雄名誉教授（ともに元教養学部長）だった。発足以来、当会は、会報やウェブサイトで情報を発信し、在学生やその家族、卒業生、教職員との交流や連携を図り、駒場Ｉキャンパスにある東京大学教養学部、大学院総合文化研究科、大学院数理科学研究科の事業に協力し、支援する活動を行ってきた。

二〇一六年まで駒場友の会は任意団体として活動してきたが、同年十月に一般社団法人「東大駒場友の会」として新たなスタートを切った。法人化にあたり、従来の事業を継続発展させるとともに、教職員から一層の協力を得て活動を続けている。

会員と活動

会員には終身会員、通常会員、会友会員等があり、卒業生と教職員は終身会員や通常会員になることができる。また、在学生とその家族や、東大における芸術文化行事等に関心を持つ方は会友会員になることができる。二〇一九年二月現在、三六二五名の会員が当会に在籍している。

主な活動は、教養学部と共催で行う「新入生保護者と教養学部長との懇談会」とキャンパスツアー（写真）、会員向けの文化イベントや講演会の実施、教養学部オルガン委員会・ピアノ委員会が主催する演奏会の共催や協賛、教養学部主催「高校生と大学生のための金曜特別講座」の協賛、キャンパス内の樹木へのプレートの設置、学生向けの食についての教育プログラムなどである。

「新入生保護者と教養学部長との懇談会」の様子.（上）900番教室での学部長の講演.（下）教員1名につき参加者10名程度のグループに分かれて，駒場Iキャンパス内のツアーをします.

また、駒場の文化教育活動への支援事業も鋭意進めており、キャンパスや学生宿舎の学生用設備の整備、駒場図書館への図書の寄贈、駒場博物館への寄付などを実施している。さらに教員が教育研究活動の一環として学生や地域に向けて駒場で開催する演奏会・講演会・展覧会なども支援している。

学生のための寄付事業としては、秋の駒場祭を協賛するほか、学術・文化・スポーツを通じて多様性・国際性の涵養育成に寄与する学生団体の支援などを積極的に行っている。

二〇一三年四月からは、高齢化のため閉鎖された一高同窓会事務局を継承し、引き続き事務を担当している。他にも駒場の歴史や文化の保全と継承を図り、広く地域社会の発展に寄与できるように支援活動を続けている。

会員への特典とサービス

会員には、次のような特典とサービスがある。当会が主催・共催・協賛する様々な行事への参加、東京大学スポーツ先端科学研究拠点ジム（QOMジム）の利用料金の割引、駒場図書館の利用、駒場ファカルティハウスのレストラン「ルヴェソンヴェール」の優待利用（食後のコーヒー・紅茶が無料）、駒場キャンパスで行われる演奏会・講演会・展覧会等の案内の送付、『東大駒場友の会会報』の送付、教養学部発行『教養学部報』の送付（希望者のみ）など。

さらに終身会員と通常会員は東大生協への加入（書籍を一割引で購入可能）、駒場ファカルティハウスのセミナー室の利用、駒場図書館での図書の貸出も可能である。

東大駒場友の会には毎年、在学生の保護者の方々が会友会員として数多く入会されている。詳細は当会のウェブサイトをご覧いただきたい（https://tomonokai.c.u-tokyo.ac.jp）。

（あさしま・まこと）
東京大学名誉教授、帝京大学学術顧問・特任教授、東大駒場友の会会長、二〇〇一年紫綬褒章・日本学士院賞・恩賜賞、二〇〇八年文化功労者、二〇一七年瑞宝重光章／発生生物学

2
高校生と大学生のための金曜特別講座
――進路選択に悩む若者たちへ

新井宗仁

東大駒場の公開講座

東大駒場キャンパスには、高校生・大学生向けの公開講座がある。「高校生と大学生のための金曜特別講座」だ。

金曜の夕方、渋谷に近い駒場キャンパスに高校生たちが続々と集まってくる。なかには小学生や中学生、他大学の学生もいる。約二百人もの熱気に満ちた会場では、東京大学の教員が自らの専門分野の面白さをわかりやすく伝え、将来に向けた展望を描き、六十分間の熱い講義を行う。また、若者たちの進路選択の一助になればという想いから、なぜ自分はこの道を選んだのか、自分はどんな高校生・大学生だったのかを語る。講義後三十分間の質疑応答では、高校生や大学生たちからの質問が矢継ぎ早に投げかけられる。この講義は北海道から沖縄までの五十以上の高校にもリアルタイムで配信しており、全国の高校生たちからの問いかけが負けじと会場に響く。教員も驚くような鋭い質問の数々に、高校生同士、刺激を受けているようだ。講座にはかつての高校生や大学生たち（現在は社会人の方々）も来場しており、若者たちの真剣な眼差しを頼もしく見つめている。講義が終了した後も、教員に直接質問をしたい高校生たちが列をなし、この機会に自分の進路について相談する人もいる。そして教員も、高校生たちから大きな活力を得て、興奮気味で会場を去る。

二〇〇二年に始まったこの講座（「金曜講座」と省略）は、東京大学の正規授業とは別に、駒場キャンパスの教員が運営してきた。二〇一八年までに既に約四百回開講され、関連書籍が十一冊刊行されている。講義内容は文系から理系まで多岐にわたり、高校までに習う科目の垣根を越えた分野（たとえば文理融合分野や生物物理学など）の講義もある。最近の講座で扱った話題は、アメリカ外交、英文学、言語学、思想史、源氏物語、人工知能、iPS細胞、バイオテクノロジー、スポーツ科学、タイムマシン、ニュートリノ、放射線、8K映像、ルベーグ積分など。受講者が文系・理系のどちらであっても理解できるように講義しているため、文理を問わずに受講できることも講座の魅力となっている。大学や大学院でのさまざまな学びや研究の様子に触れることは、高校生や大学生が将来を思い描くうえで大いに参考となるだろう。特に、自分は将来どこへ向かうべきなのかについて思い悩む若者たちは、ぜひ金曜講座に参加してほしい。

進路選択のための教育

高校生たちは多くの場合、自分が何を専門とするのかを大学受験までに決めなければならない。しかし、高校までの基礎教育と、大学からの専門教育のあいだに本来存在するべき「進路選択のための教育」は、果たして十分に行われてきたのだろうか。高校生や大学生が自分に合った進路を見つけ、自らの選択に自信を持って専門教育を受けるためには、「進路選択のための教育」をさらに充実させる必要があるだろう。

東京大学には独自の進学選択システムがある。まず新入生たちは全員、駒場キャンパスにある教養学部で最初の二年間を過ごし、文系から理系までの幅広い学問を身に付ける。そしてこの二年間を通してじっくりと自分の進路を見極め、大学三年時に諸学部の諸学科に進学して、そこから専門教育を受けることになる。文系で入学した学生が理系に転向することや、その逆も珍しくはない。これは大学受験までに進路を決めることの難しさを物語っているだろう。

教養学部の教員は、喜びに目を輝かせて東大に入学した学生たちが、将来、多方面で活躍することを期待しながら、最先端の研究成果に基づく教養教育を展開している。そして学生たちの進路選択の参考となるように、自らの研究分野の魅力や夢を語る。時には、学生たちの相談にのり、親身に語りかけ、手厚いサポートをする。そのような教員だからこそ、進路選択に悩む高校生たちに伝えたいことがある。若者たちが自分の夢や生きがいを見つけるための手助けをしたいと、心から思う。

今後も金曜講座では、高校生と大学生の進路選択の参考となるような講義を続けていく。金曜講座の会場とスケジュールは、講座のウェブサイト（http://high-school.c.u-tokyo.ac.jp）でご確認いただきたい。遠隔地の高校へのインターネット配信も随時受け付けている。

（あらい・むねひと）
大学院総合文化研究科 広域科学専攻 生命環境科学系 教授／生物物理学・蛋白質科学

金曜講座の模様

3 オルガン委員会・ピアノ委員会
——駒場で音楽を愉しむ

長木誠司

東京大学教養学部では、一九七七年に森泰吉郎氏（森ビル株式会社初代社長）の寄贈により、九〇〇番教室（講堂）にパイプオルガンが設置され、それ以来「オルガン委員会」の組織する演奏会が定期的に行われてきた。これは当初から入場無料で、学生や教職員のみならず、同窓生や大学外のオルガン好き、音楽好きの聴き手にも喜んでもらえる、社会に開かれたものとなっている。

また、二〇〇五年にコミュニケーション・プラザ北館二階の音楽実習室にスタインウェイのピアノが設置されると「ピアノ委員会」が発足し、この楽器を活用した演奏会が開催されるようになった。

これらの演奏会には、学生、教職員のほか、「東大駒場友の会」の会員の参加もあり、財政的には友の会からの寄付金をいただきつつ、順調に行われ続けている。

オルガン演奏会

オルガン委員会が組織し、教養学部が主催する「オルガン演奏会」は、二〇一八年で第一四〇回を迎えた。竣工記念演奏会に招かれた酒井多賀志以来、これまでジグモンド・サットマリー、井上圭子、松居直美、リオネル・ロッグ、鈴木雅明、マリー＝クレール・アラン、ヴォルフガング・ツェラーをはじめ、国内外の著名なオルガニストが得意のレパートリーを披露してきた。オルガン独奏のみならず、器楽奏者や声楽家との共演も行われ、また世界的に著名なバロック音楽の演奏団体であるバッハ・コレギウム・ジャパンを招いた贅沢な演奏会なども催されている。ピアノ委員会が発足する以前には、室内楽演奏会もこのオルガン演奏会の枠内で行われたが、現在では室内楽は主としてピアノ委員会の担当となっている。

選抜学生コンサート

ピアノ委員会が組織する催しは、大別して二種類ある。ひとつは、年二回、春と秋に催される「選抜学生コンサート」、もうひとつはプロフェッショナルな演奏家を招いて行われる「ピアノ演奏会」および「室内楽演奏会」である。

東京大学には、音楽的な才能を備えた学

音楽実習室にあるスタインウェイのグランドピアノ

900番教室にあるパイプオルガン

生が数多く在籍する。前者の催しは、こうした学生にスタインウェイに触れる機会を与え、さらには彼らが表現・発表する場を設け、それを教養教育に反映させるという目的で始められた。学生の演奏水準は音大生にも負けないほど高いので、毎回厳格なオーディションによって出演者が決定されている。

応募してくる学生たちには、ピアノが得意な者だけではなく、ヴァイオリンやチェロ、フルートやオーボエといった、管弦の演奏に長けた者もおり、また声楽を披露する者もいて、結果的に「選抜学生コンサート」のプログラムは多彩なものとなっている。オーディションの参加者は年々増えてきており、楽器や声域の種類も豊富になってきた。

ピアノ演奏会・室内楽演奏会

年に数回の頻度で実施されている「ピアノ演奏会」と「室内楽演奏会」は、国内外で活躍するトップクラスの演奏家による充実した催しとなっている。これまで登場した演奏家の顔ぶれには、ピアノの小山実稚恵、児玉桃、野平一郎、河村尚子、練木繁夫、高橋悠治などがあり、さらにはチェンバロのマハン・エスファハニ、家喜美子、フルートの工藤重典、ヴァイオリンのジェラール・プーレ、チェロの宮田大といった多彩な楽器の奏者も招いてきた。室内楽としては、河村尚子ほかによるメシアンの《世の終わりのための四重奏曲》といった画期的な演奏会のほか、二〇一八年にはNHK交響楽団メンバーによるモーツァルト・プログラム も開催された。クラシックのみならず、辛島文雄のジャズ・ピアノ・トリオの演奏会も催されている。

（ちょうき・せいじ）
大学院総合文化研究科　超域文化科学専攻　教授／
表象文化論・音楽学

4
ブランドデザインスタジオ
——アイデア創出の作法

真船文隆

社会連携を通じた教養教育の高度化

「ゼミの授業に、企業の方が参画するのは、ほかの教員から反対されませんでしたか?」全学自由ゼミナール「ブランドデザインスタジオ」を始めて数年後に、ある教員から聞かれた質問である。民間企業との連携は、研究ではずっと前から進められてきているが、教育ではほとんどなかった。教育は教歴をもった教員がするものと考えられていたからである。ただ、教員の数は限られている。教員がカバーできる領域は、世の中にある諸問題に比べれば、やはり限られたものでしかない。そうであれば、大学の外にある力をお借りするしかない。外の力と連携して教養教育のさらなる高度化を目指す。この考え方が少しずつ浸透してきたのが、まさにここ一〇年のできごとである。

「ブランドデザインスタジオ」は、教養学部と株式会社博報堂の教育連携プログラムである。21 KOMCEE が完成した二〇一一年の冬学期から開始され、始めは試行プログラムとして、二〇一二年の夏学期からは正式な授業として開講された。連携先の博報堂ブランド・イノベーションデザイン局は、依頼者から持ち込まれたテーマに対してアイデアを創出するコンサルティング業務を行っている。ただ、コンサルタントが一人で考えてアイデアを出すわけではない。コンサルタントは、あくまでも考えるときのガイド役であって、課題を抱えた依頼者たちと一緒に考える。そこには、ある決まったアイデア創出に至る作法がある。ブランドデザインスタジオは、授業の中で、アイデア創出に至る作法を学生自身が身につけることを目的としている。

正解のない問いに、共に挑む

ブランドデザインスタジオでは、学生が、「正解のない問いに、共に挑む」ことを実践している。正解のある問題に一人で取り組めば、早くかつスマートに正解にたどりつける学生たちに、あえて「決まった答えのないテーマ」に取り組んでもらう。例えば、「〝猫〟をブランドデザインする」「新しい朝ごはん」「〝手ざわり〟からブランドを創る」などである。ペットとして飼われている猫の数が犬の数を上回ったと言われている。「猫と人のよりよい関係を築く」にはどうしたらよいだろうか？　若い世代には「朝食欠食」も多い。どういう「朝ごはん」がより魅力的なのか？　「手ざわり」とは一体何か、どういう価値があって、それらはどのような新たな商品やサービスになりうるのか？　などである。また、一人ではなくてチームで考えてもらう。できる限り性別、学年、出身地などが多様なメンバーからなるチームのほうがよい。メンバーとのやりとりの中で、何かを学び合い、作りだし、合意形成していくプロセスを体験してもらう。

ブランドデザインスタジオの授業風景

　どんなテーマであっても、ブランドデザインスタジオでは、必ず決まった手順にしたがって考える。インプットからコンセプトを作り、それをアウトプットへとつなげていく。インプットでは、なるべく多くの情報を集める。文献、インターネットを活用した情報収集、現場に行って観察するフィールドワーク、関係者へのアンケート、インタビューなどである。得られた多くの情報を統合してコンセプトを作る。コンセプトはアイデアの元となる戦略、基本方針であり、短い文で表現する。よいコンセプトには、よいアイデアを生み出す力がある。最後にコンセプトをもとに、ものやサービスなどを考えプレゼンテーションをする。

　二〇一五年Aセメスターは「渋谷土産をつくる」をテーマとした。渋谷といえば、スクランブル交差点が有名だが、外国人観光客には、あれだけ多くの人が一度に交差点を渡りながら、事故が起こらないのかと不思議でしょうがない。学生が交番に問い合わせたところ、これまで事故が起こったことはないという。これらの情報（インプット）から、「渋谷には日本一安全でぶつからない交差点がある」をコンセプトとした。アウトプット、つまりお土産のアイデアとして、交差点を形どった「お守り」を考えた。最終プレゼンテーションでは関連分野に通じたゲストに来学してもらい評価をしてもらった。これもまた社会連携の一環である。

（まふね・ふみたか）
大学院総合文化研究科 広域科学専攻 相関基礎科学系、教養教育高度化機構社会連携部門長兼務 教授／化学・ナノ科学

COLUMN　学生の声1

つながり、まわり、かわる

遠藤智也（えんどう・ともや）
1996年生れ．教養学部学際科学科広域システムコースを経て，2019年4月から東北大学大学院生命科学研究科生態発生適応科学専攻に進学．専門は理論生態学．

昔から勉強も、この大学も好きではなかった。前者は説明不要だろう。後者はたぶん、いわゆる主要五教科の筆記試験だけで決まる入試やテレビで見かける尊大な卒業生などが、子供心に好ましくない心証を与えたのだと思う。

入学後もその思いは変わらない。だが何か特別なことをするわけでもない。必要単位を埋めるため試験をこなし、適当に議論をする。一部の勤勉な学友を尊びはするが、見倣うつもりは無い。気が向けばたまに努力する。長くは続かない。前期課程では特にそのような生活を送っていた。

後期課程で駒場に残ったのも深く考えてのことではない。ただその頃から、駒場はなかなかユニークなのかなと思うようになった。ある部屋ではロシア語で討論をしていて、隣の教室では宇宙の階層構造をスクリーンに映している。外には木を観察している人がいて、遠くから運動部のかけ声が聞こえる。駒場らしい日常だと思う。本郷と比べてコンパクトゆえ（後期課程向けサポートが少ない等の不便はあるが）様々な授業やサークルその他の活動に参加しやすい。さすが教養学部。

自分の専門を勉強することはどこにいても比較的たやすい。しかし門外の、それも演習や実習形式の授業に気軽に顔を出せるのは、貴重な環境ではないか？　こう考えると前期課程で履修した演習林実習や科学実験が思い出される。予備知識の無い文科生だった私にも分かりやすい内容だったし、今思えば間違いなくこやしになっている。前期の教育も、少なくとも部分的には大したものと言わざるを得ないだろう。ただし私はその大した教育を活かしきれなかった。少し残念。

私の今の専門は、高校での区分けに従えば生物学だ。だが学部教育では生物学はあまり教わっていない。かわりに繰り返す歴史、循環する物質、その分／解析に用いる実験やプログラミングの手法など、相当幅広いことを学んだ。おもしろいことに、それらが意外なほど連係しているように思われる。詳細は省くが、これからの時代を拓く土台になりそうな、いかにも駒場らしいカリキュラムだった。器用貧乏になりかねないという面もあるので目的意識が大切なのかもしれない。

補足。理転したかとよく言われる。たしかに研究室（四年）では生物の増殖や環境適応を数式化したり計算機を回したりと対象も手法も理系になった。しかし文系や融合領域の科目も多く聴講したし、理系にただ転じたと言うのはおもしろくない。補足2。私は生態系予測の研究のために他所の研究室へ進学する予定だ。問題を煎じ詰めるにはいい選択だったと思うが、最近、異分野交流のありがたみも感じている。

ふと考える。私はいま東大駒場をどう見ているのか？　何かがぐらついている。自分の中で。ただの気まぐれとも違いそうだ。これはどういう心境なのだろう？

Ⅲ　知の最前線——それぞれの駒場スタイル

1 "More is…"——たくさんあることの物理

福島孝治

統計学＋物理学＝？

「統計」という言葉はあまり印象のよい言葉ではないようである。統計とは何かしらの意思決定を行うときの根拠となる数値的な情報を与えてくれる道具なり手法なりのことを指すことが多いだろう。そして、その数値をこそっと捏造したり隠したりしているのではないかと疑念を持たれることが話題になったりする。最近では高校数学でも統計を学ぶことになっていて、分散をやみくもに計算させられることも必ずしもよい印象は与えていないだろう。さらに、統計が出自であり、一般社会にもっともよく浸透している言葉が偏差値だということも印象を悪くするには十分である。

筆者の専門分野は物理学の中でも特に「統計物理学」と呼ばれる分野である。その名を冠した講義を前期課程の総合科目として、ここ数年担当している。物理学に関係した総合科目としては、他にも「量子論」や「相対論」が毎年開講されていて、東京大学へ入学した学生達がたくさん受講し、大きな教室がいっぱいになる。将来に物理学を専攻しない学生も、量子力学や相対性理論にはやはり憧れるものがあり、教養として学ぼうとする意識が高いのだろう。それと比すると、統計物理学の講義はこぢんまりとした感があることは否めない。しかしながら、参加する学生達は好奇心の高い状態を保ちながら最終回までしっかり付き合ってくれている。どうやら統計物理学に対する知と無知の境界はこの駒場を通り過ぎる年代あたりにあるように思われる。筆者も大学一年生の頃にはその単語を聞いた記憶すらない。実際に知らなかったのだろう。中高生を含めた一般社会に対する啓蒙書も見当たらない。しかし、物理学の専門家に目を向けると、統計物理学、その基礎となる統計力学を知らずには現代物理学は語れない状況にある。ここでは統計物理学の面白さについて説明してみたいと思う。

ただ、統計物理学の認知度を上げたいと思っているわけでも、ましてや若い学生達を無理にこの分野に導きたいなどと思っているわけでは決してない。ノーベル賞を受賞された大隅先生の言葉に「自分が面白いと思った道を突き進んでほしい」とあるように、「面白い道」は人それぞれである。単に、筆者が統計物理学の何に惹かれていて、何を面白いと思っているかを記してみたい。

たくさんは難しい⁉

昔から複雑な自然現象を理解しようと人類は普遍的な法則や原理を自然の中に見出して、それらを積み上げて叡智としてきた。その方法の一つに、探求すべき問題をできるだけ細かく分割して、その部分部分の簡単になった問題を解決して、まとめあげる思考法がある。デカルトの『方法序説』にも記されている。プログラミングにおける分割統治法も同じ考え方に基づく。物理学の体系もやはり基本的にはこの方法に則ってきた。我々の世界に存在する物質のことを知りたければ、原子や分子まで細かく分割して、そこで基本法則を見出そうというわけである。高校で学ぶニュートン力学では、原子・分子の従う運動方程式が基本法則としての基礎方程式であり、さらに量子力学を学ぶとミクロの世界ではシュレーディンガー方程式がそれに相当する。あとはその解を必要な原子や分子の数だけまとめあげればよい。我々の住むこの自然界は基礎方程式に従うたくさんの分割された原子・分子の集合体にすぎない。これは、ミクロな世界観に立てば自然な発想である。

福島孝治（ふくしま・こうじ）

大学院総合文化研究科 広域科学専攻相関基礎科学系／先進科学研究機構教授．専門は物理学・統計物理学．研究テーマは相転移論，ランダム系の統計力学，データ駆動科学．1968年生れ．日本物理学会論文賞（2002年），日本IBM科学賞（2009年）受賞．

しかし、そんなに単純ではないことは、ほんの少しだけこの思考法を疑ってみると気づく。例えば、目の前のコップの中の水のことを考えてみる。そのまま冷凍庫に入れると数時間で氷に変化する。さて、前述の方法でこの水のことが本当に理解できるか考えてみよう。まず、そのコップの中の水分子の個数はどのくらいだろうか。およそ10^{24}個程度である。高校で習ったアボガドロ数は6×10^{23}であった。それでは、その水分子一つ一つの基礎方程式を立てて、解いてみよう。しかし、それは無理である。そんな巨大な数の連立微分方程式など解きたいと思わない。仮に人類の代わりに神が方程式を解いて、その答えを教えてくれたとしよう。そうして時々刻々動き回る10^{24}個の水分子の様子をつぶさに知っても、おそらく我々は「理解」したとは思わないだろう。分割する数が多すぎると、まとめあげることが元の問題と同じくらい難しいわけである。

統計力学はこの状況を打破する方法を与えてくれる。巨大な数の原子・分子を記述する体系に「統計」を持ち込むわけである。半分は納得できる。そもそも知りたいことは水分子一つ一つの運動の詳細な様子ではなくて、集合体としての水の振る舞いである。つまりは、水分子の個性ではなく、水の統計的な性質が知りたいと考えるわけである。しかし、半分は納得できない。物理学の体系としては、前述のような基本法則としての原理はわかっていたはずである。

そこに統計を持ち込むことはゲームを変えたことにならないか。これは、統計力学の原理がミクロな世界観と矛盾しないかという根本的な問題に関係する。

前期課程の熱力学の講義

矛盾のない統計力学の原理は、マクロな世界の理論体系である熱力学との対応関係をとることにより構成される。ここで対応をとる相手が分割したミクロな世界でないことが面白い。ともすれば、ミクロに知ることが至上命題になると思うかもしれないが、逆なのである。10^{24}個の水分子の全ての運動は人類には理解できないことを素直に認めた感がある。その上で、ミクロな世界を支配する法則がニュートン力学であろうと、量子力学であろうと、マクロな世界の熱力学の法則は壊れないという厳然たる事実に足場を求めるわけである。この熱力学の理論体系を駒場の理科生は基礎科目として1セメスターかけてしっかりと学ぶ。熱力学にこれほどの時間を費やす大学のカリキュラムは世界的に見て、異例中の異例である。この熱力学の体系を教養として学ぶことを東京大学、そして、駒場が重要視している証である。結果として、東京大学の理科各類出身者の全員が、熱力学第二法則の一表現であるエントロピー増大則の真の意味を理解するわけである。

この熱力学との対応関係により、分割されたミクロな世界とマクロな世界を結びつける統計力学が、少なくとも熱平衡状態に関しては美しく構成できる。熱力学のみではできなかったミクロな設定からマクロな世界の性質を導くことが、統計を介することによって可能となった。一方で、統計力学の体系の正当化は、統計力学の導く結果の実験的な検証に基づく。これはいささか間接的な検証に思える。統計力学の原理の直接的な検証を実験で行うことは難しい。ミクロな世界観と統計力学の原理の整合性は今なお議論され続けていて、量子力学の立場からそれを正当化する試みは最近のホットな話題である。

ミクロには同じでも、マクロにはちがうようにみえること

統計力学の一つの大きな成功は物質の相変化の記述であろう。相変化とは、たとえば、冷凍庫に入れられたコップの水が、そのエントロピーを減少して氷になる現象のことである。水と氷はそれぞれ液体相と固体相の状態を表し、この相変化は相転移と呼ばれる。あまりにも当たり前な現象であるために、不思議さはどこにもないように思える。しかし、ミクロに見ると水も氷も同じくH_2Oからできているにもかかわらず、一方では堅い固体であり、他方では掴むことができない液体である。マクロには全く異なる形態なのである。水分子間の結合が弱い水用のH_2Oと結合の強い氷用のH_2Oがあるわけではない。この現象の理解には、ミクロには同じ設定から出発して、ある温度を境に水と氷のようにマクロには完全に異なる性質を導く必要があるが、このことを統計力学は可能にする。水と氷の相は完全に分離されていて、同じ環境下で水と氷が同時に存在するのはある特別な温度、一気圧のときは摂氏0度だけであり、それ以外は水か氷のどちらかだけが安定に存在することが示される。題目の"More is"の続きは"different"とするのが物理学者アンダーソンの有名な言葉である。H_2Oがアボガドロ数ほど集まること

により振舞いの異なる水や氷になるように、たくさんあることが質的な変化を創発することを端的に表している。

簡単な例を示しておこう。図1のように丸い分子は格子の交点にしかないモデルを考える。お互いの分子は相互作用の結果として隣の格子には並ぶことはできないとする。このミクロなモデルを設定して、密度を一定のまま全体の格子をマクロな大きさまで大きくしてみる。低密度と高密度における典型的な分子の配置を図1の下側に示す。理想気体の状態方程式を考えてみると、外からの圧力が一定の平衡状態では、低温では高密度の状態が、高温では低密度の状態が実現される。高密度のときには分子は一つおきの格子に綺麗に並んだ結晶固体になり、低密度のときには乱れた配置の液体になっている。格子が十分大きい状況において、固体と液体は明確に区別されるというのが統計力学の帰結である。低密度でもできる限り結晶のように並べてみたくなるが、そのような配置は数多くある分子配置のなかで特別に限られた数少ない配置であり安定には実現できない。このように場合の数の違いにより実現する状態が選択されることはエントロピーの効果である。

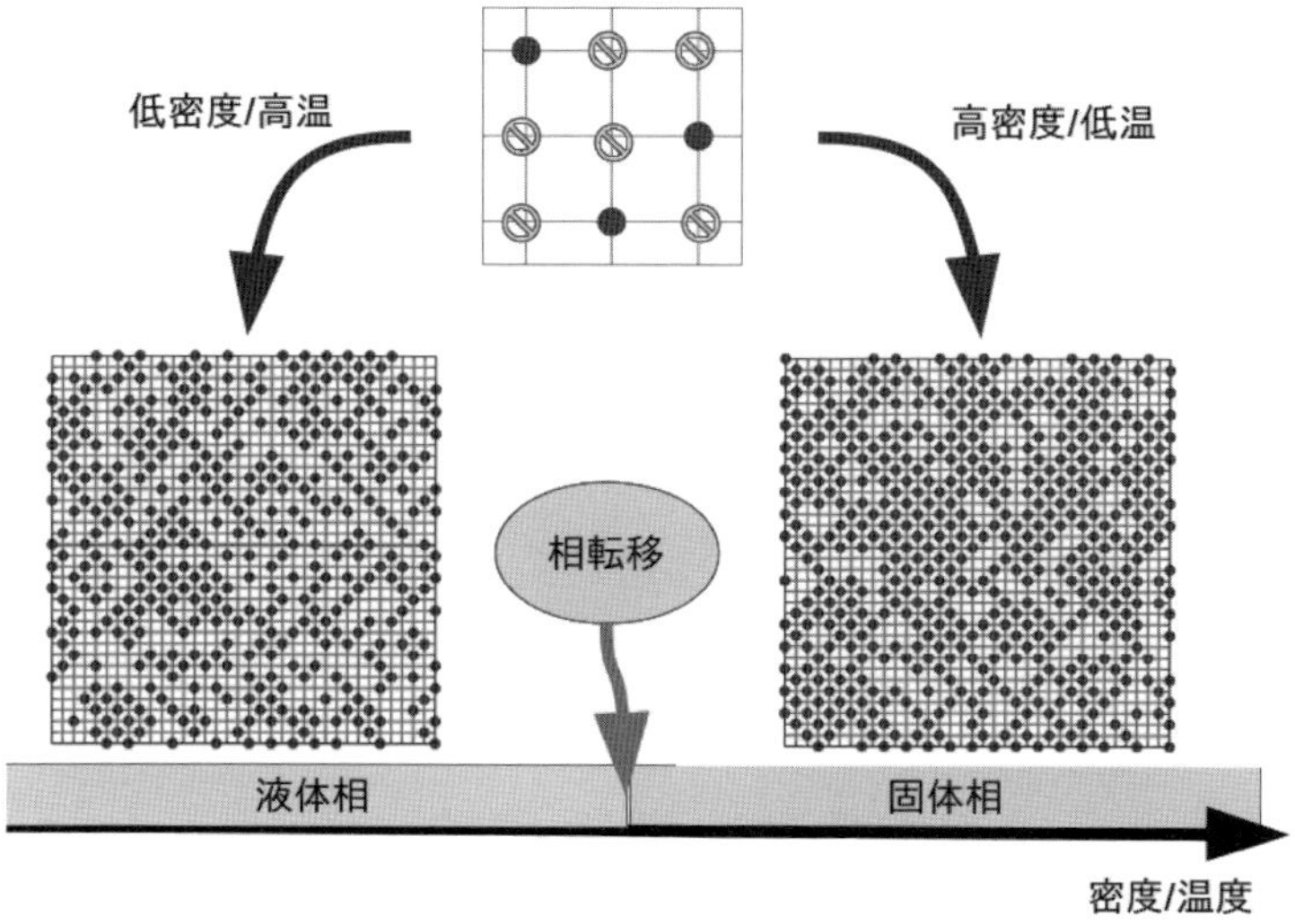

図1　格子点に存在する分子モデル．隣同士には分子は置けない条件で，密度を大きくすると，結晶固体が安定に存在する．

このような相転移は様々なところで見つかっている。統計力学から見た相転移は、アボガドロ数ほどの巨大な数の構成要素とそれらの間の相互作用を出発点として、ある温度を境にマクロには全く性質の異なる相が現れることである。この相転移の理解のために、対称性の自発的な破れなどの概念とともに、実際の解析に必要となる計算法、計算機を用いたシミュレーション法などが発見・整備されてきた。そこで培われた概念や計算方法の多くは巨大な数、より正確には無限大の極限を前提にしていることが多い。これは自然現象に限らずに、ミクロには同じでもマクロには異なる振る舞いを示す現象を理解するための一つの戦略と考えることができる。

易しいことと難しいことの境目

唐突だが、図2のようなパズルを考えてみよう。先程の固体と液体の問題と同じように分子を格子上に置くことを考える。ただし、今度の格子は基盤の目のようではなく、図の丸印は格子点を、線は格子点間のつながりを表すとする。分子はやはり隣同士の格子点には同時に置けないことを約束として、その約束の範囲で分子の置ける最大数を求めよ。

筆者の大学院時代の専門分野はスピングラスと呼ばれるランダムな相互作用をする磁性体の理論的研究であった。この磁性体も相転移をするが、ランダムさが原因となり、結晶に相当する固体相が非常に多く存在する。固まり方がたくさんあるわけである。この性質を利用して、連想記憶のモデルが提唱され、現在話題の深層学習などの礎ともいうべきニューラルネットワークの理論が発展した。その過程でランダム系の統計力学が発展し、その研究がこのようなパズルの研究にも繋がってくる。この問題は最大独立集合問題という最適化問題の一種であるが、計算量理論ではクラスNPと呼ばれる問題群に属していて、解くことが難しいと信じられている。この問題では格子点の数は32個であり、分子を置く場合の数は2^{32}通りである。この中から分子を最も多く置ける配置を求める問題である。

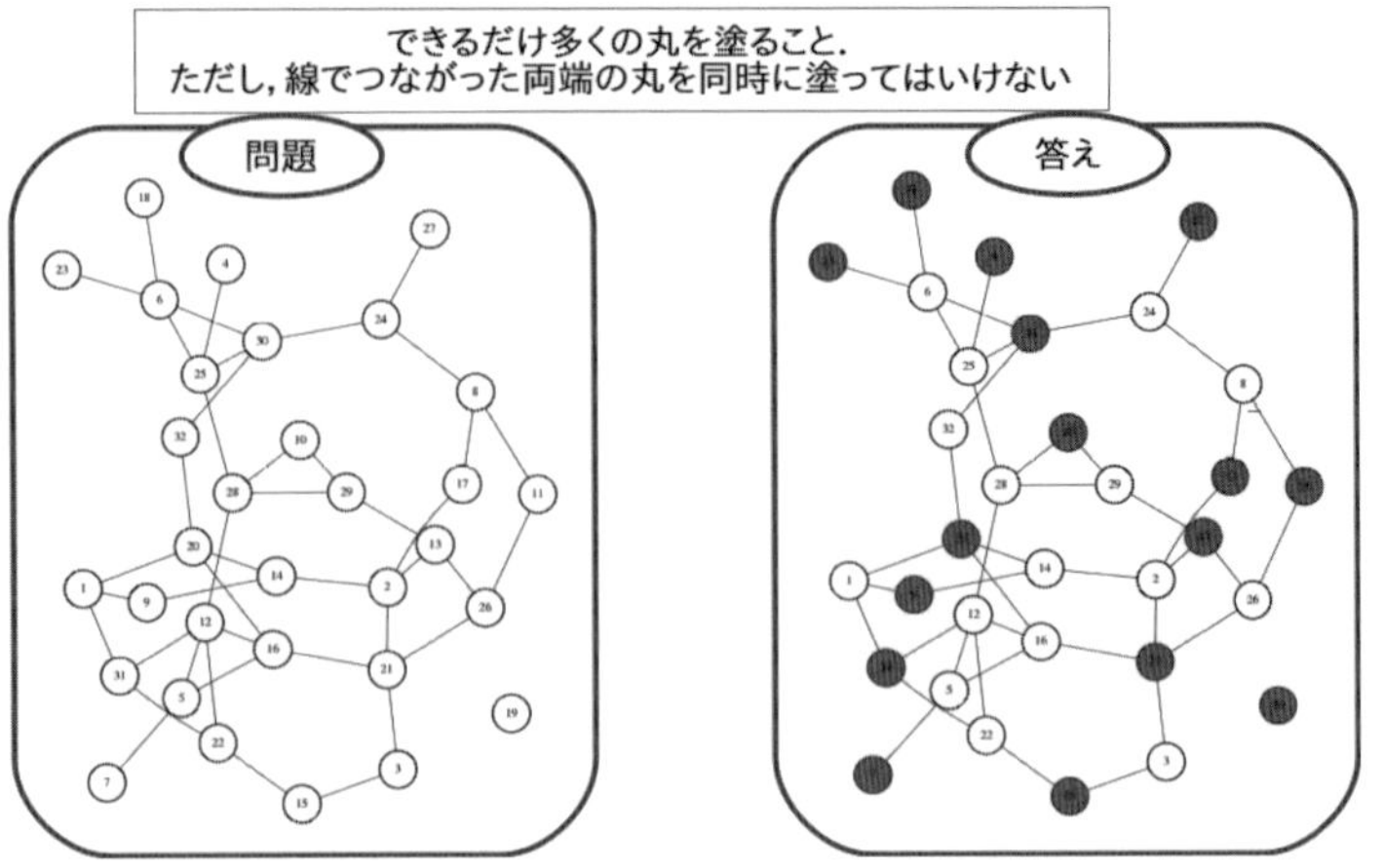

図2　最大独立集合問題の例．解くことが難しい典型的な最適化問題である．

図2の問題では線が格子点の間をランダムに繋いでいるが、それぞれの格子点から出る線の平均的な数（平均結合数）は最初に設定されているとする。この平均結合数が多いほど問題を解くのは難しそうな気がするが、実際に平均結合数を変化させると難しさに関する相転移が起きる。特別な平均結合数を境に、解くことが簡単な「相」から難しい「相」に相転移することが統計力学的な解析から示されるのである。ちなみに、問題図は少しだけ「難しい相」の中に入っている。易しいか難しいかは解き方に依存すると思うかもしれないが、これまで幾つかの典型的な解法アルゴリズムで解いたときに解析してみても、共通して同じ平均結合数で相転移をすることが我々のグループの研究成果として見つかっている。その相転移はレプリカ対称性の破れというランダム系の統計力学で培われた概念で特徴づけられる。レプリカ対称性が破れる問題は真に解くことが難しいというわけである。

最近になって、量子力学の原理を用いて最適化問題を解く「量子アニーリング」という手法が応用も含めて精力的に研究されている。しかし、この量子アニーリングを使ってもクラスNPに属する問題は解くのが難しいと考えられている。その困難さの完全な理解には至っていないが、量子アニーリングの過程において、ある種の相転移が起きていることも最近の我々の結果で明らかになりつつある。そして、その相転移は統計力学の原理が量子力学から正当化できるかできないかの境界になっているとの仮説もある。クラスNPの問題を解くことが難しいことと統計力学を量子力学から正当化できないことが関係しているかもしれない、と考えると面白い。

科学する駒場の雰囲気

元々、物理学とは「物の理」を追求する学問である。その中の一つの体系である統計力学の対象はもはや「物」に限定されない。先の最適化問題はやはり「物」ではなく、そこで起きる「現象」を無限大の極限から解析している。無限大の格子点数の最適化問題など現実的にはありえないが、一〇〇〇個の格子点の最適化問題に対して、無限大から接近する統計力学的視点により得られる理解もある。果たしてこのような研究は物理学なのだろうか？　アンダーソンの言葉を受けて、"More is"に"the same"と続けたのは物理学者カダノフである。創発された質的変化は様々なようでありながら、しかし、同じようにも見えることもあるという指摘である。そのような共通性は普遍性とよばれ、物理学の産みだした重要な概念である。そして、その普遍性の考え方は、物理学の範疇に留まらないわけである。

二〇一八年に駒場に新しく「先進科学研究機構」という研究組織が発足した。新進気鋭の若手研究者をお迎えして、研究を始動しようとしているところである。新たに来られた先生方の専門性が高いことは当然ではあるが、それぞれの専門分野を簡単に説明することは難しい。内容が難しいということよりも、その内容をスパッとわかりやすく的確に捉える言葉がなかなか見つからないからである。近年、融合分野や学際研究と呼ばれる、異なる複数の分野の特色を併せもった研究分野が注目されているが、まさにそれを具現化したような研究者ばかりである。私見も交えて言うと、おそらく個人レベルで融合型研究を推進するときに実際に行われることは、分野融合を目的とするのではなく、既存の分野のどこにも属さない研究分野を突き進むことである。それはinterdisciplinary science（学際的科学）というよりむしろ、undisciplined scienceというべき科学であるかもしれない。どこにも帰属されない科学というと少し格好良いし、「自分が面白いと思った道を突き進ん」だ結果として産み出されたものは大きな価値があると思う。そこに新しい普遍性が見い出されるとより格好良い。

それを追い求める雰囲気が昔も今も駒場にはあるし、これからも空気のようにここに漂い続けることだろう。

自然の謎に挑む

2

ナノ分子ブロックにより組み立てられる固体材料——無機化学

内田さやか

孔《あな》の空いた結晶——結晶性多孔体

高校化学で学習する塩化ナトリウムや塩化セシウムをはじめとしたイオン結晶は、プラスとマイナスのイオン同士（例：ナトリウムイオンやセシウムイオンと塩化物イオン）がイオン結合によって結びつけられることで、隙間がなく対称性の高い構造に結晶化する（図1左）。

これと対照的な構造を備えているのが、活性炭に代表される多孔体である。多孔体には微細な孔（細孔）が多数存在し、それらに物質を取り込む（吸着する）ことができるので、家庭でも脱臭や浄水などに用いられている。そのなかでも、固体中に規則的な細孔を有する結晶性多孔体は、構造と機能の関係がより明確なため、幅広く研究がなされている。

結晶性多孔体の代表としてゼオライト（日本語名：沸石）が挙げられる。ゼオライトの科学は、ニッケルを発見したことでも有名なスウェーデンの化学者クルーンステットが、一七五六年に玄武岩中に不思議な性質の鉱物を発見したことに始まる。この鉱物は、加熱すると大量の水が発生する（細孔内に取り込まれていた水が放出される）ことから、ギリシア語の「沸騰する石」にちなんでゼオ（沸騰）ライト（石）と名付けられた。図2に示すように、ゼオライトは、四面体の頂点と中心にそれぞれ酸素とケイ素が配置されたケイ酸四面体を構成ブロックとし、これらが酸素を共有することで互いに結合している。ゼオライトの細孔径は、一ナノメートル（一〇億分の一メートル）程度であり、天然物と合成物をあわせて約二〇〇種類の構造が知られている。

ゼオライトは、細孔径よりも小さな分子を吸着するが、より大きな分子は吸着されないという「分子ふるい作用」を有することから、空気中の窒素と酸素の分離、有機溶媒に含まれる水分の除去など、混合物を分離精製するために利用されている。ゼオライトの骨格は、ケイ素の一部が、周期表の一つ左隣にあるアルミニウムに置換されることにより、負電荷を帯びている。ゼオライト骨格が持つ負電荷を電気的に中性にするため、細孔内にはナトリウムイオンやカリウムイオンなどの正電荷を持つ陽イオンが存在し、これらを他の陽イオンに交換することもできる（イオン交換作用）。ゼオライトは、アルミニウムを含むことによって化学反応を活性化する触媒作用を有する。触媒作用と分子ふるい作用との組み合わせにより、石油からハイオクガソリンを製造するなど、様々な工業化学プロセスで活用されている。これだけ役に立つゼオライトだが、酸素、ケイ素、アルミニウムという、地球表層付近に存在する元素の割合（クラーク数）で上位三位を占める、ありふれた無機元素で構成されているので、実用化に適している。

近年、配位高分子錯体と呼ばれる、新しい結晶性多孔体の研究が盛んである（図3）。一般に金属イオンは、他の分子から電子を受け取って結合するが、金属イオンに電子を供給するこの分子を配位子、この時に生成する結合を配位結合と呼ぶ。「配位」という名前から明らかなように，配位高分子錯体は，配位子である有機分子（有機配位子）が複数の金属イオンと結合してできる隙間の多い巨大分子、すなわち多孔質の高分子である。配位高分子錯体の構成ブロックとなる金属イオンと有機配位子の組み合わせは無限にあり、多種多様な構造が報告されている。二〇一七年の時点で、結晶学のデータベースに約六万種類の配位高分子錯体が登録されており、二五〇年を超える歴史をほこるゼオライトが約二〇〇種類なのと比べると構造の多様性がみてとれる。配位高分子錯体は、有毒な一酸化炭素の吸着・資源化、温暖化ガスである二酸化炭素の吸着分離、燃料であり爆発性の高いアセチレンの貯蔵、などに高い性能を発揮することが知られている。

これに対し、イオン結晶は、はじめの段落で述べたように、隙間がなく対称性の高い構造に結晶化するため（図1左）、結晶性多孔体のモチーフとして不向きであると考えられてきた。一方、我々は、イオン結晶の構成ブロックとして、単核イオンと呼ばれる小さな球とみなせるイオン（例として先述のナトリウムイオン、セシウムイオンや塩化物イオン）の代わりに、単核イオンの一〇倍以上のナノサイズで複雑な構造を持つ分子性イオン（ナノ分子ブロック）を用いると、イオン間にナノサイズの隙間が生じ、細孔や空隙を構築できることを明らかにした（図1右）。

内田さやか（うちだ・さやか）
大学院総合文化研究科 広域科学専攻相関基礎科学系 准教授．1975年生れ．専門は無機化学，研究テーマは金属酸化物クラスターを構成ブロックとした機能性固体の創成．2014年度文部科学大臣表彰若手科学者賞など受賞．

ナノ分子ブロックにより組み立てられる多孔性イオン結晶

ナノ分子ブロックのなかでもポリオキソメタレートは、複数の金属イオンと酸素原子が結合してできた金属酸化物クラスターであり、負電荷を帯びている。合成溶液の原料濃度、酸塩基性や共存するイオンの種類に応じて、電荷・サイズ・形状・構成元素の異なる様々なポリオキソメタレートが合成されている（図1）。負電荷を持つ陰イオンであるポリオキソメタレートを、適切な陽イオンと組み合わせると、細孔や空隙を持つ多孔性イオン結晶が得られ、構造

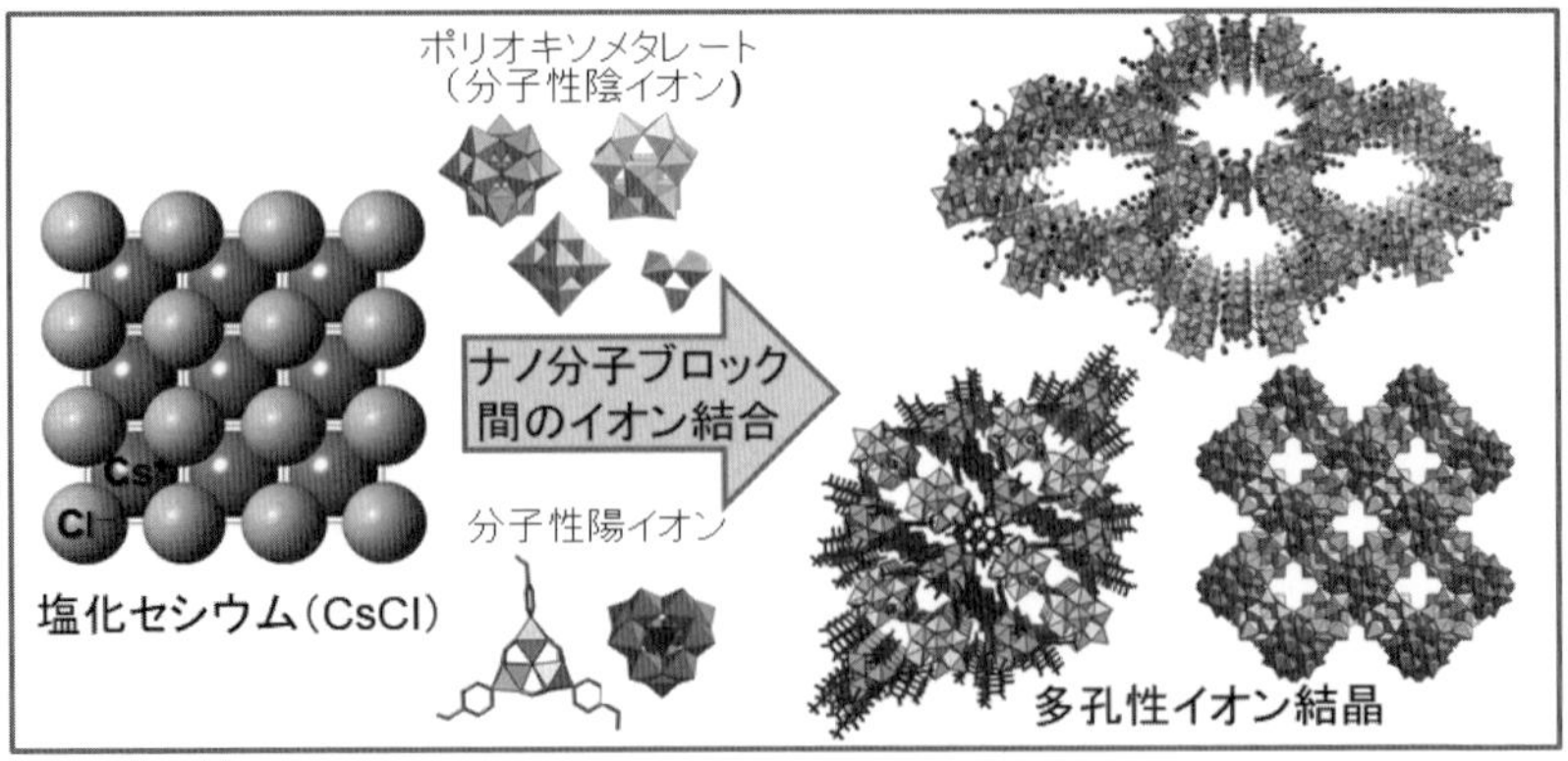

図1　ナノ分子ブロックの利用による多孔性イオン結晶の創成

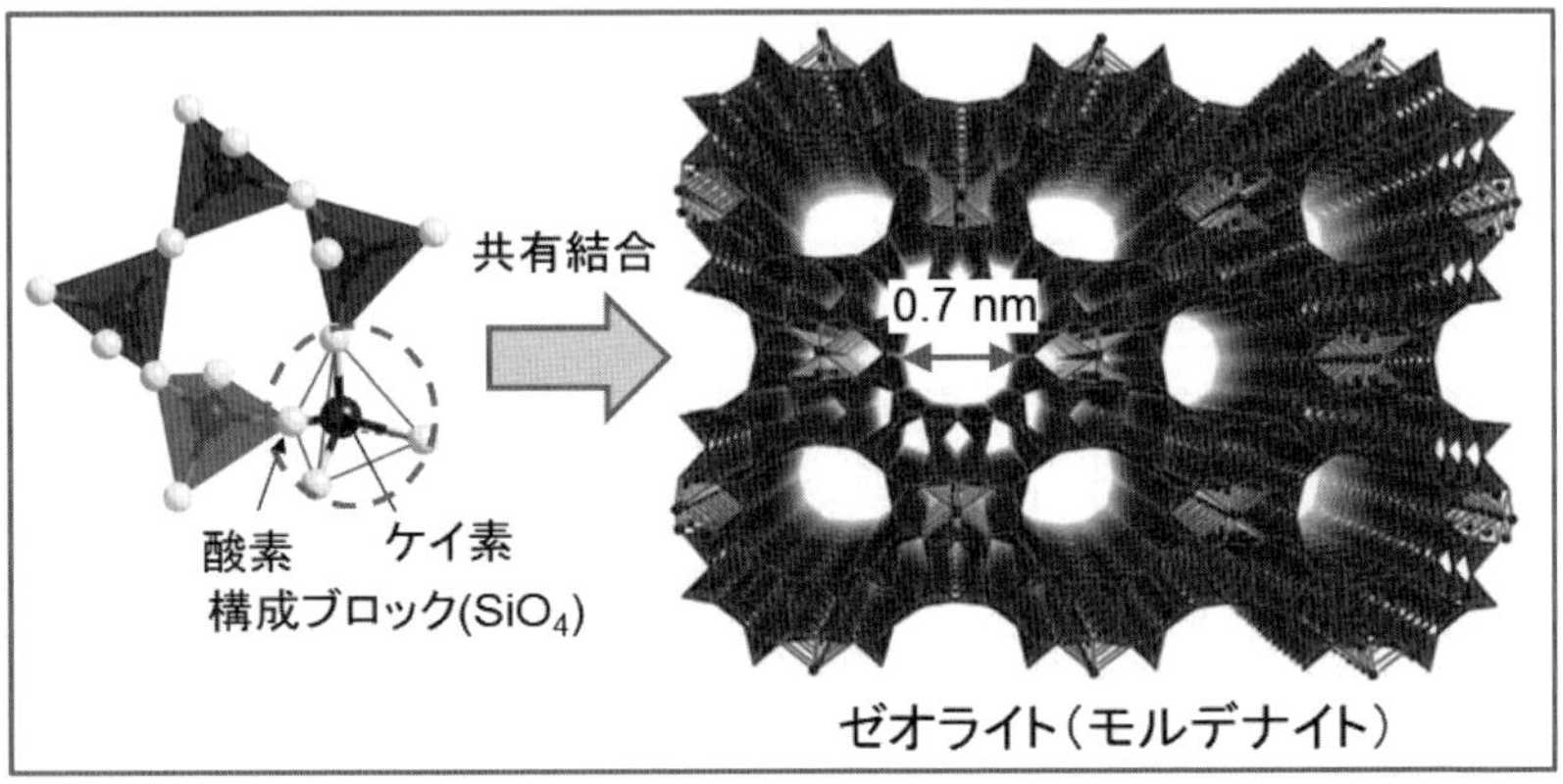

図2　結晶性多孔体の例（ゼオライト）

に起因した機能を発揮できる。

分子構造は同じだが負電荷の大きさが異なるポリオキソメタレートを、カルボキシレート架橋金属三核錯体と呼ばれる正電荷を持つナノ分子ブロックと組み合わせると、負電荷の大きさに応じて細孔径が変化することを我々は発見した。例えばポリオキソメタレートの負電荷が小さい場合、細孔径が〇・五nm×〇・八nm（化合物1）となり、負電荷が大きな場合は〇・三nm×〇・三nm（化合物2）の細孔径を持つイオン結晶として結晶化した。細孔径が化合物1から2へ変わると小さくなるのは、負電荷が大きくなることによりナノ分子ブロック間の結合が強くなり、これらのブロックがより密に配列するためである。化合物1はエタノールなどの有機分子を細孔内に取り込むが、細孔径が小さい化合物2は水のみを取り込む作用を確認できた。化合物2の特性を利用すると、高純度エタノール溶液に含まれる微量の水分の除去も可能となった。

ナノ分子ブロックを構成する元素を工夫すると、水をよく吸着する親水性細孔、水を嫌う疎水性細孔とを併せ持つイオン結晶が得られる。得られたイオン結晶は、水と有機塩素分子を、それぞれ親水性細孔、疎水性細孔に取り込むことができるので、浄水への応用が期待される。さらに、ナノ分子ブロックに加えて銀イオンを導入すると、大学の化学の講義で習うであろう銀イオンとエチレンとの間に働く特殊な相互作用を利用してエチレンを分離できるようになった。エチレンは、ポリエチレンなど様々な化合物の原料として用いられ、二〇一六年度の国内生産量は六〇〇万トンを超える。エチレンは、ナフサと呼ばれる粗製ガソリンを熱分解した後に、低温・高圧で多段階の蒸留をすることにより分離精製されている。したがって、エネルギー消費量、すなわち、環境負荷のより小さな分離精製手法の開発が求められている。我々が作成した銀イオンを導入したイオン結晶は、上述の相互作用に基づき混合ガスからエチレンを選択的に取り込む分子ふるい作用を示した。エチレンは、分子径・沸点が似通ったエタンとの分離が難しく、従来の手法では、エタンと比べたエチレンの吸着量、すなわち、エタンとエチレンの分離の度合いをあらわす分離係数は一〇程度であった。しかし、今回創り出した銀イオンを導入したイオン結晶を用いてエチレンとエタンの分離を試みたところ、分離係数は二〇を超え、従来の二倍以上の分離性能を発揮した。

ナノ分子ブロックにベンゼン環を含む分子、すなわち芳香族分子を導入すると、ナノ分子ブロックが一直線（一次元）に積み重なり、イオン結晶内に一次元細孔が構築される。得られた化合物は、その一次元細孔に大量の二酸化炭素を取り込むが、二酸化炭素と分子径・沸点が似通ったアセチレンの吸着量は少なかった（分離係数五）。なお、先述のゼオライトや配位高分子錯体は、二酸化炭素よりもアセチレンを多く取り込むことが知られており、多孔性イオン結晶は、これら既存の結晶性多孔体とは異なる分子ふるい作用を示す。このように、多孔性イオン結晶は、化学産業、さらには後述のように、環境問題を巡る諸課題の解決に役立つ機能を示すことが明らかになりつつある。

なお、余談ではあるが、筆者の次女（六歳）は、ブロックで乗り物や家をつくるのが好きである。三歳になってすぐのある日、同じ形のブロックを選んで乗り物をつくり、座席に人形を座らせていた（図4）。ピラミッド建設からもわかるように、人間には、単純なブロックを用いて複雑な構造物をつくりあげる能力や情熱が備わっているに違いないと思った瞬間である。すなわち、娘はおもちゃのブロック、母はナノ分子ブロックで構造物をつくり、その孔にゲスト（人形あるいは分子）を納めているのである。

環境／放射能汚染解決に向けたセシウム吸着機能

二〇一一年三月に発生した東日本大震災に伴う福島第一原発の事故により、ヨウ素一三一やセシウム一三七といった放射性物質が環境中に大量に放出された。特にセシウム一三七は半減期が約三〇年と長いため、その除去が強く望まれている。セシウムは、元素周期表の左下にある陽性の高い元素であるため、正電荷を持つ陽イオンとして環境中に存在する。しかし、ナトリウム、マグネシウムやカルシウムイオンなど複数種かつ高濃度の陽イオンを含む海水や地下水から、低濃度の放射性セシウムイオンを選択的に吸着除去するのは難しく、既存の吸着剤の性能では不十分である。

我々は、この課題に取り組むため、ナノ分子ブロックの構成元素として、酸化還元活性を持つモリブデンを用いて種々の多孔性イオン結晶を合成した。この化合物にビタミンC水溶液を加えると、ナノ分子ブロックが還元され（電子を受け取って負電荷が増加する）、この負電荷を中和するために、水溶液からイオン結晶の細孔内へと陽

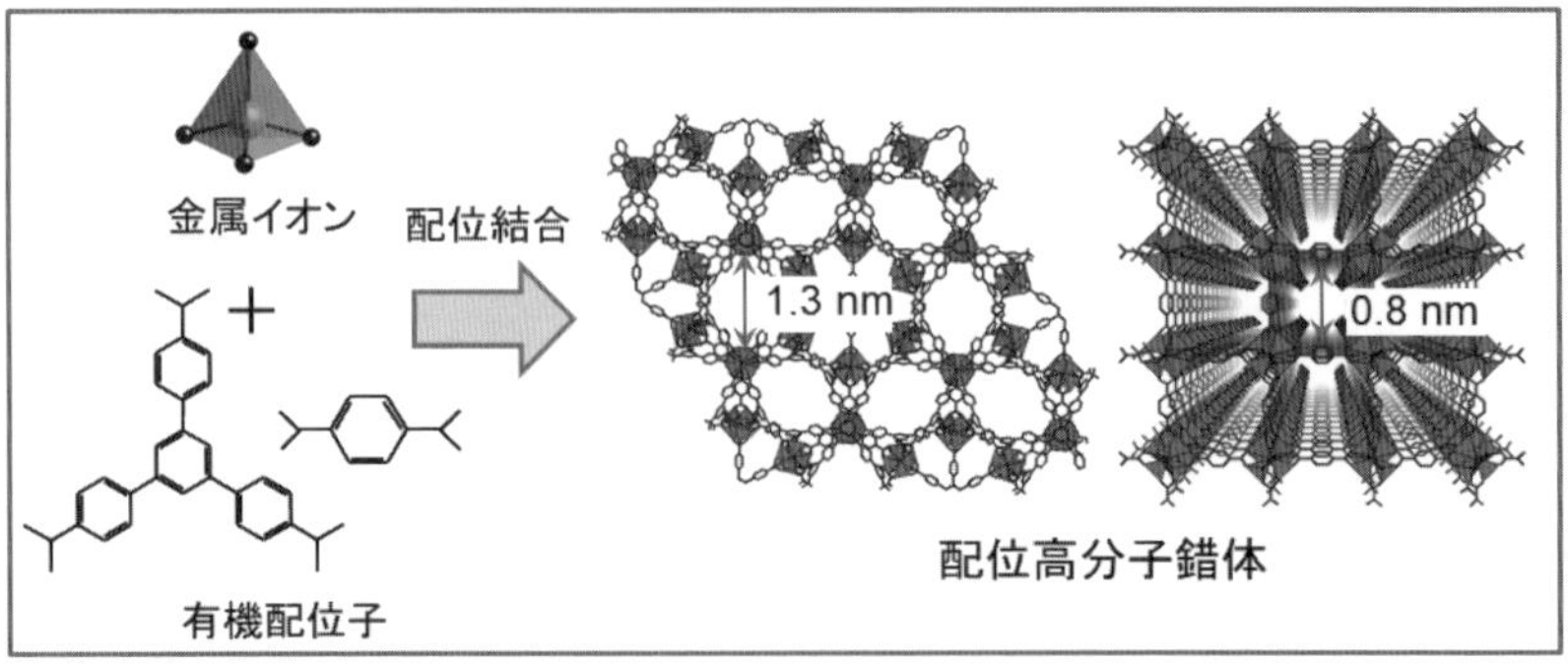

図3　結晶性多孔体の例（配位高分子錯体）

イオンが吸着されることがわかった。これは、既存の結晶性多孔体には見られない、多孔性イオン結晶に特有な新しい陽イオンの吸着方法である。次に、細孔内を電子と陽イオンが協奏的に吸着・拡散する機構を詳細に検討し、その機構に合致した多孔性

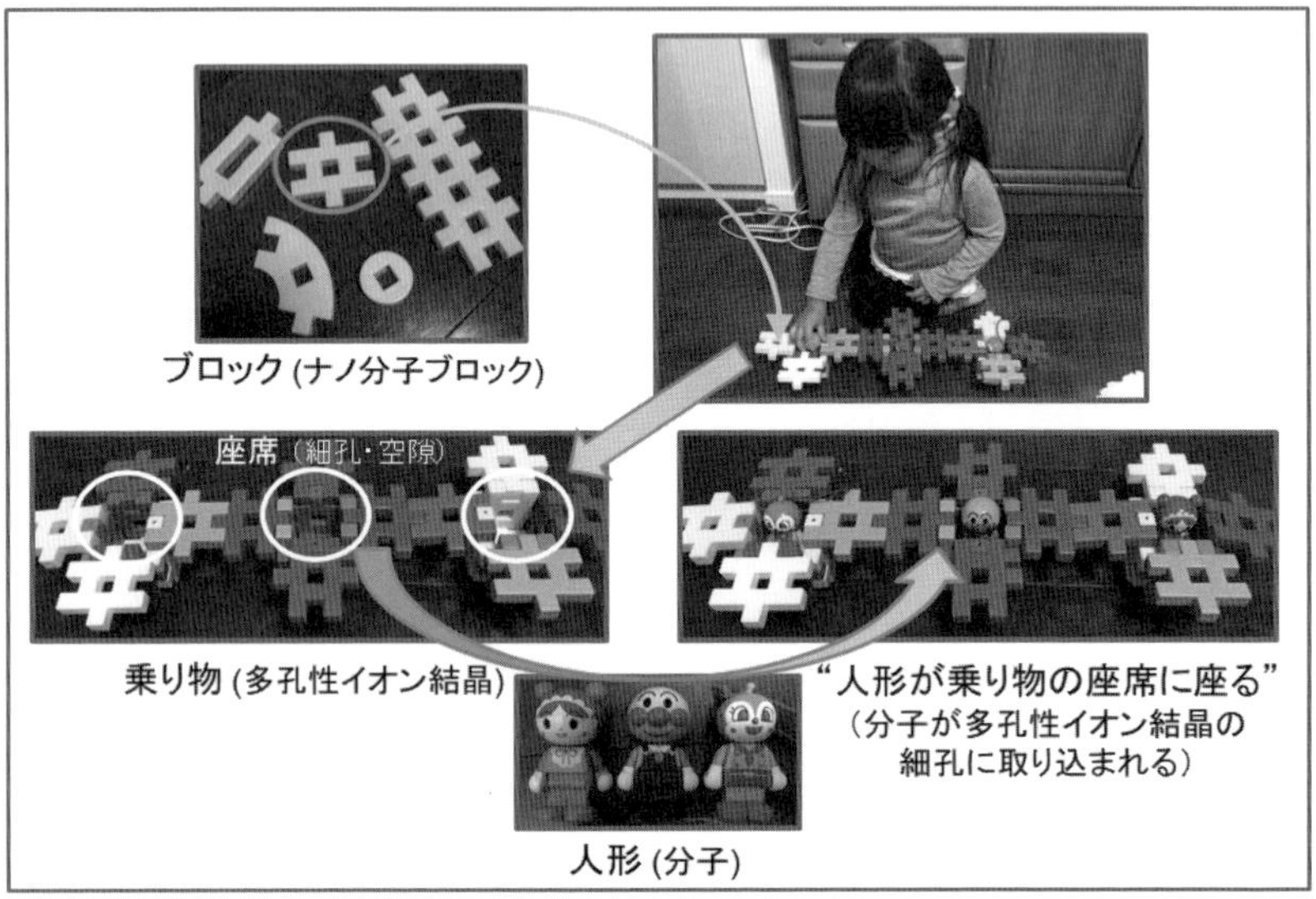

図4　ブロックを用いた構造物の建築と空間の利用（娘と母のそれぞれについて）

イオン結晶を設計して合成した。その結果、二〇一六年に、上述のナトリウム、マグネシウムやカルシウムイオンなど、元素周期表の一族、二族の陽イオンを高濃度に含む水溶液のなかから、セシウムイオンのみを選択的に吸着できる多孔性イオン結晶の合成に成功した。しかし、このとき得られた化合物は、吸着温度の高さ（七〇℃）、吸着時間の長さ（一二時間）に課題が残ったため、新たに、より大きく還元されやすいナノ分子ブロックを合成することにより、これらの課題の解決を試みた。その結果、二〇一八年に、室温で一時間以内にセシウムイオンを吸着できる多孔性イオン結晶を合成できた。これらの化合物は、次世代の放射性セシウムイオン吸着剤の候補の一つとなりうるため、研究室の学生とともに、性能向上のための改良を続けている。

駒場で化学の研究

筆者は、学部三年生〜博士号取得〜助教までの一五年あまり、本郷キャンパス工学系研究科にて、専ら「化学」に囲まれて過ごしてきた。一方、現在の私が所属する駒場キャンパス教養学部一五／一六号館には、「科学」に関わる幅広い分野の教員が在籍している。専門分野の異なる教員と、大学院や学部教育を通じて日常的に接するなかで、本郷在籍時にはなかったであろう様々な気付きがある。その一つが、物理は、

様々な現象を統一的に記述できる理論の構築を一つの目標とする「収束型思考」の学問であり、一方で化学は、元素周期表など基盤となる理論や知識を駆使し、新しい化合物を生み出す「発散型思考」の学問だということである。筆者が主催する研究室は、これまでに四年分の卒業生を送り出してきたが、優秀な学生達のおかげで、研究室発の化合物が多く生み出され、論文発表ができている。これらの成果を整理し、新しい学理を創出し、実用化も見据えたより有用な機能を備えた化合物を生み出すためには、物理学者の「収束型思考」が必要だと感じており、学生とともに新概念の構築に格闘しているところである。

化学研究の一つの目標として、環境や社会をより良くする技術を生み出すことが挙げられる。筆者は学生の頃から、オリジナルな化合物を合成し、その機能が世の中の役に立つことを夢見て研究を行ってきた。しかし、恥ずかしながら、論文執筆や学会発表時に「オリジナリティー」や「世の中の役に立つ化合物／機能」という決まり文句を漫然と使ってきたように思う。駒場で研究生活を送るなかで、広大な宇宙あるいは物質を構成する最小単位とされる素粒子の専門家との会話が「研究のオリジナリティー（すぐに役に立つ／立たないは別にして）」を、環境科学や科学技術の専門家との会話が「研究の社会貢献」を、自らに問い直すきっかけとなっている。これらのきっかけが、先述の多孔性イオン結晶のセシウム吸着機能のように、学問としてオリジナリティーが高くかつ社会貢献につながる成果として実を結びつつあり、学生時代からの夢の実現に一歩近づいたことを実感している。

筆者は、教養学部前期課程学生（学部一、二年生）向けの化学の講義をいくつか担当しており、どの講義でも、講義目標にあわせて丸々一回分をかけて自分の研究紹介を行っている。なお、学生の講義アンケートのなかで、研究紹介の回が一番面白かったとの意見が多数あるのは、喜ぶべきなのか反省すべきなのか、迷うところである。研究紹介後に一五分程度を使い、学生に「教員（私）の研究をよりよく進めるための提案」を自由に記述してもらっている。その記述内容は、化合物の実用化のためのマーケティングの方法、医療分野への応用可能性といった異分野からの提案から、新規化合物の設計・合成法といった化学分野の王道の提案まで、多種多様である。頭がやや固くなってきた筆者にとって、若い学生の発想はアイディアの宝庫である。

このように、構成員の専門分野と年齢層が幅広い学際的な駒場キャンパスに身を置くことにより、様々な学問分野の思考法や若く斬新な発想を参考にしつつ、研究を進められている。今後も、駒場らしい研究成果を発信し続けることを目標に、研究と教育に従事したいと思う。

3

カエルとマウスの比較から見えてきた哺乳類の受精卵の特性——発生細胞生物学

大杉美穂

駒場と私を繋いでくれた二人の先生

駒場との出会いは東京大学の入学手続きの日に遡る。最後の共通一次試験を受け平成元年に教養学部理科二類へ入学した私が、平成最後の年に教養学部創立七〇周年の記念誌へ寄稿する機会をいただく立場にいることは、多くの師や研究仲間、友人、家族に支えられた上での幸運であるが、駒場との繋がりをつくってくださった二人の先生への感謝をまずは述べたい。

一人目は埼玉県立大宮高校二年時の担任であった榎本美智子先生。進路についての面談の席で榎本先生が調査書の第一志望の欄に書いたのは、私が述べた大学名ではなく「東京大学」という文字であった。驚き尻込みする私を「目指しなさい」と強く後押ししてくださった榎本先生なくしては、今の私はない。後になって、東京大学では進学する学部を決めるまでに入学後一年以上の猶予があることを知った。「研究者になりたい」という夢はあるものの進学する学部に悩んでいた私にとって、この進学システムは非常に魅力的であり、何としても入学したいというモチベーションにつながった。受験勉強は無論苦しくはあったが、もともと好きな科目であった生物の入試問題に取り組むのは非常に面白く、思い返すとこれが「論理的に考える学問」としての生物学の面白さに触れた最初であった。

二人目は当時教養学部の助教授であった桂勲先生。原核生物の中で、特定の遺伝子を必要なときにのみはたらかせる仕組みである「オペロン説」を分子レベルで解説した英語の教科書を輪読する、一・二年生向けの講義を開講されていた。この講義で初めて知った「分子生物学」の面白さに感動したことが、現在駒場で行っている研究への道筋をつけてくれた。

細胞分裂研究の魅力

大学入学時の私は漠然と「がん治療につながるような研究がしたい」と考えていた。駒場で学び始めると、治療のためには原因を知る必要がある、という当たり前のことに気づき、次いでわかったのは、私は治療法や薬の開発より「なぜがん細胞は無秩序に分裂し続けるのか」といった、原因を突き止めるための研究に惹かれることだった。学部・大学院での学びや研究を通し、がん細胞どころか、正常な細胞が分裂をする仕組みについてもようやく分子レベルでの理解が進みつつある段階であることを知り、ポスドク（博士研究員）となってからヒトやマウスの培養細胞を用いた細胞分裂の研究に取り組み始めた。

遺伝情報をもつDNA（酸性の高分子）は、真核細胞の中では塩基性のタンパク質であるヒストンなどと複合体をつくり、長い紐様の状態となる。この紐様のDNAは、核膜と呼ばれる膜で覆われた「核」という細胞内小器官の中に存在する（図1A）。細胞分裂に備えて複製されたDNAは、分裂する際には高度に折りたたまれて太く短い染色体となる（図1B）。続いて核膜が離散すると、染色体は細胞質に形成された紡錘体（微小管という繊維が多数集まり、紡錘形に配置した構造体）に捕らえられ、まずすべての染色体が紡錘体の中央に整列し（図1C—E）、その後、一本も損ねることなく均等に分配される（図1F）。このとき染色体が千切れたり不均等に分配されたりすることは細胞にとって致命的なエラー、あるいはがん化の原因にもなる。最後に、何十本もの染色体がまとめて核膜に包まれ、新しい細胞の核をつくる（図1G）。これで細胞分裂は無事完了である。

顕微鏡を通して見るこの一時間ほどの動的な過程は美しく、何度見ても何時間見ていても飽きることはない。統率のとれたダンスのような染色体と紡錘体の動きに魅せられ、その背景にある分子機構を一つでも自分で明らかにしたいという思いで、ここまで研究を続けてきた。

大杉美穂（おおすぎ・みほ）

大学院総合文化研究科 広域科学専攻生命環境科学系 教授．専門は発生細胞生物学・分子生物学．研究テーマは，哺乳類の卵と精子が受精し受精卵が卵割する過程において，染色体を正しく受け継ぐしくみの解明，1971年生れ．2010年度科学技術分野の文部科学大臣表彰若手研究者賞受賞．

染色体を運ぶモーター分子 Kid

細胞分裂時の染色体の動きには、微小管をレールとして動く多種類のモーター分子が生み出す力が貢献している。染色体が整列する過程では、染色体を紡錘体の極（Pole）から中央に向かって押し出す力（Polar Ejection Force, PEF）がはたらいていることがわかっていたが（図2）、PEFがどのモーター分子により発揮されているかは二〇〇〇年まで不明であった。私が大学院生として在籍していた研究室（東京大学医科学研究所制癌研究部）で発見され Kid と名付けられたモーター分子は、染色体を積荷とすることがわかり、PEFを発揮する分子の有力候補と考えられた。微小管は両端（プラス端とマイナス端）の性質が異なる、方向性（極性）をもった繊維であり、紡錘体中ではマイナス端を極に、プラス端を中央に向けて配置されている。したがって、KidがPEFを発揮するモーターであれば、微小管上を中央（プラス端）の方向に向かって動くモーターでなくてはならないが、このことは当時も駒場で研究をしている豊島陽子教授（総合文化研究科広域科学専攻生命環境科学系）との共同研究で証明された。その後、私もポスドクとしてKidの機能解析を始め、以来Kidを失わせると細胞の中で染色体の動きがどう変わるか、Kidを構成するアミノ酸にどのような化学修飾が入ることで機能が制御されているか、といった細胞分子生物学的、あるいは生化学的な解析を行ってきた。

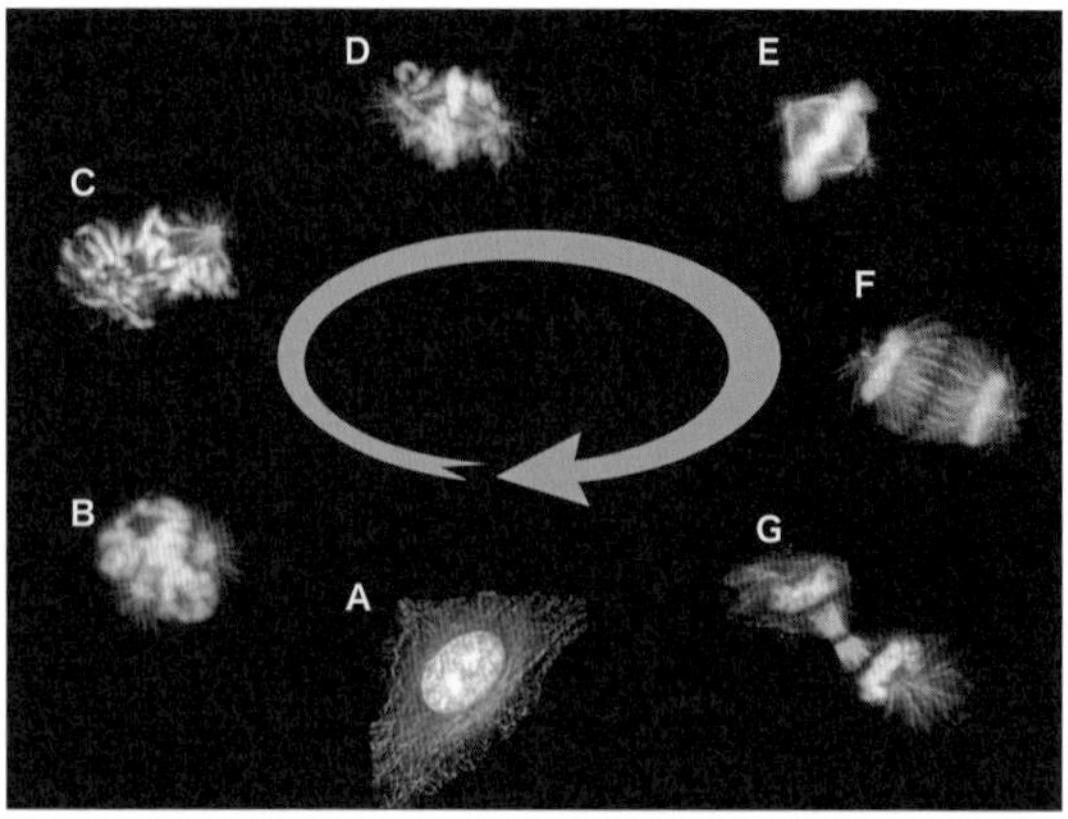

図1　ヒト細胞内のDNAと微小管の写真．A：非分裂時の細胞．中央にある楕円形の核の周囲に，多数の微小管が張り巡らされている．B〜G：分裂中の細胞．DNAは太く短く凝縮した染色体となり（B），微小管は紡錘形に再配置して紡錘体になる．染色体は紡錘体に捕らえられ（C，D），紡錘体の中央に整列したのち（E），二つに均等分配されて（F），新たな細胞の核となる（G）．

細胞分裂制御の普遍性と多様性

二〇〇〇年には、海外の二つの研究グループがアフリカツメガエル（以下、カエルと記す）の卵細胞を使った研究により、Kidをなくすと染色体が紡錘体の中央に整列できなくなることを示し、KidがＰＥＦを発揮するモーターであることが証明された。一方で、私が所属していた研究グループを含め国内外の複数の研究グループの実験からは、哺乳類の細胞が分裂するときにもKidは確かにＰＥＦを発揮しているが、KidによるＰＥＦがなくても染色体は整列できる、ということが明らかになった。細胞が分裂するときに染色体はまず整列してから分配される、という上述の過程は、すべての真核生物に共通する「基本原理」である。現在ではそうした基本原理に必須の、すべての細胞で共通したメカニズムについては分子レベルでの理解がかなり進んでいる。そしてKidの例のように生物種によって、あるいは細胞種によっても必要度が異なる分子機構が存在することもわかってきた。言い換えれば、さまざまな環境におかれた生物の細胞や、個体の中で独特のはたらきを担う細胞には、その細胞に適した細胞分裂のための特別な制御が存在する、ということだ。地球上にどれほど多様な生物が存在するか、ということを考えれば、生物種や細胞種ごとの特殊な制御は生物の面白さの根本であるように私には思える。

カエルと哺乳類のKidにはさらに別の違いもあった。カエルの卵細胞のKidは、染色体を整列させたあと分配が始まる直前にすべて分解される。もし分解されずに残ると、ＰＥＦを発揮しつづけ紡錘体の極に向かって分配移動しようとする染色体の動きを邪魔してしまうからだ。つまりカエルの場合、Kidの分解は染色体の正しい分配のために必須である。一方、哺乳類の体細胞・卵細胞では、染色体が分配され始めてもKidは分解されず、新しい核ができるまで染色体上に存在し続けるが、染色体の分配を邪魔している様子はみられない。その理由として、哺乳類細胞では、次のように分解以外の方法でKidがＰＥＦを発揮しないよう抑制制御されていることがわかった。

　細胞分裂は、染色体が整列するまでの前半部分と、染色体が分配され始めてから新しく核ができるまでの後半部分にわけられる（図2）。分裂が始まるときには、タンパク質のアミノ酸にリン酸基が転移される反応（リン酸化）が盛んに起こる。リン酸化により多くのタンパク質の構造や機能が変化することが、分裂の前半部分のプロセスには欠かせない。分裂が後半に入ると、リン酸化反応を触媒していたリン酸化酵素が活性を失い、逆にリン酸基を取り除く脱リン酸化酵素が活性化され、次々にタンパク質からリン酸基を外して元に戻す。こうして細胞分裂は完了する。例えば、分裂が始まると核膜のタンパク質がリン酸化されることにより、核膜が離散して核という構造が消失するが、後半の最後には脱リン酸化されることで再び核膜が染色体を包めるようになり、核が再形成される。

　Kidもリン酸化されることで初めてPEFを発揮できるようになる分子であった。そして哺乳類細胞の中では、分裂の後半が始まるときに素早く脱リン酸化されることで、いわばPEFオンモードからPEFオフモードとなり、染色体の上に存在していてもPEFをもはや発揮しないため、染色体の動きを邪魔しないのである（図2）。では、分配された染色体の上でKidは何をしているのだろうか。

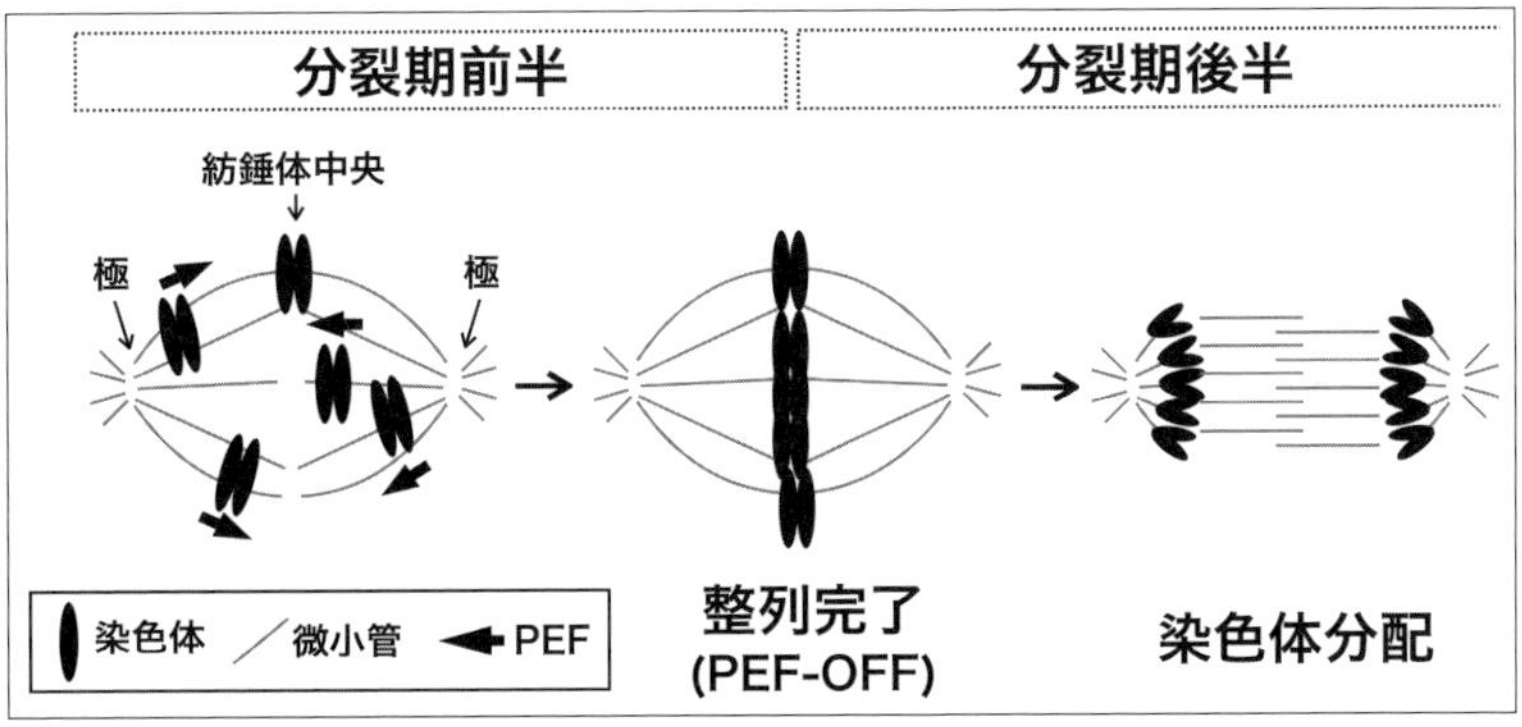

図2　分裂時の染色体と紡錘体の模式図．分裂の前半では染色体はPolar Ejection Force（PEF）によって紡錘体の極から中央へと運ばれていく．染色体の整列が完了するとPEFがはたらかなくなり（PEF-OFF），分裂は後半に入り染色体が均等に分配される．

哺乳類受精卵の特性――カエルとマウスの比較からわかったこと

　その答えは、Kid遺伝子を人為的に欠損させたマウスの解析により明らかになった。Kid遺伝子欠損マウスは正常に生まれてくるが、その数は予想される半数程度であるという珍しい表現型を示した。半数の死因は、細胞分裂の最後の大事なプロセスである「すべての染色体をまとめて膜が包み一つの核をつくる」ことの失敗であった。これをヒントに解析を進めた結果、脱リン酸化されPEFオフモードとなったKidは、分配後の染色体をコンパクトにまとめて一塊化する、という機能を担っていることがわかった。Kidをもたない受精卵では、分配された染色体のまとまりが悪く、一部の染色体が集団から離れてしまい、それぞれが独立に膜に包まれるため、複数の核が作られてしまう。これが、受精直後から数回の分裂に限って高頻度に起こり、複数の核をもってしまった約半数の胚の細胞はやがて分裂しなくなる。

　Kid欠損の影響が受精後数回の分裂にのみ顕著であるのはなぜか、という疑問に対しては、今まさに取り組んでいるところだが、その一部がわかってきた。実は受精開始後の最初の分裂は、受精卵の一回目の分裂（第一卵割）ではない。卵や精子は減数分裂という二回連続して起こる特殊な細胞分裂を経てつくられるが、脊椎動物の卵はその二回目の分裂途中で染色体が整列した時点で一旦停止して、受精に備えている。卵が精子と融合すると停止が解けて染色体は分配を開始し、卵細胞は「第二極体」といういずれ消失する小さな細胞と、受精卵へとに分裂する。そしてそのうちの受精卵へと分配された染色体は、雌性前核と呼ばれる卵由来の染色体のみが包まれた核をつくる（図3）。つまり、卵細胞の減数分裂の二回目が受精開始後最初の分裂である。

上述のように、Kidがはたらいていない受精卵では複数の雌性前核ができてしまう（雌性前核が多核化する）が、その理由の一つは哺乳類卵に特有の「分裂後半部分の時間制御」にあることがわかった。多くの脊椎動物では、受精開始から三〇分程度で前核ができるのに対し、哺乳類ではなんと約三時間もかかる。つまり、受精卵へと分配された染色体が核膜に包まれるまで長い時間がかかる、ということであり、Kidによって一塊化しておかないと染色体は高頻度で離散してしまうのだ。なお、後半にKidが分解されてしまうカエルの受精卵の分裂では、染色体はまとまらず多核をつくるが、やがて融合することが知られている。一方で、哺乳類細胞の核は融合することができないため、最初から核を一つのみつくることが重要になってくる（図4）。

以上のことは、哺乳類の卵細胞には減数分裂の二回目の後半部分に長時間をかけるような特有の「時計システム」が備わっていること、そして、それはKidがはたらかないと雌性前核が多核化してしまうリスク要素であることを意味している。リスクしか存在しないシステムが維持されたまま生物が進化・存続するとは考えにくいことから、哺乳類卵の分裂の後半部分が長いことには、多核化リスクとトレードオフとなるような別の重要性があるに違いない、という仮説に至った。その重要性を知るには、前核ができるまでの時間を人為的に短くした場合にどのような異常が生じるかを確認すればいい。先に述べたように、核膜タンパク質の脱リン酸化が起こることで染色体が膜で包まれ核ができる。そこで、マウス卵に脱リン酸化酵素を過剰に導入したところ、本来ならば三時間もかかるマウス受精卵の前核形成タイミングをカエル並みの四〇分程度まで早期化することができた。すると、受精卵の雌性前核にはほとんど影響がなかったが、精子由来の染色体から作られた雄性前核には、小型化、ヒストンタンパク質量の減少、DNA損傷の増加といった異常が見られ、最終的に受精卵の分裂時に精子由来の染色体を均等に分配することに失敗した。これはどういうことなのだろうか。

精子形成過程の最終段階において、核内では予めDNAと結合する塩基性タンパク質がヒストンからプロタミンという小さなタンパク質に置きかわり、その結果、精子核内のDNAは高度に凝集した特殊な状態にある。卵と融合したのち、精子核内のDNAはプロタミンを解離させて再びヒストンと結合し直す、といった「変身」を遂げる必要がある（図3）。前核形成のタイミングを早期化すると、この「変身」が完了する前にDNAが核膜に包まれてしまうため、異常が生じるようだ。つまり、哺乳類の受精卵での前核形成が遅いことは、全能性（体をつくるどの細胞にもなることができる能力）をもつ受精卵を作る上で欠かせない精子染色体の大規模な変化を完遂させるために重要だったのだ。

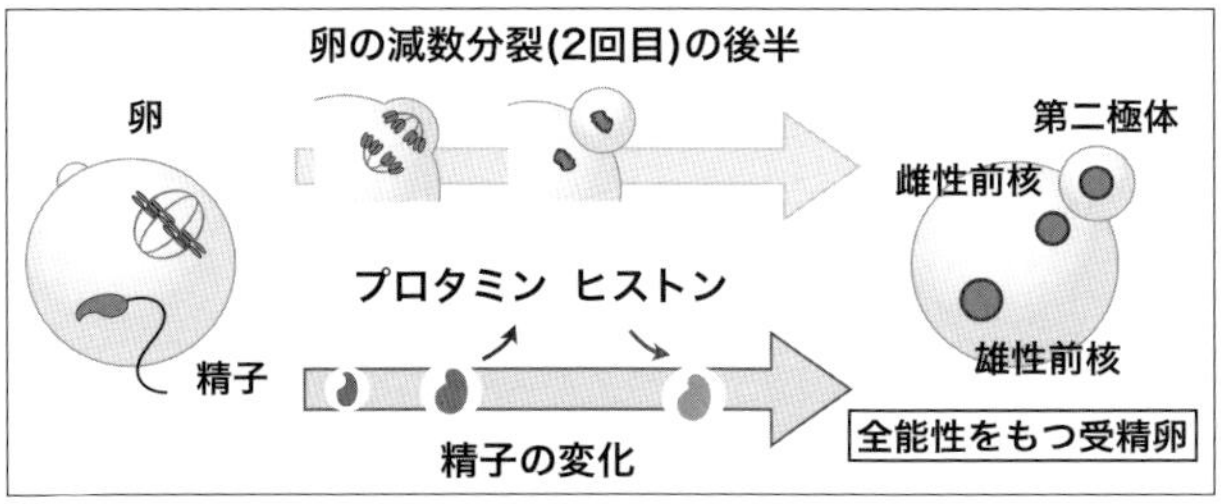

図3 脊椎動物の受精卵形成過程．特殊化した細胞である卵と精子が融合すると，数時間のうちに全能性をもつ受精卵となり，幾度もの細胞分裂を経て個体となる．

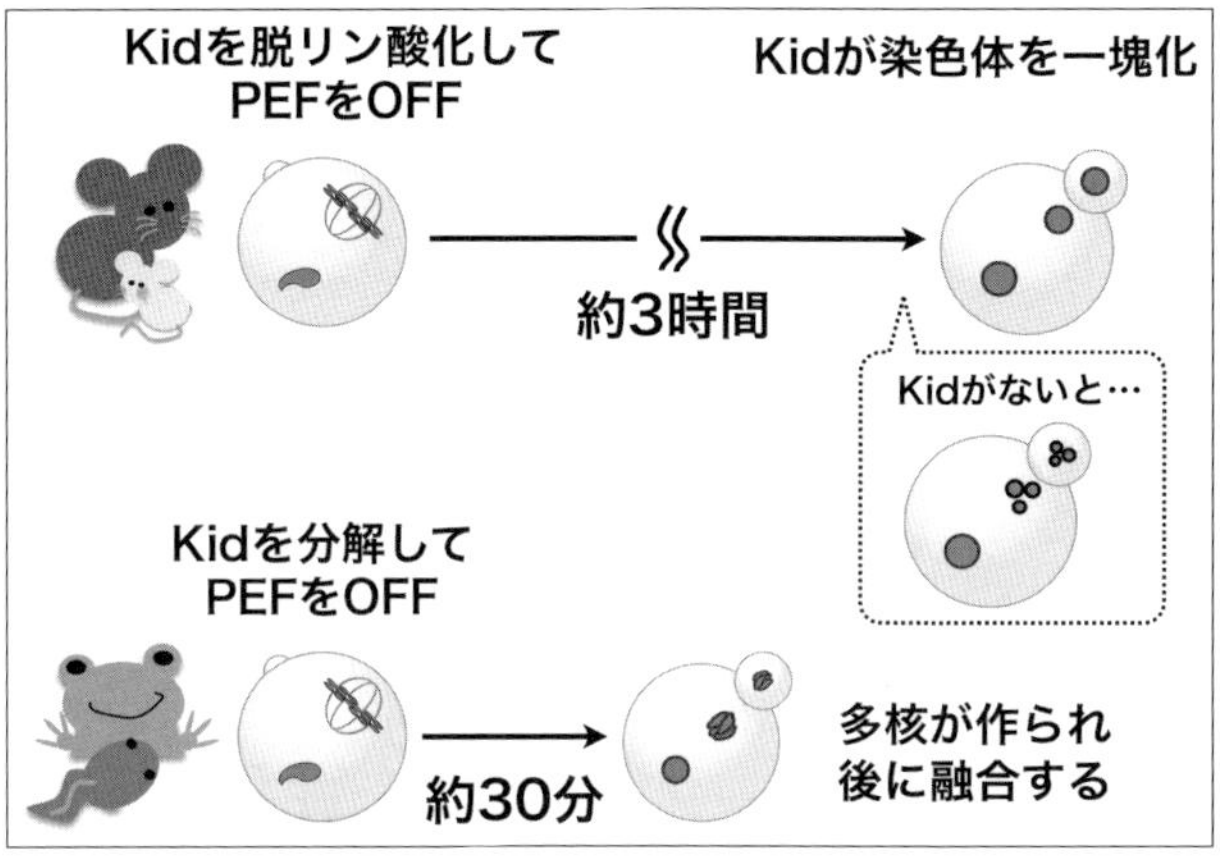

図4 カエルとマウスの受精過程の違い．図の詳細については本文参照．

研究環境としての駒場の魅力

カエルなどのように体外で受精卵が細胞分裂を繰り返し個体となる（発生する）脊椎動物と、母個体の子宮内で発生する哺乳類では、受精卵がもつ分裂のしくみや発生にかかる時間が大きく異なるが、何がどう違うのかについては意外なほどわかっていない。ヒトの生殖医療や哺乳類家畜動物の繁殖技術のニーズが高まっているという社会的背景を考えても、哺乳類特有の受精・卵割の制御機構は、取り組むべき課題の多い重要な研究分野である。しかし、受精卵を多数得ることが難しく実験方法が限られるといった研究上の障壁がある。有効だと考えられるアプローチ法の一つは、長い研究の歴史があり知見の多いカエルとの比較研究であるが、一つの研究室がマウスとカエルの両方を扱う実験環境を整えるのは案外難しい。

私たちは最近、カエルの発生研究を専門とする道上達男教授（総合文化研究科広域科学専攻生命環境科学系）との共同研究を行うことで、上記のように、カエルとマウスの受精卵の「時計システム」の違いが、いくつかのタンパク質の違いで説明できることを発見した。Kidについても、モーター分子の生物物理学的研究の専門家である豊島教授や矢島潤一郎准教授（総合文化研究科広域科学専攻生命環境科学系）との共同研究を継続的に行うことで、分子モーターとしてのどのような特性が細胞内での染色体の動きを実現しているか、といった多角的な理解が進んでいる。気軽にお互いの研究室を行き来し、顔を合わせて議論ができることは、サイエンスの進展にとって大きな利点であり、身近に多彩な分野の専門家がいる駒場の研究環境としての最大の魅力であると感じている。

自然の謎に挑む

4　生命現象を光で操作する——生命化学

佐藤守俊

生命現象の光操作とは

筆者らは、光を使って生命現象を操作するための新技術を開発している（図１）。細胞や生体に光を当てて、その中で起こっている分子レベルの現象を意のままに操作しようというのだ。例えば、生命の設計図であるゲノムの塩基配列を光刺激で書き換えたり、ゲノムにコードされた遺伝子の機能をコントロールできるようになったらどうだろう？　このような技術が完成すれば、生命を司る様々な現象を自由自在にコントロールできるかもしれない。しかも、光が得意とする高い時間・空間制御能をもってすれば、狙ったタイミングでのみ、狙った生体部位でのみ、生命現象をコントロールできるかもしれない。さらには、疾患の新しい治療法として役立つかもしれない。このような未来を実現すべく、新しい技術の開発を行っている。

光スイッチタンパク質

筆者らがまず重要と考えたのは、操り人形で言えばヒモとか棒に相当する、汎用性の高い基盤技術の開発である。植物や菌類のように光を利用して生きている生物は、光受容体と呼ばれるタンパク質を持っている。光受容体は、光を吸収すると大きく構造変化したり、別のタンパク質と結合したりすることにより情報を伝えている。つま

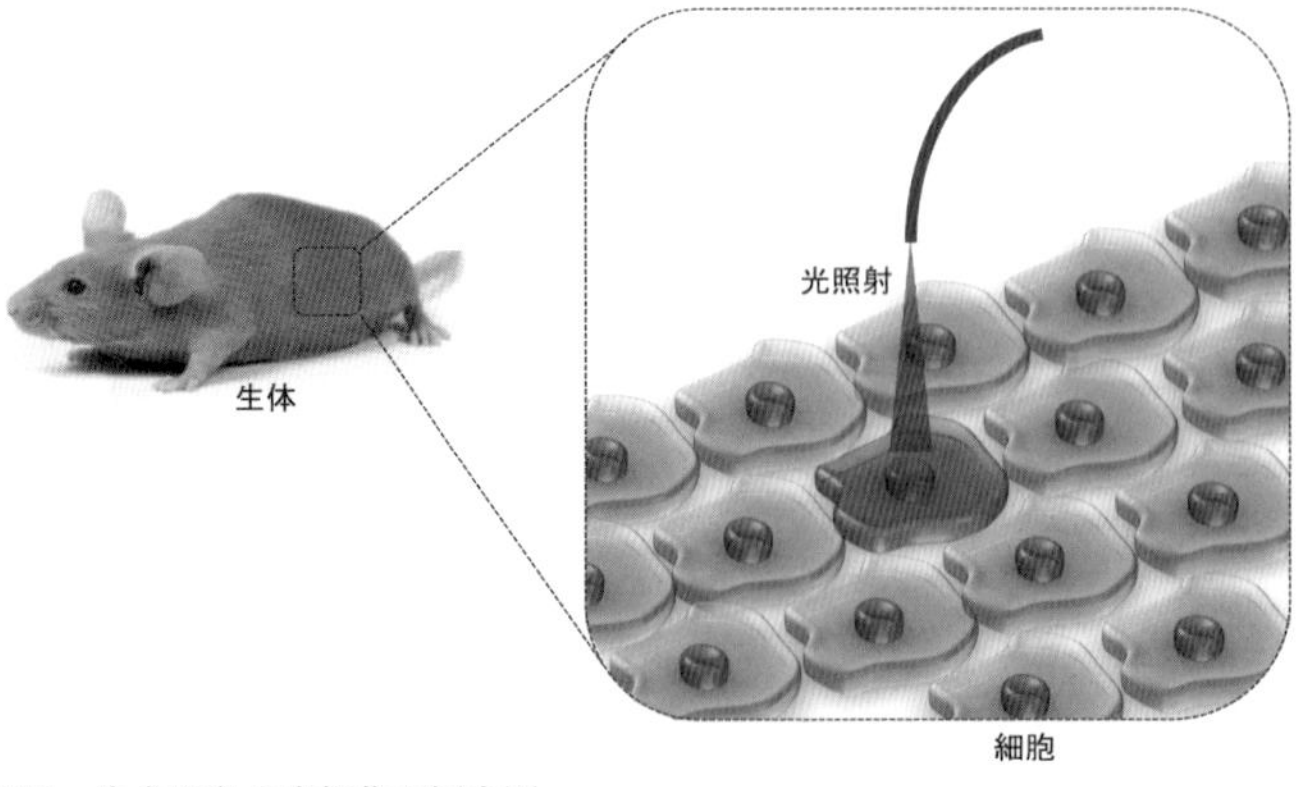

図1　生命現象の光操作の概念図

佐藤守俊（さとう・もりとし）
大学院総合文化研究科 広域科学専攻 広域システム科学系 教授．専門は化学と生命科学の融合領域．研究テーマは生命現象の光操作技術やバイオイメージング技術の開発と応用．1973年生れ．文部科学大臣表彰若手科学者賞（2008年），日本化学会学術賞（2019年）など受賞．

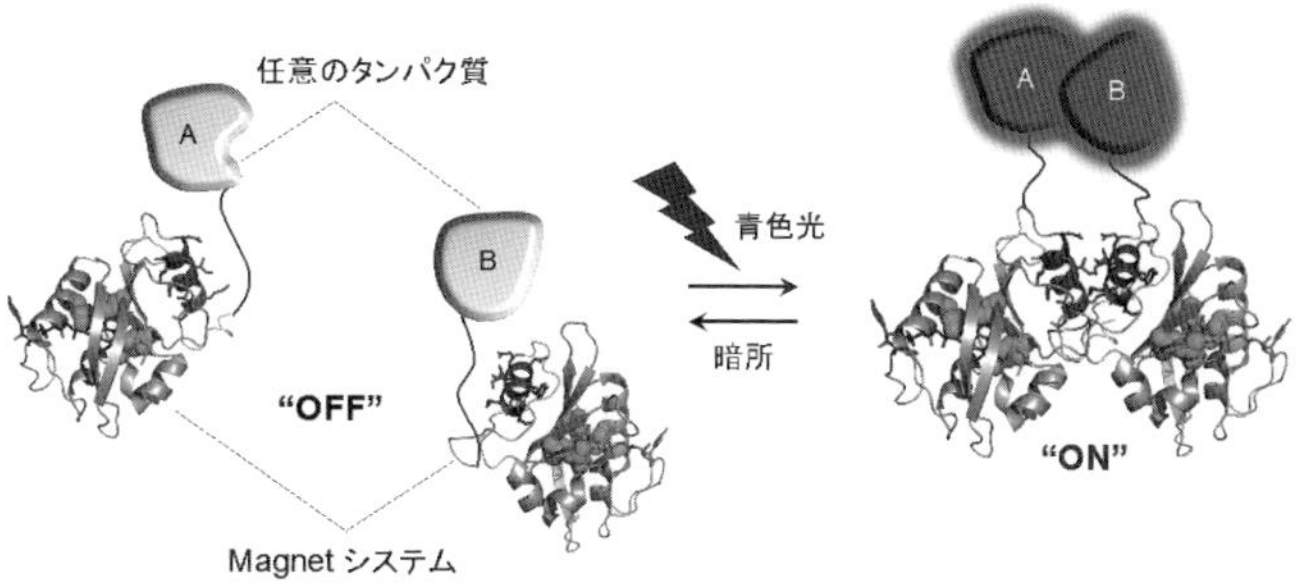

図2　生命現象の光操作を実現する光スイッチタンパク質（Magnetシステム）

り光受容体は、光による入力をタンパク質の構造変化や結合といった力学的シグナルとして出力できるのだ。しかし、野生型の光受容体は、反応速度が遅いなどの問題を抱えていることが多い。筆者らは糸状菌の一種であるアカパンカビ（*Neurospora crassa*）が持っている光受容体に着目し、これに対して様々なアミノ酸変異を導入してその性質を大幅に改良したり、新しい機能を付与したりするなどして、Magnetシステムと名付けた光スイッチタンパク質を開発した（図2）。Magnetシステムは、青色の光を照射すると互いに結合し、光照射をやめると解離するタンパク質のペアである。Magnetシステムにタンパク質AとタンパクBを連結すれば、AとBの結合・解離を青色光のオン・オフでコントロールすることができる。このMagnetシステムの特長を利用することで、光で指令を与えて、酵素などのあらゆるタンパク質の働きを意のままに操作できるようになったのだ。

ゲノムの塩基配列を光刺激で書き換える技術

二〇一三年に筆者らの研究は大きな転機を迎えることになる。原核生物が有する免疫システム（CRISPR-Cas9システム）のCas9タンパク質を使えば、様々な生物のゲノムの塩基配列を狙って書き換えられることがアメリカの研究グループから報告されたのだ。当時Magnetシステムをどのような方面に応用すべきか構想を練っていた筆者らは、このゲノム編集技術に関する報告に衝撃を受け、二〇一三年初頭からCas9とMagnetシステムを組み合わせた新技術の開発プロジェクトをスタートさせることを決断した。光で指令を与えて、ゲノムを構成するＤＮＡの塩基配列を書き換える技術を開発しようというプロジェクトである。

ゲノムの塩基配列を狙って書き換えるためには、その部位を切断する必要がある。上述のCas9は、ゲノム上の狙った塩基配列と結合するガイドＲＮＡを使って任意の塩基配列を切断するタンパク質である。しかし、Cas9のＤＮＡ切断活性は制御不能

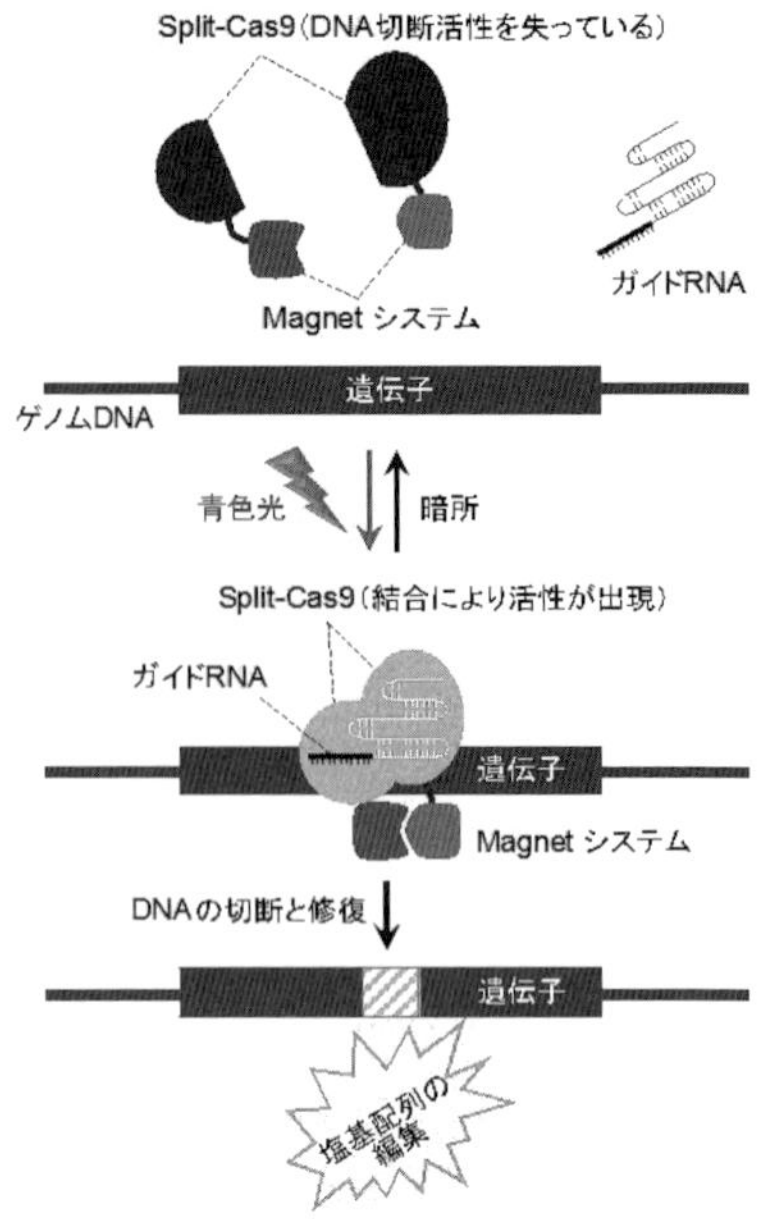

図3　ゲノムの塩基配列を光刺激で書き換える技術（PA-Cas9）

なので、例えば、狙ったタイミングや組織の中の狙った細胞でのみゲノム編集を実行することができない。このように、Cas9のDNA切断活性を制御できないことが、ゲノム編集の技術上の限界として立ちはだかっていた。筆者らは、Magnet システムを使えばCas9の活性を制御できるとの確信から、光駆動型のゲノム編集ツール“PA-Cas9（photoactivatable Cas9）”の開発研究に着手した（図3）。

筆者らは、Cas9のDNA切断活性をコントロールするために、まず、Cas9自体を二分割してそのDNA切断活性を不活性化した。さらに、このCas9の二分割体（split-Cas9）の両断片にMagnet システムを連結した。このようにして開発したのがPA-Cas9である。Magnet システムは青色光に応答する光スイッチタンパク質なので、青色光を照射するとMagnet システムが結合し、これに伴って、split-Cas9も互いに近接し結合する。これにより、split-Cas9は本来のCas9のようにDNA切断活性を回復し、ガイドRNAが指定するDNAの塩基配列を切断できるようになる。一方、光照射を止めるとMagnet システムは結合力を失うため、split-Cas9は元のようにバラバラになり、DNA切断活性は消失する。このようにPA-Cas9は、DNA切断活性を光照射で自在にコントロールできるツールである。

PA-Cas9の開発によって、ガイドRNAが指定する塩基配列を青色光で光刺激を与えて切断し、切断部位の塩基配列を自由自在に書き換えられるようになった。例えば、正常な遺伝子の塩基配列を光刺激で書き換えてその機能を破壊したり、壊れていた遺伝子の塩基配列を光刺激で書き換えて正常な遺伝子に戻すことが可能になったのだ。PA-Cas9を用いれば、組織を構成する多数の細胞の一部に青色光を照射することで、狙った細胞単位でのゲノム編集を実行できる。また、例えば、受精卵から成体になる過程の狙ったタイミングで青色光を照射することで、個体発生の任意の段階でゲノム編集を実行することも可能だろう。このようにPA-Cas9の開発により、ゲノム編集の応用の可能性が大きく拡大し、既存の技術では不可能だった様々なアイディアを実現できるようになったのだ。

光による制御が可能になったことに加えて、PA-Cas9のもう一つの大きな特長は、ゲノムの狙った塩基配列を編集する能力にあると言えるだろう。ガイドRNAとゲノムDNAは、互いの塩基配列を認識して結合するので、ガイドRNAの塩基配列を設計することにより、ゲノムDNAのどの塩基配列を光刺激で編集するのか、あらかじめ指定できる。ヒトのゲノムは三一億塩基対からなり、その中に約二万二〇〇〇種類の遺伝子がコードされている。もし仮に、三一億文字からなる辞書があるとしたら、その厚みは約八〇センチになる。PA-Cas9は、光刺激を与えると、約八〇センチもの厚みの辞書に相当するゲノムの中から、標的となる「文字」を瞬時に見つけてピンポイントで編集する能力を持っているのだ。

遺伝子の機能を光操作する技術

筆者らは、ゲノムの塩基配列を光刺激で書き換えるPA-Cas9を開発したが、技術開発はそれで十分かというと、そうでもなさそうだ。上述のように、ゲノムには約二万二〇〇〇種類の遺伝子に関する情報が書き込まれている。しかし、その全てが常に機能しているわけではない。例えば、私たちの体は神経細胞や筋細胞などの多様な機能を持った細胞で構成されているが、それぞれの種類の細胞ごとに、機能している遺伝子は大きく異なっている。つまり、私たち生物は、非常に多様な生命現象を制御するために、ゲノムに書き込まれた約二万二〇〇〇種類の遺伝子のそれぞれの機能をコントロールするメカニズムを持っているのだ。このメカニズムは遺伝子発現と呼ばれ、ゲノムを構成するDNAを鋳型としてRNAが合成される「転写」と、そのRNAの塩基配列をもとにタンパク質が作られる「翻訳」からなる（図4）。もし光で遺伝子発現を自由自在にコントロールできるようになれば、様々な生命現象を意のままに制御できるようになると筆者らは確信し、新たな技術の開発研究を開始した。

Split-CPTS2.0は、ゲノムの塩基配列を書き換えるPA-Cas9とは大きく異なり、ゲノムにコードされた遺伝子の発現を光刺激で操作するツールである（図5）。Split-CPTS2.0を開発するために、まずCas9にアミノ酸変異を導入してDNA切断活性を欠失させたdCas9を作製し、これを二分割したタンパク質（split-dCas9）に光スイッチ

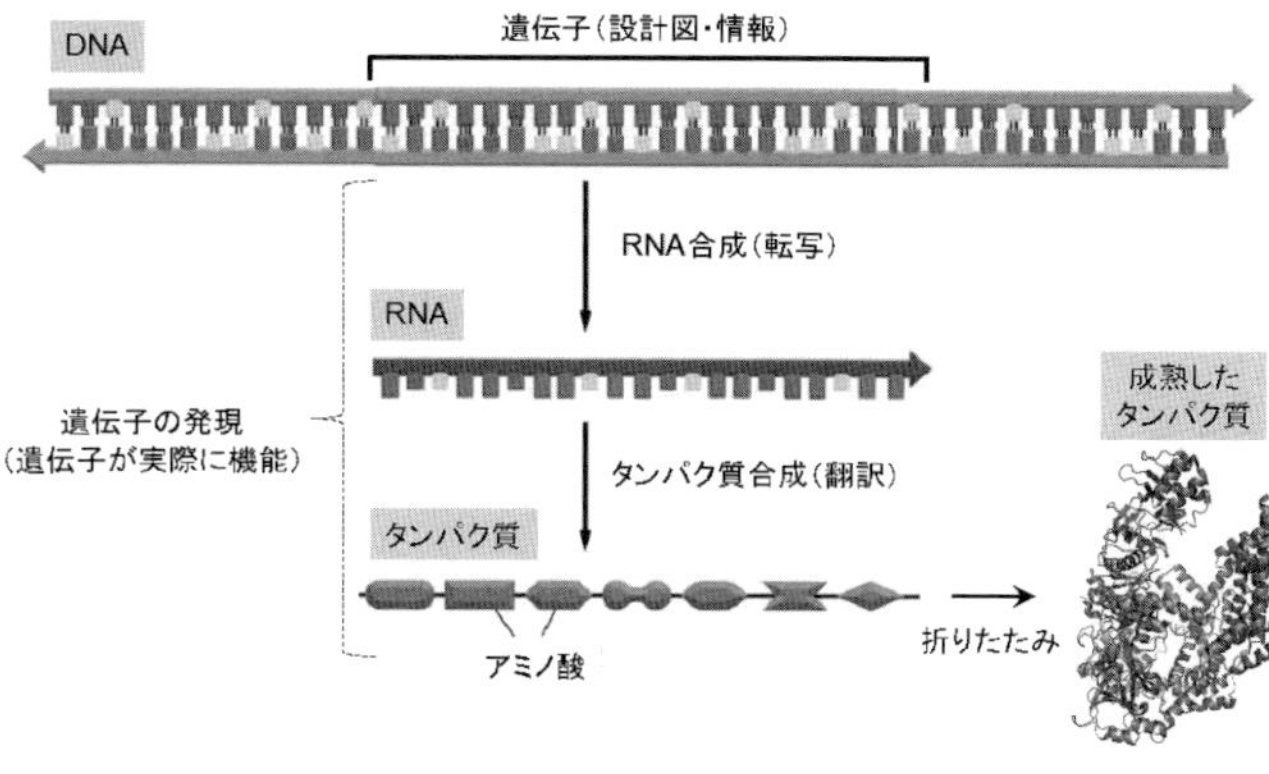

図4　遺伝子の発現

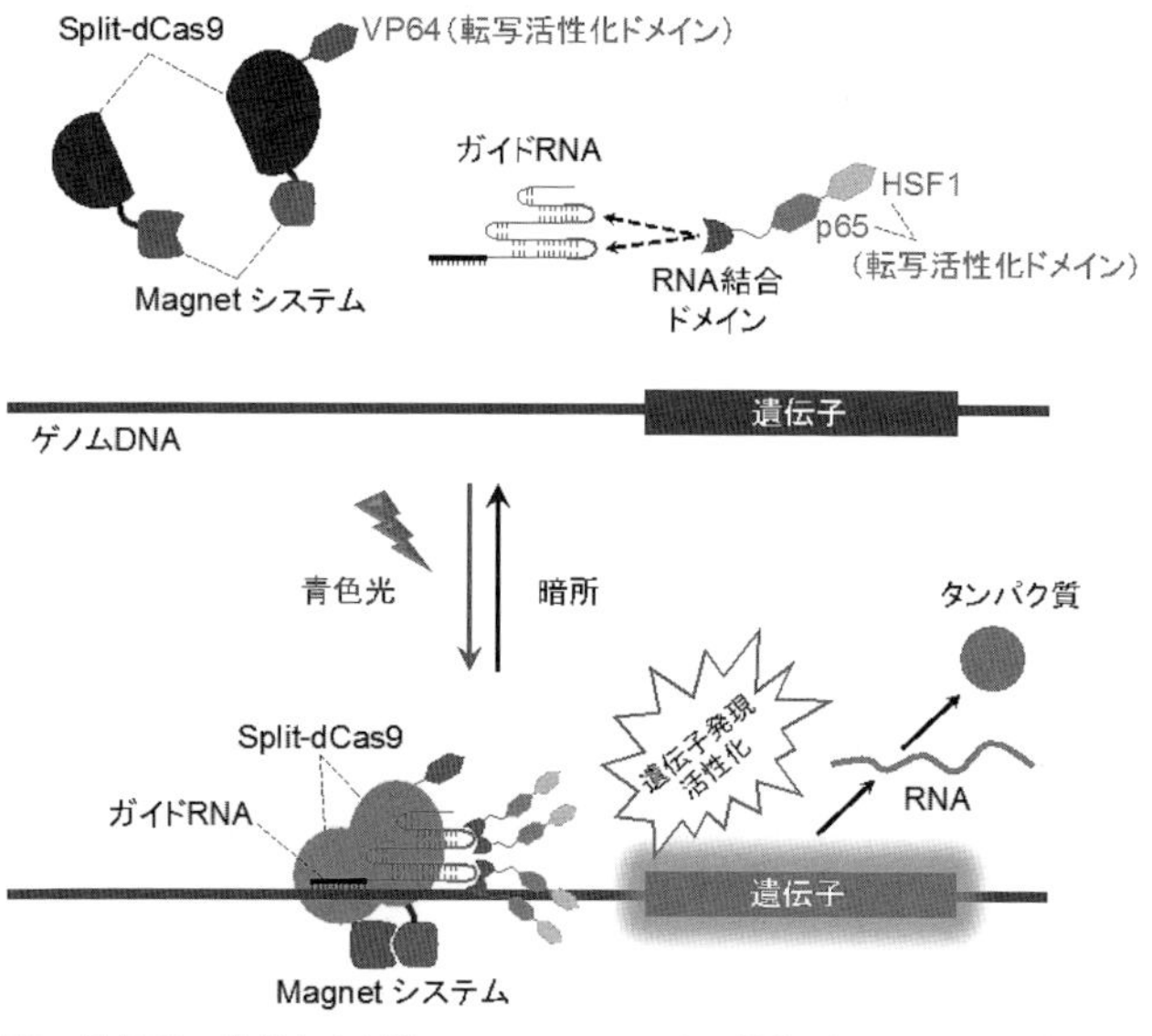

図5　遺伝子の発現を光刺激でコントロールする技術（Split-CPTS2.0）

タンパク質のMagnetシステムを連結した。青色光を照射すると、Magnetシステムが作動し、split-dCas9の両断片が結合する。光刺激で結合したsplit-dCas9は、ガイドＲＮＡが指定する標的遺伝子のＤＮＡ塩基配列をゲノムの全塩基配列の中から見つけ出し、その塩基配列に結合する。そして、split-dCas9とガイドＲＮＡにあらかじめ結合させておいた三種類の転写活性化ドメイン（VP64, p65, HSF1）の働きにより、標的遺伝子の転写を活性化し、ＲＮＡの転写とタンパク質の翻訳を経て標的遺伝子の機能を発現させることができる。光照射をやめると、Magnetシステムが結合力を失ってsplit-dCas9とガイドＲＮＡは再びバラバラになり、標的遺伝子の転写は停止する。このように、光照射の有無によって、標的遺伝子の発現をコントロールできるのがSplit-CPTS2.0なのだ。なお、上述のPA-Cas9の場合と同様に、ガイドＲＮＡの塩基配列を設計することにより、ゲノムにコードされた約二万二〇〇〇種類の遺伝子のうちどの遺伝子を光操作するのかを、あらかじめ指定することができる。また、塩基配列の異なる複数のガイドＲＮＡを細胞に導入して、様々な標的遺伝子の発現を同時に光で操作することも可能である。

それでは、Split-CPTS2.0を使うとどのような応用が可能になるのだろうか。上述のように、様々な生命現象が遺伝子の発現によってコントロールされている。例えば、私たちの体では、脳の神経細胞、筋肉の細胞、皮膚の細胞、内臓の細胞というように、二〇〇種類以上の細胞が役割を分担している。これらの細胞は、たった一つの受精卵からスタートして、いくつかの段階を経てできている。このように、ある細胞が別の働きを持つ細胞に変化する現象を細胞分化というが、細胞分化には遺伝子発現が重要であることが知られている。ということは、もしSplit-CPTS2.0を使って遺伝子発現をコントロールすれば、細胞分化を光で制御できるかもしれない……と筆者らは考えたのだ。

細胞分化は再生医療等に応用されているが、最近もっとも期待されているのが人工多能性幹細胞（ｉＰＳ細胞）であろう。筆者らは、ヒト由来のｉＰＳ細胞にSplit-CPTS2.0を導入し、青色光を照射して、二番染色体にコードされた*NEUROD1*と呼ばれる遺伝子の発現を活性化してみた。そうすると、ｉＰＳ細胞が四日程度で神経細胞に分化する様子が観察された。ｉＰＳ細胞から神経細胞への分化を光で制御できることを世界で初めて実証できたのだ。なお、細胞分化を制御する遺伝子は*NEUROD1*だけではない。筋肉の細胞や脂肪細胞、血液の細胞などへの分化をコントロールする遺伝子が次々と明らかになっている。Split-CPTS2.0を使ってこれらの遺伝子をそれぞれ光操作すれば、神経細胞以外にも、様々な種類の細胞を光刺激で生み出すことができるかもしれない。さらに、細胞分化以外にも、様々な生命現象が遺伝子発現によって制御されていることを忘れてはならない。Split-CPTS2.0の開発により、ヒトのゲノムに書き込まれた約二万二〇〇〇種類の遺伝子の発現を光で操作して、様々な生命現象をコントロールすることが可能になったのだ。

光操作技術の将来展望

筆者らの技術（PA-Cas9およびSplit-CPT

S2.0）により、光を当てるだけで、生命の設計図であるゲノムの塩基配列を書き換えたり、ゲノムに書き込まれた遺伝子の発現をコントロールしてその働きを自由自在に操作できるようになった。例えば、ヒトの脳では約八六〇億個、実験動物のマウスの脳では約七〇〇〇万個の神経細胞がそれぞれの役割を持って活動している。細い光ファイバーを使ってマウスの脳にピンポイントで光を当てて特定の神経細胞の特定の遺伝子の働きを操作した上で、マウスの行動等がどのように変化するのかを観察すれば、光刺激で狙った神経細胞の遺伝子が脳の中でどのような役割を持っているのかを解明できるかもしれない。また同様のアプローチで、ゲノムの異常が、どのようにガンなどの疾患に繋がるのかを解明できるかもしれない。さらには、生体に光を当てて遺伝子異常に起因する様々な疾患を治療したり、遺伝子発現を利用して組織の細胞を再生させたり精神疾患を治療するなど、今までにない革新的な医療技術として筆者らの光操作技術が役立つかもしれない。このような期待から、生命科学に携わる国内外の研究者が筆者らの技術に関心を寄せている。まさに、駒場キャンパスで開発された新技術により、新しい学問の潮流が生まれようとしているのだ。

筆者らが開発したMagnetシステムが、極めて一般性が高い光スイッチタンパク質であることも忘れてはならない（図2）。本稿では、Cas9とMagnetシステムを組み合わせた光操作技術の開発について紹介したが、Magnetシステムは Cas9以外にも様々なタンパク質と組み合わせて、そのタンパク質の光操作を可能にする。私たちの体の細胞では、分化や発生、代謝、免疫、記憶・学習など、生命現象を担う様々なタンパク質が働いている。また、ゲノム編集で利用されるCas9以外にも、面白い機能を有する様々なタンパク質が原核生物や植物、藻類、カビ等から次々と発見され、様々な分野で利用されている。Magnetシステムを使えば、あらゆるタンパク質に、光で作動する「アクセル」や「ブレーキ」を付けることができる。光照射のスイッチを押す人間の意志で細胞や生体の中のタンパク質をコントロールし、そのタンパク質が関係する生命現象や疾患を自由自在に操作することが可能になった。生命現象の光操作の試みは始まったばかりであり、今後のさらなる発展と様々な分野への応用が期待されている。

終わりに

筆者は本学の理学部で研究者としてのキャリアをスタートさせ、二〇〇七年に駒場に移って研究室を持った。それ以来、従来の研究テーマを大きく変更し、本稿にあるような生命現象の光操作という、当時はほとんど未開拓だった研究分野に挑戦してきた。学際性に富む駒場には、既存の概念にとらわれず何か面白いことに挑戦してやろうという活気がある。一見無謀に思える研究でも、温かく見守ってくれる、そんな雰囲気が残っている。オートファジーの仕組みを発見した大隅良典博士の研究（二〇一六年ノーベル生理学・医学賞）をはじめ、駒場から世界を驚かせるユニークな研究が次々と生まれるのには、きっと理由があるのだろう。

自然の謎に挑む

5

心の起源と進化を探る
——文系の疑問に理系の技術で挑む

岡ノ谷一夫

流れ流れて駒場に至る

物心つくころから二つの主題に動かされていた。ひとつは、動物にも意識があるのか、という疑問。もうひとつは、自分が宇宙に一瞬だけ存在し消えてしまうという不条理。前者については、もともとは小鳥やハムスターなど、小動物が好きだったことから出てきた疑問だった。しかし思春期になると、自分以外の他人についても、意識があるのかどうかわからなくなってきた。後者については、飼っていた動物の死や、親族の死などを経験し、死に際の苦しみよりも存在が消えることの不条理にとらわれた。五歳のとき、母親に「僕はいつ死ぬの」と質問し、「子どもはそんなこと考えてないで外で遊んで来なさい」と叱られた。暗くて面倒な子どもだったのだと思う。

生物学と文学とに惹かれながら、どっちつかずの高校時代を過ごした。特に優れた成績を挙げたわけではなく、このような人間が学者や文学者になれるはずもないと最初から諦めてはいた。安定した暇な仕事に就き、空き時間に好きな本が読めればよいと思っていた。ところが、一浪して予備校に通っている時、動物行動学という研究分野があることを知り、がぜんやる気が出てきた。その元祖とも言うべきコンラート・ローレンツの研究室を訪問してきたという先生が慶應義塾大学の文学部心理学専攻にいることを知り、そこに進学した。僕の二つの主題を両方満たすのが、動物行動学だと考えたのだ。

大学卒業後は米国メリーランド大学大学院心理学研究科に留学し、小鳥の聴覚特性を調べる実験を行った。小鳥にとっての「聴覚世界」を神経回路網モデルによって再構成する研究で博士号を取った。その後、上智大学で行動生物学の研究室を主宰しておられた先生に手紙を書き、日本学術振興会特別研究員として受け入れてもらった。鳥類の聴覚と生理活性物質の関連を調べる研究を進めながら、理学部生物学科に行こうと思って就職活動を始めた。いろいろな公募に出したが、僕が文系出身だという理由で、どこにも採用されなかった。自分はすっかり生物学者かと思っていたので意外であったし、文系と理系の溝に改めて気がついた。

博士研究員として五年ほど三つの機関で研究を進め、一九九四年より千葉大学文学部行動科学科の助教授（今でいう准教授）になった。鳥類のさえずり学習と聴覚との関係を調べる研究を進めていたが、生物系の学会では「文系のくせに鳥の脳を調べている変な人」として知られるようになった。千葉大に一一年いた後、理化学研究所（理研）脳科学総合研究センターに異動した。すると今度は「理研にいるのに言語の起源とか言っている変な人」として知られるようになった。

このように流れ流れて、二〇一一年に駒場にたどり着いた。駒場では前期課程では文系（心理・教育学部会）、後期課程では理系（統合自然科学科）の所属である。ようやく文系だの理系だの言われなくなると嬉しく思った。しかし駒場に来てみると、やはり自分は理系からは文系と思われ、文系からは理系と思われているように感じる。この溝を完全に取り去るのにはなかなか大変そうだが、それでも僕の存在を許容できる度量が駒場にあると信じる。僕の研究は、動物のコミュニケーション行動を手がかりに、心の起源と進化を探るものだ。あえて文系、理系という言葉を使うなら、僕の研究は、文系の疑問を理系の技術で解くものなのだ。

岡ノ谷一夫（おかのや・かずお）
大学院総合文化研究科 広域科学専攻生命環境科学系 教授．東京大学こころの多様性と適応の統合的研究機構（UTIDAHM）機構長，部局横断型教育プログラムこころの総合人間科学（PHISEM）プログラム長，人間行動科学研究機構準備室（CiSHuB）代表，総合文化研究科附属進化認知科学研究センター長．専門は生物心理学，より具体的には意識と言語の進化生物学的基礎．1959年生れ．米国心理学会比較心理学最優秀論文賞（The Frank Beach Comparative Psychology Award, 2001），中山科学振興財団中山科学大賞受賞（2009年），動物行動学会日高敏隆賞受賞（2011年），ニューロクリアティブ研究会創造性研究褒賞（2012年）受賞．著書に『言葉はなぜ生まれたのか』（文藝春秋，2010年），『つながりの進化生物学』（朝日出版社，2013年）など．

ジュウシマツに導かれて

僕が真に研究者となったのは、ジュウシマツと出会ってからだ。ジュウシマツは東南アジア一帯に分布するコシジロキンパラという野鳥を輸入し、二五〇年以上にわたり日本で家禽化した鳥である。体調一二センチ、体重一三グラムほど（図1A）。僕が子どもの頃には、どこの家にもいたような平凡な小鳥だった。子育て上手なことから十姉妹という漢字が当てられ、なぜかこれがジュウシマツと呼ばれるようになった。

最初の一歩として、聴覚と歌の関係を調べることにした。当時、鳥類は歌を親から学ぶが、成鳥になって歌が安定すると、耳が聞こえなくなっても歌は変化しないとされていた。まずはこのことを確認しようと思ったのだ。成鳥ジュウシマツの雄を使い、内耳を摘出することで耳を聞こえなくし、手術の前後での歌の変化を調べた。すると驚いたことに、手術直後にうたう歌が、すでに手術前の歌と異なっていた。いくつかの音素が消失し、音素をうたう順番が変わっていたのである。この結果は、そ

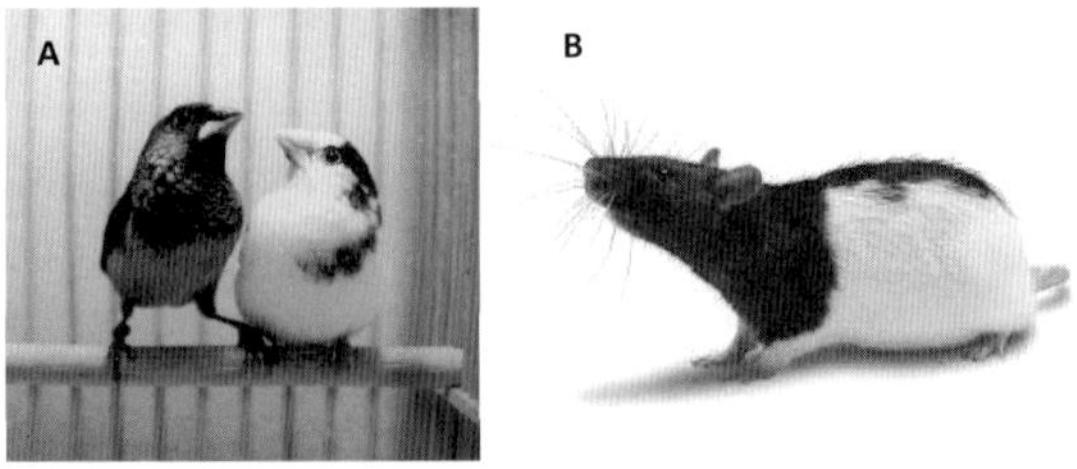

図1　A：ジュウシマツとその祖先種，コシジロキンパラ，B：ラット

れまで誰も報告したことのないものだった。

　僕は数例のデータをまとめ、どの個体でも耳が聞こえなくなると歌が崩れることを示し、カリフォルニア工科大学の、この分野の権威である研究者に意見を伺った。その研究者は、耳が聞こえなくなる前後の歌の違いを定量化しないと論文には出来ないだろうと意見をくれた。もっともである。

　通常、鳥の歌はいくつかの歌要素が定型的な順番でうたわれる。だから、歌の主要部を示すだけで十分であろうと考えていた。しかし、ジュウシマツの歌は定型的ではなかった。平均八つの歌要素がいろいろな組み合わせで出てくる。そして耳が聞こえなくなると、歌要素の数が減り、組み合わせも変わるのである。これを定量化するため、歌を一次のマルコフ遷移行列で表すことにした。ある音が出た後、次にどの音が来るかを確率で示したものである。この遷移行列を耳が聞こえる時の歌と、耳が聞こえなくなった時の歌とで比較し、相関係数を出して歌の変化の尺度とするのである。この方法はうまくいき、ジュウシマツの歌は成鳥になっても聴覚フィードバックを必要とすることを論文にまとめた。その後、ジュウシマツとその祖先であるコシジロキンパラでは歌の遷移パターンが異なることを発見した。ジュウシマツは多様性のある並べ方で歌要素を並べるが、コシジロキンパラは固定された並べ方で歌をうたうのである。以上を、歌分析の手法と同時に論文にまとめた。

　これらの論文は、動物行動学や神経科学の研究者に広く読まれ、僕は研究者として世界で知られるようになった。ジュウシマツに導かれて研究が進んだのである。ジュウシマツの歌は、理論言語学で言う「有限状態文法」という段階であり、人間言語の原初的なモデルとして扱うことができる。ただし、ジュウシマツの歌自体には意味がなく、歌い方を変えることで求愛の効果が増すのみである。ここは人間言語と大きく異なる。ジュウシマツの歌は、言語の形式的・生物学的なモデルとして優れているが、言語ではない。この点は強調しておく。

ラットの賢さをわかるほど私たちは賢いか

　小鳥の歌の研究は、そのまま続けていけばそれなりの成果を生むであろう。しかし、僕自身がもともと知りたかったことから少し外れてきてしまっていた。小鳥の研究を続けながら、自分が本当に知りたかったことに少しでも近づける研究がしたいと、理研から駒場に移るのをきっかけに考えるようになった。自分が自分であることを認識するとはどういうことだろう。それを実験的に研究できるだろうか。ある学会で「メタ認知」という現象についての研究を知った。動物は高い音を聞くと右の、それより低い音を聞くと左のレバーを押すよう訓練され、正解すると餌が与えられる。テストではいろいろな高さの音が出てくるが、第三のレバーを押すとテストがキャンセルされ、明らかに低い音が出てくる。すると動物は簡単に正解できる。動物は記憶に自信があれば課題に挑戦し、自信がなければキャンセルレバーを押すであろう。

このような方法で、イルカやサルがメタ認知を示すことがわかった。しかしラットについては、メタ認知はできないとされていた。僕は小動物が好きで、いろいろなネズミ類を飼っていた経験から、彼らも意識体験があるに違いないと思っていた。だから、ラットにもメタ認知が可能であることを確信しており、そのことを示すのが駒場での重要な研究と考えた（図1B）。駒場に異動して、最初に研究室に入ってきた学生のひとりがメタ認知研究に興味を持ち、これを大学院での研究テーマとした。彼女はラットのメタ認知を実証することに成功して論文を発表した。

彼女が考えついた方法は以下である。課題は、実験装置の前の壁の六つの穴のうち、光った穴に鼻を入れ（すると光は消える）、その位置を覚えておき、もう一度同じ穴に鼻を入れることである。この課題に、メタ認知を測定できる段階を入れた。最初に鼻を入れた後、後ろの壁から二つのレバーが出てくる。右のレバーを押すと課題はキャンセルされ、最初に光った穴が再び光る。ラットはそこに鼻を入れると四粒の餌をもらえる。いっぽう、左のレバーを押すと課題は続行され、正面のパネルの六つの穴がすべて光る。ラットは最初に光った穴に鼻を入れると正解となり、六粒の餌をもらえる。ラットは記憶に確信があれば左のレバー、確信がなければ右のレバーを押すだろう。つまり、記憶のメタ認知によって行動を最適化させるであろう。訓練に時間はかかったが、ラットはこの課題を学習することができた。

ここで僕と学生との意見が食い違った。実験をした当人である学生は、この実験によってのみでは、ラットが主観的な体験、すなわち自己意識を持つかどうかは結論できないと主張した。僕は当初、ラットにメタ認知を訓練することで、ラットが自己意識を持つ可能性について議論できると考えていたが、次第に学生に論破されるようになり、今ではメタ認知が必ずしも意識の証明にはならないという考えになりつつある。すっかり学生に影響された。証明にはならなくても、ラットも意識体験を持つのではないかと思わせる結果が得られたのは大きな収穫だ。今度は社会的な課題でラットが他者の心の状態を推測して行動するかどうかを調べてみたいと思う。

ヒトの言語に至る長く折れ曲がった道

人間の意識は、表層的には言語からできていると言える。僕たちは自分の意識の状態を言語で記述する。考えるという行為にも、音として表出しなくても言語を用いている。もちろん、意識されない過程が人間の行動を強く支配していることは確かであろうが、意識される過程の多くの部分が言語化される。だから、なぜ、どのように言語が人間において発生したのかを知ることで、人間の意識の特異性に近づけるかもしれない。

言語は、事物や概念との対応関係を持つ単語を、文法に則って表出することにより、無限の概念を表現し伝達することのできる体系である。このような「組み合わせによる生産性」を持つ伝達体系は、自然界ではDNAと人間の言語のみである。動物のコミュニケーションに限定すると、人間の言語のみが、他の動物の持たない特殊な

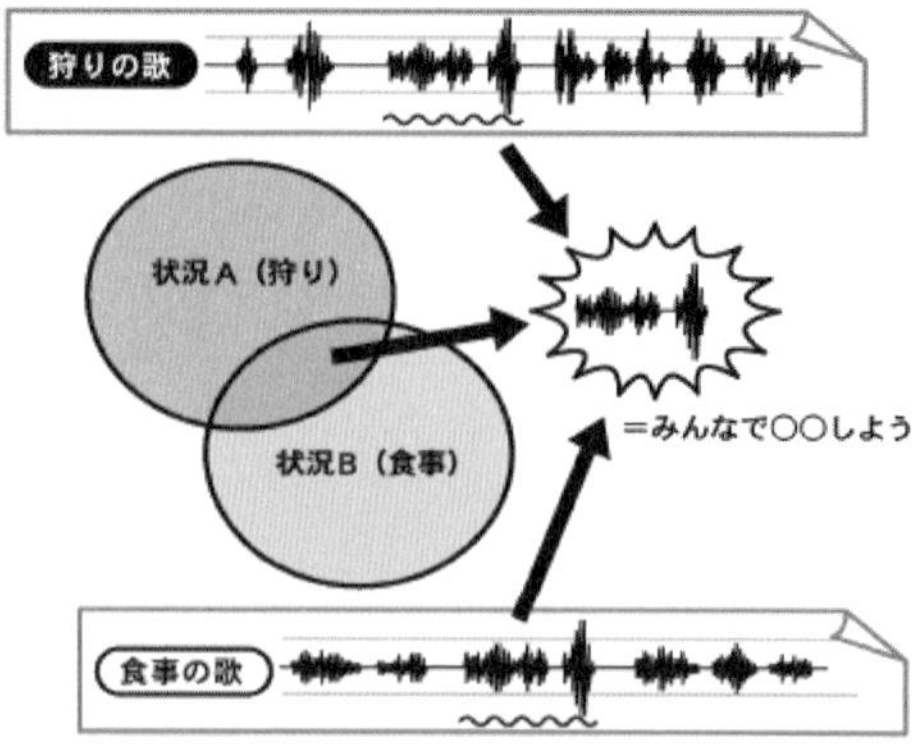

図2　相互分節化仮説（『さえずり言語起源論』岩波書店より）

位置を占めると言える。とはいえ、言語とて進化の産物として扱わなければ生物学的な研究はできない。言語にもっとも近く、動物と人間に共通にあるものはなんだろう。それは歌である。歌とは複数の音韻がある規則で配列されたものである。多くの鳥類や鯨類が求愛の歌や縄張り防衛の歌をうたう。多くの齧歯類も実は求愛の歌をうたっている。ただ、彼らは超音波帯域でうたっているため、人間には聞こえない。

　現在、僕たちは書き言葉を多用するが、言葉はもともと話し言葉である。話し言葉は多音節の発声であるという点で、歌にとても似ている。歌から言葉が出来たと考えれば、言語の発生を進化の流れの中で捉えることができそうだ。僕はデンマークの研究者と共同研究をして、この考えを相互分節化仮説としてまとめた。何が相互かと言うと、音列と状況である。音列の分節化と状況の分節化が並行して進み、相互をさらに分節化するようになると、漠然とした状況でうたわれていた歌から、より具体的な状況に対応する原単語が生ずるのではないか。たとえば狩りの歌と食事の歌があったとする。歌が学習され伝承されるとすると、狩りの歌と食事の歌に共通に表れるフレーズがあるかもしれない。そして、狩りも食事も、協力して、みんなで行う営為である。すると、二つの歌に共通するフレーズをうたうだけで、二つの状況の共通部分である「みんなで○○しよう」という意味が伝達されるだろう（図2）。このように、漠然とした意味しか持たなかった歌が、より具体的な単語へと分節化されていったのではないか。これが言語の始まりである、というのが僕たちの仮説である。

　相互分節化が起こるには、三つの生物学的準備が必要である。発声が学習できること。このことで、歌のフレーズが共有される。音列が分節化できること。状況が分節化できること。これらのことで、歌の一部と状況の一部が対応を持てるようになる。僕たちは、それぞれに対応する神経機構と、この三つがどのようにネットワークを構成し言語を可能にするのかを研究しているところだ。

今日までそして明日から

　さて以上が概ね僕が考えてきたことである。相互分節化仮説で言語の起源を説明してやるぞ、と息巻いていた。ところが、相互分節化仮説では、直近の単語との関係しか生じてこない。ある文の中に他の文が埋め込まれるような構文を作ることができない。そして、相互分節化仮説はコミュニケーションの機能をあまり必要としていなかった。相互分節化仮説は単語の生成は説明できるかも知れないが、発話を交換し合い、思考をまとめていく言語には至らないのではないか。こう悩み始めた。

　この考えから僕は、それまで避けてきた認知言語学にも目を向けるようになった。

僕が発見した鳥の歌の有限状態文法は、生成文法という考え方と整合性が良い。それは生成文法が言語の形式的な部分に重みを置くからである。一方、認知言語学は言語の用法や言語によって起こるコミュニケーションに重みを置く。

端的に言うと、生成文法は言語の階層構造（文字が単語を作り、単語が文を作る構造）を生成する仕組みに重きを置き、認知言語学は言語が人々の意図を共有させる過程に重きを置くのである。このように、重みの置き方が違うだけで本来は協力すべき両学派は、これまで共同研究をすることはなかった。これはもったいない。僕は、この二つの学派を統合してこそ、言語の起源と未来が理解できると考えた。それで、二〇一七年から文部科学省の新学術領域研究・共創言語進化という領域を立ち上げ、約八〇の研究グループとの共同研究を進めている。非常に多様性のある研究組織だが、言語を「意図共有」と「階層構造」から理解して行こうという目標は統一されている。

僕がこれまで進めてきた小鳥の研究は、行動の階層構造が脳においてどう表現されているかを解明する研究として捉えられる。一方、ラットのメタ認知は、個体内での認知の階層構造とも言える。こういう点では、これまでの研究は階層性の研究であるとまとめられる。しかし、メタ認知について考えれば、コミュニケーション相手の内部状態を推測して、それに対してどう行動するかを決めるのも、社会的なメタ認知であるとも言える。通常、相手の内部状態を推測する能力のことを「心の理論」と言う。メタ認知は個体内で起こる認知の階層であり、心の理論は個体間で起こる認知の階層である。心の理論を複数で持ち合う場合、意図共有へと発展するであろう。この部分において、メタ認知と意図共有には類似した構造があると言えよう。

実際の言語運用において、階層性の多様性は、意図共有によって解消されコミュニケーションが成立する。たとえば、「黒い尻尾の大きな猫」（図３A）は、尻尾だけが大きくて黒い猫(1)、全体が黒で尻尾が大きい猫(2)など多様に解釈される。どの解釈を取るべきかは、対話による意図共有の末、たとえば、尻尾だけが黒く、全体に大きい猫(3)として決定されるのであろう。階層性と意図共有が言語の二本の柱であると僕が主張するのは、この簡単な例示から理解してもらえると思う（図３B）。

そういうわけで、僕の研究室では言語の起源と進化、そして未来に関する思索と実験を重ねながら、それらの研究がいつか自分の意識の刹那性と秘匿性についてなんらかの結論を出してくれることを求めている。僕のこのような想いを知ってか知らずか、僕の研究室では学生もポスドクも生き生きと楽しそうに研究しており、しばしば僕の意見を論駁する学生が現れる。駒場ならではの光景だ。

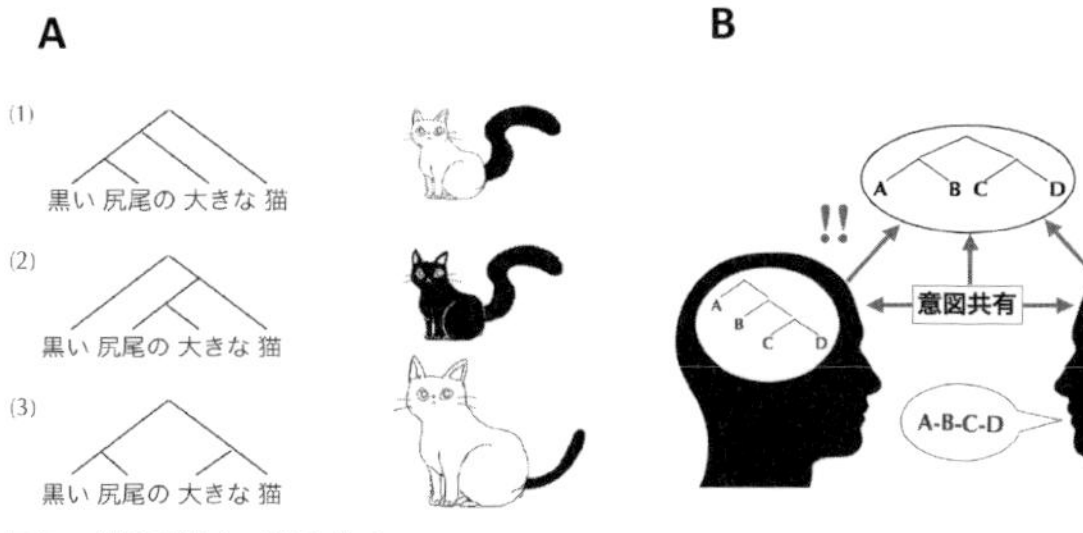

図3　階層性と意図共有

新しい知を開拓する

1 身体運動科学の地平

――アートをサイエンスする試み

工藤和俊

人間にとって身体運動とは何か

生きることは運動することである。運動し続けるためには、食物を摂取し、睡眠をとり、病気や怪我を予防し治療して身体を維持する必要がある。また、運動することそれ自体が、糖尿病、心血管疾患、癌など病気の予防につながり、運動不足はこれらの危険因子となる。さらに、運動するための体力や知識を身に付けることは、生活し仕事をする自分自身の支えになるだけでなく、災害時の助け合いなど他者への支えにもなる。

人間の知的活動や創造的活動を支えるのもまた身体運動である。アリストテレス、カント、西田幾多郎などの哲学者は、日々逍遥しながら自らの考えを巡らせ、思想を深めた。時代や地域を問わず人間社会にあまねく存在する歌や踊りなどの芸術表現活動もやはり身体運動である。歌い、踊ることとそれらを知覚し鑑賞することは、演者と観衆の身体という共通項を介して成立し共進化する相互作用行為である。

トップアスリートと呼ばれる、身体運動能力の極限に挑む人々も存在する。アスリート達は、より速く走り、より高く跳ぶために、あるいは身体を自在に芸術的に操るために日々弛《たゆ》まぬ練習を積み重ねる。鍛え抜かれたアスリートのパフォーマンスは、大勢の人々の耳目を集める。例えば二〇一八年に開催されたFIFAワールドカップ決勝戦では、スタジアムに集まった七万八千人の観衆とともに、このとき存在した地球上の人類の半数を超える人々が、フィールドで躍動する選手の動きとボールの行方に注目していた。

身体運動の教育と科学

東京大学では一九四九年の教養学部発足以来、これら多様な身体運動に関する基礎知識および自らの健康管理・身体操作技能を身に着けるための必修科目（二〇一九年度時点の科目名称は「身体運動・健康科学実習」）が開講されている。この開講母体は発足当時の教養学部保健体育科から現在の前期課程スポーツ・身体運動部会へと引き

工藤和俊（くどう・かずとし）
大学院総合文化研究科 広域科学専攻 生命環境科学系 准教授．大学院情報学環・学際情報学府 准教授．専門は運動神経心理学．研究テーマは，巧みな身体運動の学習と制御．1967年生れ．著書に『身体──環境とのエンカウンター』（分担執筆，東京大学出版会，2013年），訳書に『デクステリティ──巧みさとその発達』（金子書房）など．トレーニング科学研究賞（2010年）受賞．

継がれ、現所属教員は運動生理学、スポーツ医学、スポーツバイオメカニクス、リハビリテーション科学、運動心理学など身体運動に関わる多様な研究を推進している。また二〇一六年には大学院総合文化研究科が責任部局となり、全学組織として東京大学スポーツ先端科学研究拠点（UTSSI）が設置された。本研究拠点は学内の研究科・研究所ならびに学外のスポーツ関連機関と連携しており、部局・分野横断型の共同研究を通して更なる発展が期待されている。

スポーツ・身体運動部会に所属する私自身の研究テーマは、スポーツ・ダンス・音楽における身体運動の「巧みさ」である。人間は、未だ如何なる人工物にも成しえない巧みな技（アート）を実現することができる。たとえば熟練ゴルファーは、ピンまでの距離を知覚し、コース設計者の仕掛けた罠を見抜き、上空の風とグリーンの速さを考慮し、時には競争相手とのスコア差を勘案しつつ、ボールの置かれた芝目や傾斜に合わせてクラブを選択しショットを打つ。「巧みさ」研究の目標は、このような時々刻々と変化する無限定の環境の中で遂行されるアーティスティックな熟練運動の制御や学習の原理、さらには発達や進化の道筋を明らかにすることである。

また熟練ダンサーや熟練音楽家は、自らの身体や楽器を操って、人々の心に訴えかける芸術表現を創造する。芸術はもちろん単なる身体運動ではなく、むしろ身体運動では語りえない領域にあるともいえる。しかし身体運動なくして芸術行為が存在しないこともまた事実である。このとき科学に成しうることは、語りうる身体運動についてできる限り明晰かつ実証的に語ることである。このことは同時に、語りえぬ芸術の領域を相補的に描き出すことにつながるはずである。

物質としての身体

「巧みさ」の研究を進める出発点として、身体の成り立ちについて認識する必要がある。人間は自然の一部であり、身体を構成する物質は同時に世界を構成する物質でもある。物質としての身体は、地球がそうであるように、エネルギーの出入りのある系（システム）すなわち非平衡開放系である。身体にとって日々の食事はエネルギー補給であり、特に夜間睡眠時の絶食状態から回復するうえで朝食は重要となる。

非平衡開放系の特徴として、それが生物であるか否かを問わず、そこに秩序が生じうることが挙げられる。空に浮かぶ雲はその一例である。雲は無論生物ではないが、青い空に移ろいつつ、羊のように、傘のように、時には妖怪大入道のように姿形が変化する。雲を構成するのは水分子であり、雲の形とはこれらの配列である。ただし、分子配置を記した設計図がどこかにあるわけではなく、誰かが水分子を一つずつジグソーパズルのピースのごとく並べているわけでもない。

雲の造形に関わっているのは、水分子のもつ固有の性質と、温度や湿度や気圧など水分子のふるまいに関わる諸変数である。これらの条件が一定の基準を満たすことにより、水分子の集団が自律的に相互作用して雲のマクロな時空間パターンが組織化される。

このような自己組織化現象はまた、水分子における気相、液相、固相間の相転移においても現れる。すなわち液相としての水を熱すると気相としての水蒸気になり、冷却すると固相としての氷になる。このとき、水分子自体が別の分子になってしまうわけではない。この相転移は、あくまで水分子としての形質を保持しつつ、分子間の関係が変化することによって生じる。

身体運動の自己組織化

身体が非平衡開放系であるならば、身体運動においても自己組織的な時空間パターン形成が観察されるはずである。一九八〇年代にリズミカルな両手協応課題を用いた実験でそのような事例が発見された（図1A）。この実験では、参加者がメトロノームによって指定されたテンポで両手の人差し指を左右に振った。このとき、両指を同時に内側、同時に外側へ振ると同相の運動となる。また、一方の指を内側へ振り、同時に他方の指を外側へ振ると逆相の運動となる。これらの運動は、遅いテンポであればどちらも大差なく遂行できる。しかしながら、徐々にテンポを速くしていくと、同相運動は継続して遂行できるものの、逆相運動は継続困難になり、意図せずして同相運動になってしまう。すなわち、逆相から同相への相転移が生じる。

この相転移現象は、物理学における「ポテンシャル」を使って記述できる。図1Bは両指の相対位相のポテンシャルを表している。一般的にポテンシャルが低いほど安定であり、その状態が起きやすくなる。速度が遅いときには、同相と逆相いずれの位置にもポテンシャルの窪み（アトラクタ）が存在する。このときには、同相および逆相の運動をそれぞれ安定して遂行しうる。一方で速度が増大するとポテンシャルが変形し、徐々に逆相のアトラクタが浅くなり、ついには消失してしまう。このときには、逆相運動を行おうとしてもポテンシャルの低い同相運動へと引き込まれてしまう。

同様の現象は、指と指のような身体部位間だけでなく、感覚と運動の協応においても認められる。たとえばリズミカルなビート音に合わせて立位で膝を屈伸させ、身体を上下に動かしてみる（図1C）。このとき、ビート音と膝の屈曲を同期させるのが、ストリートダンスで「ダウン」と呼ばれている運動である。一方で、ビート音と膝の伸展を同期させるのが「アップ」である。「ダウン」課題は「アップ」課題より易しく、ストリートダンスの非熟練者であっても「ダウン」課題であれば一分間に一八〇拍という速いテンポでも遂行できる。一方「アップ」課題は、熟練者であれば速いテンポでも遂行できる。しかしながら非熟練者になると、遅いテンポであれば遂行できるものの、速いテンポになると「アップ」運動を始めてもいつの間にか「ダウン」運動に相転移してしまう。

さらに、リズミカルな運動を複数人で遂

行する際には、互いに逆相で運動を開始しても速度増大に伴って互いの運動が視覚を介して引き込み合い、同相になってしまうことが報告されている。加えて近年では、対人間《たいじんかん》における運動の同期が互いの共感性を高め協調行動や協力行動を増大させることが明らかになっている。これらの知見は、人間の集団というマクロな対象もまた非平衡開放系としてモデル化可能であり、同時に歌や踊りという身体運動が人間社会の形成や進化において重要な役割を果たしてきた可能性を示唆するものである。

生命体としての身体

身体は、物質であるとともに、生命体である。物質としての身体は上述のように非平衡開放系の性質を有し、時間発展しつつ相転移を含む複雑な振る舞いを示す。これに対し、生命体としての身体は所与の物質的基盤に依拠しつつ、変化する外部環境および内部環境のもとで進化し、発達し、学習する。

ストリートダンスにおいて非熟練者の運動がぎこちなく不自然にみえるのは、特定

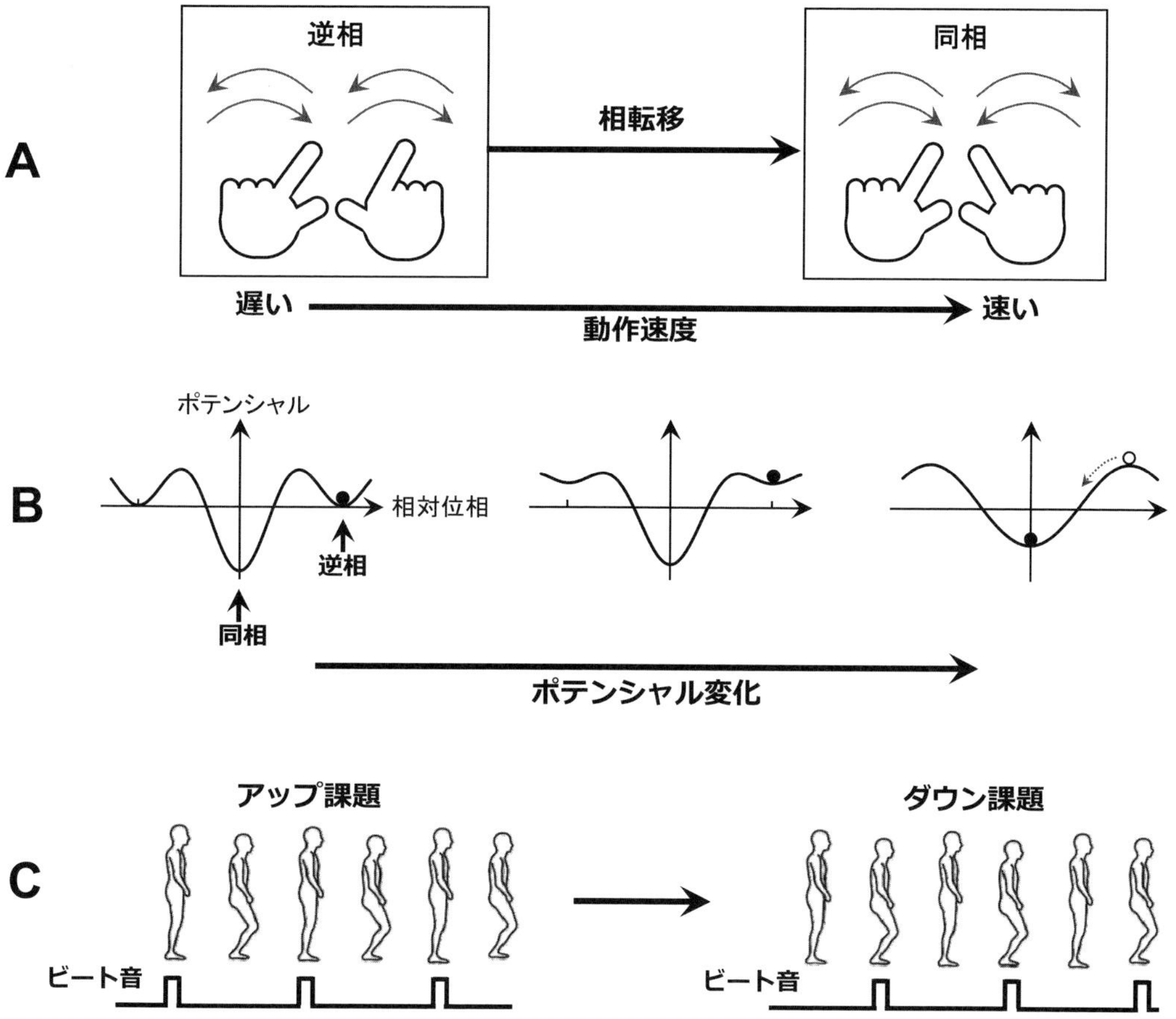

図1 身体運動の相転移．A. 指振り運動の相転移（Haken, Kelso, & Bunz, 1985）．B. 速度増大に伴うポテンシャル関数の変化．逆相で運動を始めて速度を増大させると，逆相の安定固定点（左および中パネル黒丸）が消失し，不安定固定点になる（右パネル白丸）．このとき運動は同相に引き込まれる．C. ストリートダンス動作の相転移．（Miura, Kudo, Ohtsuki, & Kanehisa, 2011）

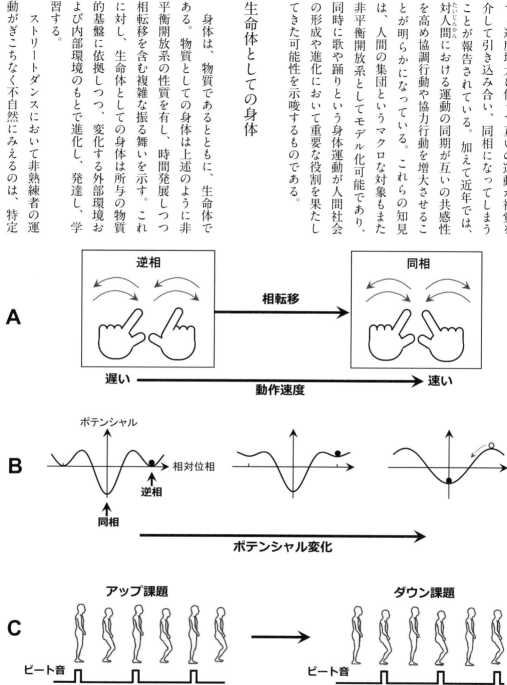

の感覚運動協応パターンに引き込まれ、ビートに合わせることのできる動きが制約されていることが一因である。一方で熟練者は、練習を積み重ねることでこのような制約から解放され、洗練された芸術表現の自由を獲得する。熟練ドラム演奏家も同様に、手の機能的左右差を克服することによって、素早く安定した演奏とともに表現の自由を手にする。すなわち、ダンスや、音楽演奏や、スポーツの熟練者とは、物質的・力学的制約下にありつつも、練習を重ねて自らの身体を再組織化し、それぞれの活動における運動の自由度を増大させている人々であるといえる。

また、熟達化の特徴として、正確な運動を繰り返し遂行できるようになることが挙げられる。無論、非平衡開放系としての身体が運動の再現性を高めるのは易しいことではない。空に浮かぶ雲がそうであるように、身体もまた揺れ動いている。身体の外部からは重力などの外力が作用し続け、生きている限り身体内部を構成する細胞の活動も止むことはない。呼吸や心臓の拍動によっても身体は揺れ動く。したがって、生命としての身体が不動の姿勢を維持することは原理的に不可能である。このような揺らぎのなかで一定の運動を繰り返すことは、雲の形や、川の流れのうたかたの形を一定に保ち続けるのと同様に難しいといえる。

たとえばボールを投げて的に当てる課題を繰り返すとき、ボールの軌道が厳密に一定になることはない。それにもかかわらず、課題の学習を続けると的当ての誤差は減少していく（図2）。的当て課題においては、力学的エネルギー効率を最小にする運動が存在し、その際の投射位置、投射角度、投射速度を一意に決定することができる。しかしながら、学習されるのはそのような唯一無二の運動ではなく、結果としてボール落下点の分散を減少させるように揺らぎつつ協応する運動である。

一般に、スポーツにおいても勝者となる唯一無二の条件が存在するわけではない。たとえば陸上競技の短距離走において、世界記録を出すための最適フォームが存在するわけではない。フォームには冗長な自由度が存在し、過去の勝者は、自らの体形、体組成、および体力特性等に合わせてピッチを上げたり、ストライドを広げたり、疾

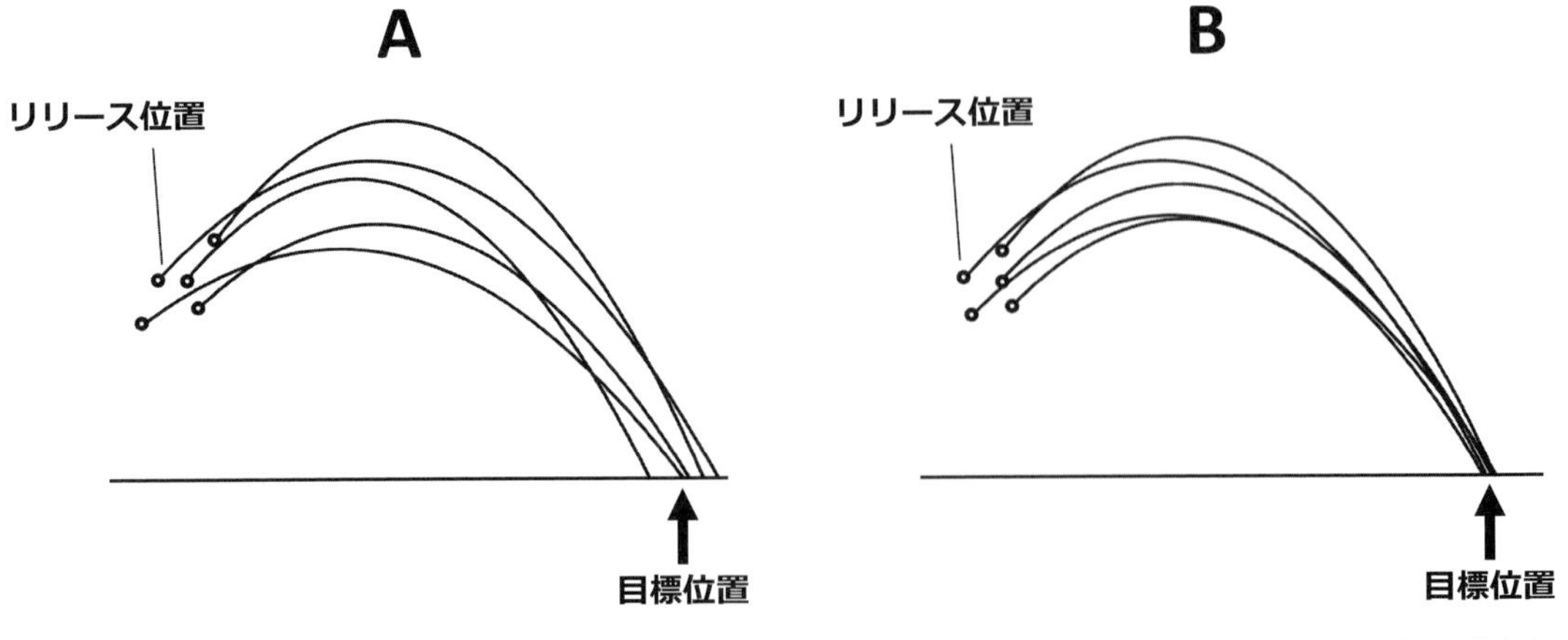

図2　ボール投げによる的当て課題学習時のボール軌道．A. 練習前．B. 練習後．練習に伴ってリリース変数の協応性が向上する．(Kudo, Tsutsui, Ishikura, Ito, & Yamamoto, 2000)

走時の姿勢を工夫するなどしてきた。次なる記録更新者がより速く走ることは定義上自明であるものの、どのような体形で、どのような筋組成で、いかなる走りをするのかは自明でない。同様に、いかなる遺伝形質を有するのかもまた自明ではない。

テニスも同様である。サーブ、グラウンドストローク、ボレー。すべてに卓越した完璧な選手を目指すことが唯一の勝利への道ではない。この道に「最適」という方向性があるわけではない。テニスという競技は、オールラウンダーにも、ビッグサーバーにも、ベースライナーにも勝利の可能性が開かれている。多様な資質を持った選手に対して勝利の可能性を開いているという点こそが、テニスというスポーツの魅力であり価値であるともいえる。この多様性を失わない限り、百年後のウィンブルドンもまた、百年前と変わることなく、私たちを魅了する大会であり続けるだろう。

おわりに

多様な外部環境と多様な内部環境の狭間で身体運動は生成される。揺らぎつつ協応する身体は、過去に生成した運動パターンの単なる再現ではなく、多様で不確定な未来に対して開かれた状態を維持し、新たなる適応を可能にするためにある。物質と生命を基礎において、人間における巧みさの進化、発達、学習を統一的に理解する試みは未だ道半ばである。多様性に満ちた駒場という恵まれた環境を生かし、今後の研究発展に努めていきたい。

新しい知を開拓する

2 ボヘミアン・ラプソディ

池上高志

バブル時代

いま、英国のロック・バンド、クイーンを描くボヘミアン・ラプソディという映画が爆発的にヒットしている。これは、どうしても八〇年代の創造性と狂気の時代への郷愁と無縁とは言えない。八〇年代とは、そのクイーンが日本でも大ヒットし、メディア・アートを先駆けパフォーマンスを繰り広げるDumb Typeが生まれ、浅田彰、柄谷行人らニュー・アカデミズムが台頭し、一方でユーミンやサザン、中島みゆきが全盛期で、日本はバブルに向かって狂騒曲を繰り広げた時であった。誰もが気分がハイで、そのオプティミスティックな空気が面白いアイディアの源泉だったともいえる。僕はTalking Headsを聞いていた。まだインターネットもiPhoneもなかった時代のことだ。

九〇年に入ってまもなく、バブルがはじけた。クイーンのフレディ・マーキュリーもDumb Typeの古橋悌二も、写真家のロバート・メイプルソープもAIDSで帰らぬ人となった。ニューアカの後のポストモダンの時代は暗く、人々はペシミステックとなり、五七〇億円を投じた第五世代コンピュータ国家プロジェクトも幕を閉じた。それ以後三〇年、日本は長い失われた時代にはいり、そのデフレ的な状況はいまなお続いている。現首相の安倍さんがなんと言おうと好景気などは訪れておらず、世界時価総額ランキングで三〇年前には上位五〇位以内に三二社も入っていた日本企業も、現在は一つ入るにとどまっている。当時はNTTが一位で、現在一位のAppleと二位のAmazonを足した規模を誇っていた。一体あの八〇年代のきらめきはなんだったのだろうか。あの頃に活躍した三〇、四〇代が定年を迎えていく今、郷愁のあるいは憧憬の眼差しで、ボヘミアン・ラプソディに涙するのもまた仕方がないというものだ。

一方で科学はそのような時代の趨勢とは無縁だと思いたいところだが、どうだろう。八〇年代に急激に勢いを得た、カオス、非線形科学、自己組織化、その後を継いだ複雑系の科学、人工生命、ニューラルネット、これらの新領域はやはり苦戦を強いられていた。八〇年代の派手なコトバで満ちたアイディアやシミュレーション実験はなりをひそめ、新しいヒーローを求めて複雑系の科学は深く潜行した。再び動き始めたのは、二〇〇〇年代も終わりのことである。

二〇〇〇年代終わりの革命

二〇〇八年前後、科学の様々な分野でこれまでとは全く違うタイプの研究スタイルが立ちあがってきた。それは、コンピュータとインターネットが生み出した複雑な計算ネットワークと爆発的なデータの流れの上につくられた、全く新しいタイプの複雑系の科学だった、と僕は思っている。そのときに、ニューラルネットをひたすら研究し続けていたG・ヒントンから、不可能と思われていた多層のニューラルネットワークの学習モデルが提案される。それは五年後に深層学習として爆発的に脚光を得ることになる。ルービック・キューブの最悪の手数（最悪の初期パターンから正解に到達する最小の手数）が二〇手というのが示されたのもこの年だ。それまでの数学的に証明されていた二二手ではなく、だ。Googleの社員が、ルービック・キューブの全てのパターンをリストアップして、巨大なLookUpテーブルをつくり、それを使って強引に計算した。パターンの総数はアボガドロ数の一万分の一ほどの場合の数。そのくらいならば頑張れば計算できるほどには計算状況は完備されていた。ビットコインの基本技術であるブロックチェーンの論文が、サトシ・ナカモトによって提出されたのもこの年である。

巨大なデータとその計算プロセスが、これまで人類が知らなかった世界の複雑さの様相を見せ始めたのだ。MITの教授Deb Royが、自分の子供が生まれてから三年間、家中にマイクとビデオをしかけて録画・録音しまくり、子供の発達過程のパターンを研究したプロジェクトが典型的だ。このプロジェクトは“SpeechHome”と呼ばれるが、それは子供の「言語（Speech）獲得装置」が脳のなかにあるだけではなく、自分と両親の家の中の移動パターン、つまりは、家（home）のなかの時空間構造そのものが、言語獲得装置なのだという新しい提案であった。それは、J・J・ギブソンらの生態心理学にも通じる生態心理学である。そういえばこのときにiPhone 3Gが初めて世に登場し、人々に寄生し始めたのも大きな事件である。だから二〇〇八年前後というのは、こうしたいろいろな意味で驚くべき革命が進行した年だったの

池上高志（いけがみ・たかし）
大学院総合文化研究科 広域科学専攻 広域システム科学系 教授．国際雑誌ALIFE, BioSystems, Adaptive Behaviors編集委員．国際会議ALIFE 2018（Tokyo, 23-27/07）を主催．専門は複雑系，人工生命．研究テーマは，過剰な情報の流れに生命性を見出す，ということをテーマにウェブや化学反応，あるいはアンドロイドを用いた「生命とはなにか？」の研究を行う．1961年生れ．Ars Electronica（2007, Honors mention）（2018, Distinction Prize），日本メディア芸術祭（2010年，審査委員賞）を受賞．著書に，『動きが生命をつくる――生命と意識への構成論的アプローチ』（青土社，2007年），『人間と機械のあいだ――こころはどこにあるのか』（共著，講談社，2016年），『生命のサンドウィッチ理論』（共著，講談社，2013年）など．

DebRoy の Speechome．説明は本文を参照．

だ。それが、その後一〇年たち、いま再び世界に新たな創造性と狂気をもたらそうとしているのは間違いない。日本の変化がいくらゆっくりとしたものであれ、そうした大きな変化の流れの中にある。

メディア・アートの時代

八〇年代アートの後継として、二〇〇〇年に入って盛んになったもののひとつに、ミニマル・ミュージックやノイズがある。デフレの時代にふさわしく、その音楽はミニマルなサイン・ウェーブで演奏され、八〇年代のディスコとは対称的なものとなった。このときに僕は、アーティストのカールステン・ニコライや渋谷慶一郎と知り合い、そうした出会いが少しずつ自分の世界観を変えていった。当時のノイズ・ミュージックの現れは驚くほど新鮮だった。そのときに、ノバート・モスランらスイスのノイズミュージシャンや、池田亮司、Pan Sonicのミカ・ヴァイニオらと知り合った。その時の時代の雰囲気には、八〇年代のＡＬＩＦＥ（人工生命）や複雑系、カオスに通じるものが確かにあったと思う。僕が急速にそこに惹きつけられた理由の一つは多分にそれであった。過剰な装飾ではなくて、意味を取り払った複雑なデータの流れが生み出すサウンドの世界は、極小主義と極大主義を併せ持っていた。

二〇〇〇年中期には山口のＹＣＡＭ（山口情報芸術センター）がオープンし、多くの優れたアーティストを国内外から引っ張り始めた。また人工生命を初期の頃から紹介してきた東京・初台のＮＴＴ-ＩＣＣ（インター・コミュニケーション・センター）は、メディア・アートというコトバを大きく世の中に広めることに貢献した。僕も渋谷さんやEvalaさんらとサウンドを生成し、ＩＣＣやＹＣＡＭなどで作品を発表したり、トークさせてもらえることが増えた。複雑系科学の持っている面白いアイディアを、アートの表現として具体的な形で発展させられるのは、非常に面白いこれまでになかった活動である。何より科学者とは全く違うプロ集団と話し、物作りをすることが面白かった。結局いつの時代になっても「人」が面白いのには変わらない。ちょうどアートと関わりだしたこの時期に著した本が、『動きが生命を作る――生命と意識への構成論的アプローチ』（青土社、二〇〇七）である。

Filmachine（フィルマシーン）．渋谷慶一郎らとの共作．YCAMにて2006年に発表．24個のスピーカーを使った立体音響作品．音色は，セルオートマトンやカオスで生成された，多数の音像の複雑な運動によりつくられるサウンド空間．

いずれにせよこうしたアーティストとの

交流の中で、二〇〇八年の革命を通過し、それ以降Massive Data Flow、過剰なデータの流れが作り出す「構造と力」というテーマのもとでアートと研究を展開し、ウェブ・データの生命性やセンサーネットワークを使った野外実験をUCLAで行ったりし、その過程で新しい研究者やアーティストと出会っていくことになる。

サイエンスとアートの時代

阪大の石黒浩を渋谷慶一郎に紹介されたのは二〇一五年くらいのことで、彼のことをもちろん知ってはいたが、共同研究することになるとは正直思っていなかった。そのくらいに二人の志向性は違う。しかし石黒さんのアンドロイドを使って研究をしたほうがはるかにALIFEの本質が伝わる、そう石黒さんに言われて、始めたのが「自律的運動をする」アンドロイドAlterである。

Alterは二つの自律的なモジュールを持ち、ある学習ルールをもとに自由に身体を動かす。その学習ルールとは、「刺激を避ける原理」である。もともと神経細胞間の情報伝達効率は、神経細胞の因果的相関に応じて上下させるものである。結合された神経細胞のどっちが先に「発火」したか。神経細胞が発火した結果、原因となる刺激を取り除ければ、そこでシナプス荷重は変化しなくなり伝達効率が高いまま保持される。これが、結果として「刺激を避ける原理」として働き、計算機の中でも実際の培養神経系においても、この「刺激を避ける原理」が成立することがわかっている。これを用いて、アンドロイドは、解釈可能な行為を生成する。そこでAlterの話をベースに、石黒さんと新しく本を著すことができた。『人間と機械のあいだ——心はどこにあるのか』（講談社、二〇一六）である。Massive Data Flow（過剰な情報の流れ）の考えと、自律的センサーネットワークの話を下敷きに、Alterの学習原理、生命とは？ 人間とは？ などをたくさん議論している。

一般にロボットと人間との決定的な違い、それは自分で動くための動機づけがあるかないかだろう。人間は誰にいわれずとも（あるいは記憶の声に従い）本を読み、海に出かけ、あるいはバーに酒を飲みにゆく。ロボットは、そのようにプログラムされていない限り、自発的行為は行わない。人間も、しかし状況によって出現する化学反応で行為を取るという意味では同じだが。人間とそうしたロボットのギャップは埋めることはできるのだろうか。

Massive Data Flowとはデータの過剰性ゆえに新しい機能が創発するような現象のことである。たとえば、群れのサイズがある量を超えると創発する集団知のように。われわれが開発した「自律的センサーネットワーク」は、受け付ける情報の量によっ

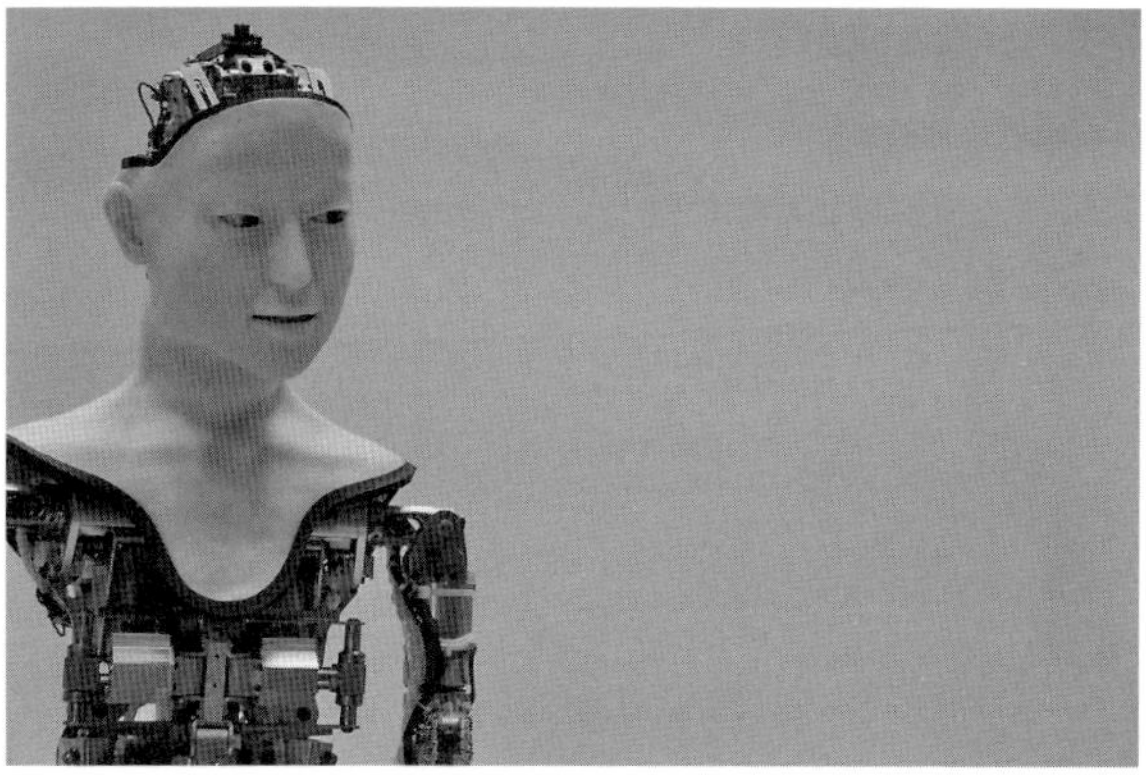

Alter，アンドロイドの近景．2016年に日本科学未来館にて発表．阪大の石黒浩との共作．圧縮空気をコンピュータで制御し，センサー情報と内部ダイナミクスにより自律運動を生成する．

て、状態が分岐し自分でサンプルレートを変更しながら環境からデータを摂取するネットワークである。こうしたシステムをアンドロイドAlterにとりこんで制作した二〇一六年は、色々な意味で苦労した。

なぜロボットは、あるいはプログラムは最終的に生命にはなれないのか。この問いは、人工生命研究における中心課題でもあるが、それを解く鍵はまだ見つからない。最後にロボットにふりかけて生命にする一滴、これをブルックスのジュースと呼ぶ。ＡＬＩＦＥ研究はこのブルックスのジュースを探す旅である。この一九八七年にアメリカ・ロスアラモスで始まったＡＬＩＦＥ国際会議も三〇周年をむかえ、ヨーロッパとアメリカで隔年に行われていた国際会議を統一し、ひとつの国際会議として毎年開催される運びとなった。その記念すべき第一回を二〇一八年に東京で主催することとなったのである。

ＡＬＩＦＥ国際会議とScary Beauty

ALIFE 2018と題されたこの国際会議は、東京のお台場で七月二三日に開幕された。お台場の未来館で、延べ七〇〇人くらいを集めての大きな集会、そのテーマは、ずばり"Beyond AI"。今を席巻するＡＩの称賛の向こうに見えてくるもの、知能を考える前に生命そのものを考えようというスローガンのもと、連日多くの議論とパーティーを繰り広げた。初日に一般公開のセッションを行い、さまざまなスピーカーと和田英やEvalaなどのアーティストに演奏もしてもらった。改良したAlter2も人間のオーケストラを率いてオペラをするというイベントを開催した。このオペラ*Scary Beauty*は、朋友・渋谷慶一郎によるスクリプトと構想によるものだ。青く銀色に照らし出されたアンドロイドがニヒルな笑いを観客に見せつけたとき、見に来た人々に来るべき未来社会のありかたを、生命とはなにか、人間性とはなにか、をまさに突きつけたと思う。出発点はここに立ち戻る。

会議の研究として議論を進めたのは、Open Ended Evolution（ＯＥＥ／オープンエンドな進化）である。この数年は常にＯＥＥが議題になる。ひとつの形質の進化が次から次へ起きること。単細胞、多細胞、性、言語、科学技術などがＯＥＥの例である。一方でシミュレーションの世界ではＯＥＥは起こせていない。ひとつ新しいものが出現すると、それで終わりである。ぼくらはウェブサービスのデータを用い、ユーザーが使う単語の集合が、新しい意味を獲

人工生命国際会議 ALIFE2018のポスター　http://2018.alife.org/

得していく進化を解析している。これはOEEの新しい例になるのではないか。こうしたことを議論した国際会議であった。

ここからどこへ？

　平成が終ろうとする今、華々しかったメディア・アートはしかしすでに陰りが見え始め、新たな模索が始まっている。これからの一〇年、新しく創造と狂騒の時代を拓くことは可能だろうか。

Alter2を用いたアンドロイド・オペラ“Scary Beauty”（渋谷慶一郎）.
日本科学未来館にてプレミア（2018年7月22日）

　いま新生ALIFE研究とともに、生まれてきた新しい哲学の息吹がある。それは思弁的実在論と呼ばれるもので、これまでの触ってわかるものという素朴な実在概念を超えて、人のこれまでの時間と空間のスケールを超えたところに出現するもの、あたまの中に生まれる概念も含む大きな実在概念を提唱している。

　ALIFEは、もともと細胞とDNAの配列を調べても、その中には、生きているとはなにか、は存在しない、ということから始まった。ALIFEにおいて生命とは、物質ではない。それはコンピュータの理論を考え、生命の形態形成のモデルを考えたアラン・チューリングの意志をついている。彼が、これが生命だ、これがこころだ、と手にとって示せないと言ったのと同じことだ。生命は今のところ、回路やある物質として取り出すことはできないのだ。

　ALIFEがコンピュータのシミュレーションであるうちは問題とはならなかったが、いま、アンドロイドやVR、ARといった仮想世界と現実世界がシームレスにつながり始めたとき、思弁的な実在論のほうが現実に即している。この新しい実在感の世界においては、人類が生み出す技術は、いままで以上に世界と「わたし」をつながったものとするだろう。だからこそ、ALIFEもまた蓋然性をもっているのだと思う。

　二〇一九年三月に、デュッセルドルフでアンドロイド Alter の最新型 Alter3 の展示が始まっている。この Alter は広隆寺の弥勒半跏思惟像にどことなく似ている。雰囲気だけではなく、記憶をベースにしつつ目の前の人に即した運動を模倣しながら動く。半分は自分のあたまのなか、半分は外の世界に接しながら半身で立つアンドロイドは、まさに半跏思惟像のダイナミックバージョンである。人はこうした異形のものと関わっていくことで、内なる新しい感情とそれに伴う新しい価値を発見していくことだろう。

　ボヘミアン・ラプソディのエンディングは、フレディ最後の渾身の一曲 THE SHOW MUST GO ON だ。感傷にひたっている場合ではない。新しい時代の風をうけて、駒場がつねにファイティング・スピリットを失わないように、I'm never giving in Oh-with the show。

新しい知を開拓する

3 折紙の科学——形、構造、計算

舘 知宏

折紙の科学

　筆者の主要な研究テーマは「折紙」である。「折り鶴」のように文字通りの折紙を発想の端緒として、立体的な形が持つ構造的性質を研究するものである。形が重要なので、必ずしもセルロースでできた紙を使う必要はない。例えば金属や複合材のシートを折り曲げたものを二枚の板に挟むと、軽量で堅い構造材料が作れる。波板を二枚の板で挟んだ段ボールのようなイメージだが、波板の代わりに繰り返しパターンを持った立体折紙を使うことで、高性能化したり欲しい曲面に沿わせたりできる。厚みのあるパネルをドアヒンジのようなジョイントでつないでメカニズムを設計したものは剛体折紙と呼ばれ、宇宙での展開構造物や折りたたみ仮設建築物への応用が試みられている。運ぶときはコンパクトに折りたたみ、必要なときだけ展開して使える。またロボットの筋肉や機構がシートを折って簡単に作れるので、柔らかいロボットへの応用も試みられている。折りたためる微細構造を単位モジュールとして空間充塡した立体パターンを作れば、ダイナミックに変化する新しいセル状材料が作れる。さらには昆虫の翅や外骨格の折りたたみの仕組みも、折紙というキーワードを共有しながら解明されつつある。

　このような科学的折紙研究は、アート・工芸・遊びとしての折紙と、数学・情報・物理・生物・工学・デザインといった諸科学分野がコラボレーションしあって発展している。その発展において特に「計算折紙」(Computational Origami) は、重要な役割を担っている。計算折紙は、折紙の性質を幾何学的に特徴づけ、立体形状や変形にまつわる問題を計算機で解けるようにし、さらにはソフトウェアを通して利用できるようにすることで、諸分野の橋渡しをしている。

堅くて柔らかい構造

　構造折紙と計算折紙の問題の例を、まずは柔らかさと堅さという切り口で紹介しよう。一般に展開構造物を「変形させる」場合、折りたたみや展開に寄与する「意図した変形のモード」と、外力などが加わったときに形が崩れたり壊れたりする「意図しない変形のモード」が存在する。展開可能なものを作るときは、意図した変形に対して柔らかくなるように設計するが、どうしても同時に意図しない変形にも柔らかくなってしまう、というジレンマにしばしば直面する。図1に示すジッパーチューブ構造はこのジレンマを解決したもので、筆者らが二〇一五年に発見した。意図した変形モードには非常に柔らかく、意図しない変形モード（のうちもっとも柔らかいモード）には非常に堅い。理想的な条件設定においては意図したモードの四〇〇倍の剛性となる。

ここで面白いのは、著しく高い剛性比という性質が、幾何制約や対称性によって特異的に発揮されていることである。ジッパーチューブ構造は二つの折りたたみできるチューブ構造が組み合わさっている。一つのチューブの断面形状を見ると平行四辺形をしているが、これを少しでも異なる形状（台形や一般の四角形）にしてしまうと、折り変形ができなくなる。すなわち意図した変形に対する剛性が急激に上がる。また、組み合わせの配置も非常に重要で、互いに平行移動して重なる位置で組み合わせた場合には剛性が発揮されず、滑り鏡像（鏡映反転と並進の組み合わせ）の位置で組み合わさったとき、意図しない変形に対する剛性が二桁上がる。こういった特異な構造を得るには、決まったプロトコルやアルゴリズムがあるのではなく、その多くはセレンディピティ、すなわち偶然の創造的発見によるものである。「モードの分離」というアイディアと、それを固有値解析で理解するアプローチ、また対称性による形状と充填の探索、機構シミュレーション、そして実際に紙を折って手で触ること、などさまざまな科学的トライアルを共同研究者と行ったことがうまく結びついて発見に至った。

何でも折紙で作れる

いま、筆者が取り組んでいるテーマの一つは「自己折り」である。発想の手掛かりは、生物が形を作る自己組織化の仕組みに

舘知宏（たち・ともひろ）

大学院総合文化研究科 広域科学専攻 広域システム科学系 准教授．専門は構造工学・計算幾何学．研究テーマは計算折紙と構造形態学．1982年生れ．米国科学アカデミーCozzarelli Prize（2015年），科学技術分野の文部科学大臣表彰若手科学者賞（2016年）など受賞．

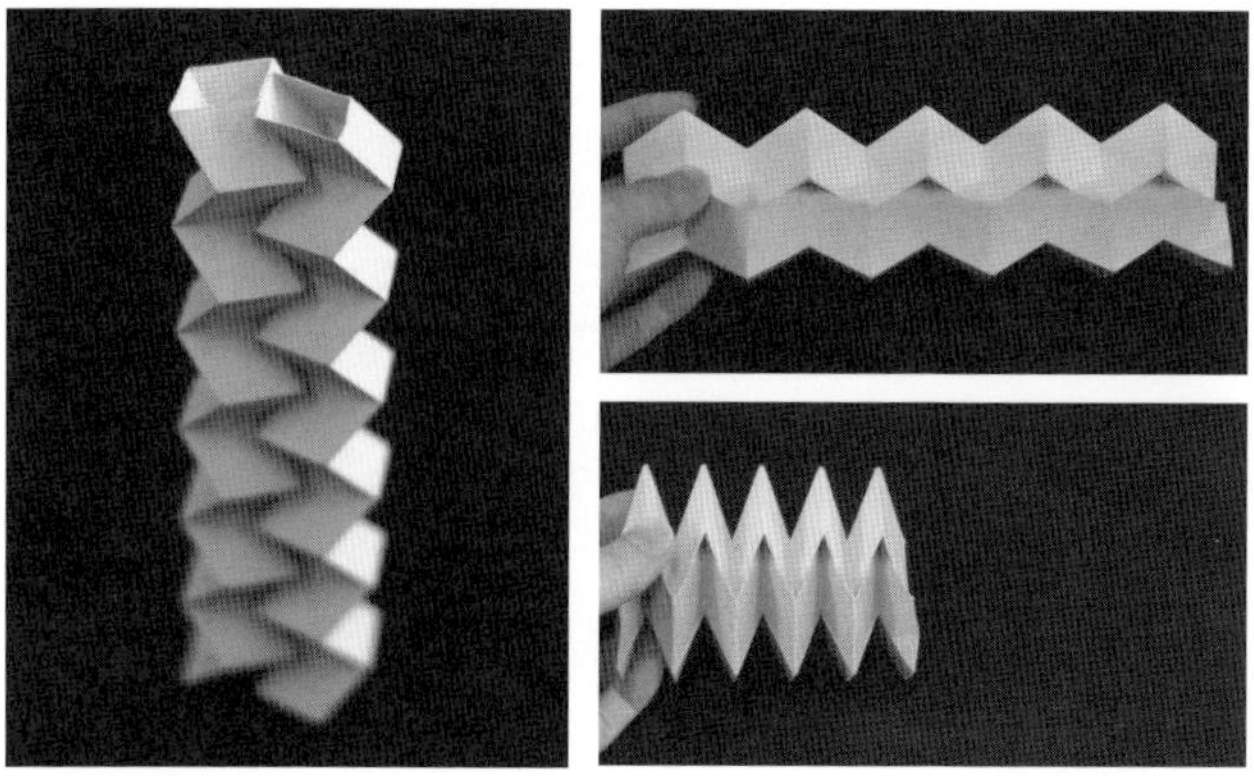

図1　ジッパーチューブ（E. Filipov と G. Paulino と協働）．高い剛性により，端部を駆動すると全体が速やかに展開する．二つの平行四辺形断面を持った折紙チューブで構成されている．

ある。生物は一般的な人工物とは違って、形を作るための機構が形・パターンとしてエンコードされて生体内に備わっている。生物が作る曲面は、細胞分裂によって成長する内在的変形と、材料自体が伸び縮みせずに折りたたんだり展開したりする等長変形（すなわち折り変形）の二種類が組み合わさってできている。たとえば、昆虫は脱皮を繰り返して成長するが、古いシェルの内部に新しいシェルを「折りたたんだ状態で」作製し、脱皮のときに等長的に「展開」するという戦略をとっている。折りたたんだ状態での形状生成は細胞分裂を伴う比較的ゆっくりした内在的変形を用いて、展開は材料の伸び縮みを含まない折り変形のみでスピーディーに行うのである。

「自己折り」はこのような生物の仕組みにインスパイアされている。とはいえ、現在の技術では、細胞分裂を伴う内在的変形は実際には制御が難しいので、折り変形にのみ着目している。熱や水分などに反応して材料が収縮・膨張することを利用して、平面シートに施したパターンを自律的に折りあげて立体化する技術が提案されてきている。折り線部分に沿って、表の層は伸びて裏の層は縮むようなパターニングすれば、山折り線が作れる、という考えかたである。

あるパターンを施すと、それに応じた折り上がりの立体形状が生まれる。それでは、欲しい立体形状を折りあげるにはどのようなパターンが必要だろうか？　この逆問題については計算折紙からのアプローチで解決される。筆者は、立体形状を入力すると、紙一枚から折るための折り線パターンを出力するソフト「オリガマイザ」を、本学の建築学専攻に在学時に作った（図2）。のちに、マサチューセッツ工科大学教授エリック・ドメイン氏との協働で、任意の多面体形状について折紙化ができることに数学的証明を与え、「実質的にどんな形でも折紙で作れる」ということを明らかにしている。

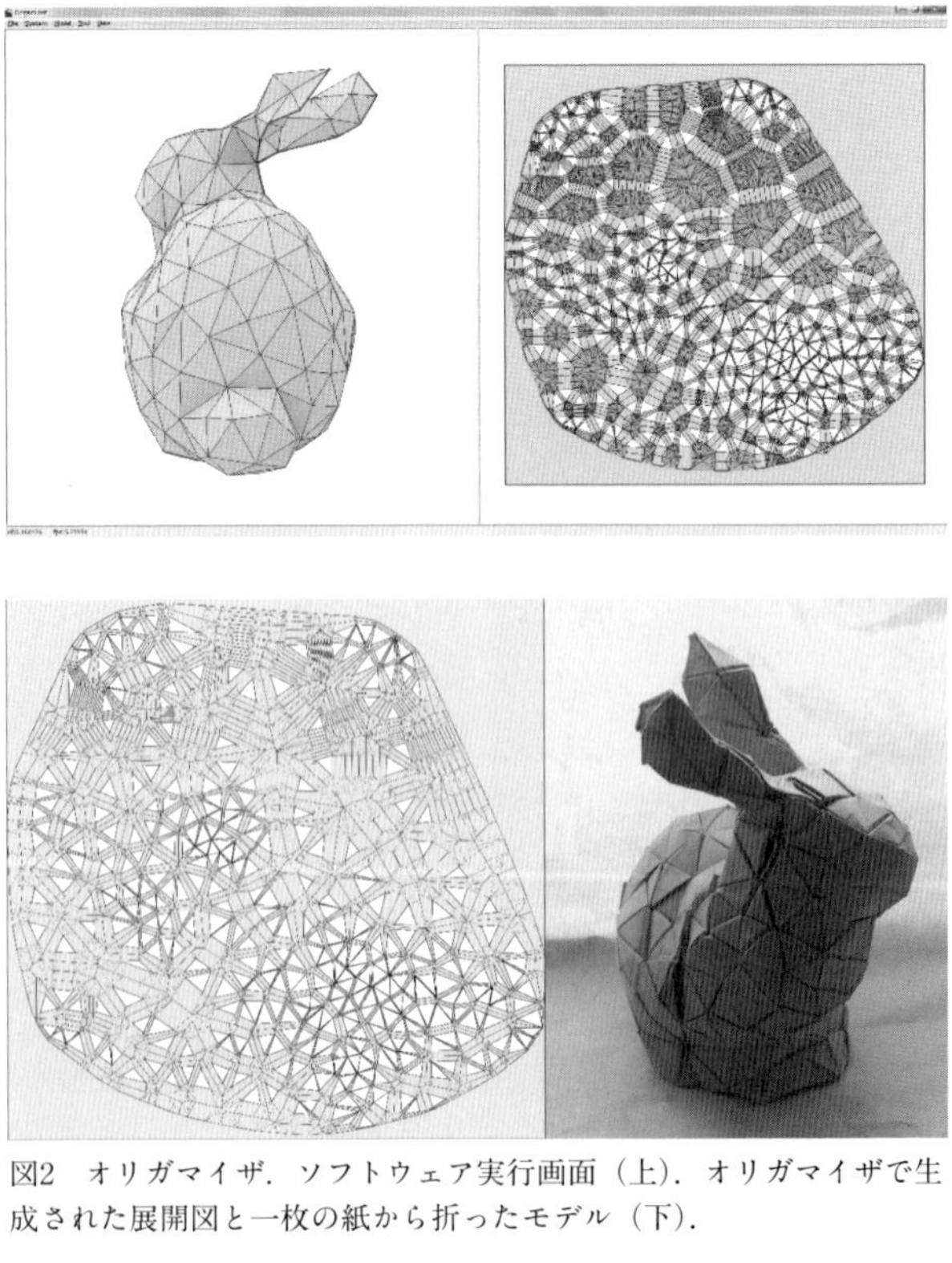

図2　オリガマイザ．ソフトウェア実行画面（上）．オリガマイザで生成された展開図と一枚の紙から折ったモデル（下）．

この材料科学と計算幾何学からのアプローチを組み合わせれば、欲しい人工物をパターン化し、プリンターで印刷し、電子レンジで温めたら勝手に折り上がって三次元構造となる、そんなものの作りかたができるのではないだろうか？　これは、私たち折紙研究者の長年の夢である。大量生産された商品を買う代わりに、自分の用途に合わせて欲しいものを計算し、印刷し、再度印刷しなおしてまた別の用途に使う、そのようなパーソナル・ファブリケーションの未来を描いている。そしてもちろん、筆者の負担（たとえば図2のウサギを折り上げるのに一〇時間かかった）も必要なくなるので嬉しい。

もちろん、この出自の異なる技術を組み合わせてうまく機能するものを作るというのは、そこまで単純な話ではない。典型的で本質的な問題を一つ紹介する。自己折りの材料技術が十分に発展して、すべての折り筋にかかる力がパーフェクトにコントロールできたとする。しかし、そのような仮定をした場合でも、平らな状態からスタートすると部分的に間違った折られかたをしてしまい、動きが中断して袋小路に入ってしまうという現象がおきることが分かっている。特に折り線が複雑になればなるほど、指数関数的にこういった「欠陥」が発生しやすく、折られかたが予測不可能になる。この問題は、実際の物質が持つ不完全性に帰結されがちであるが、実際にはもう少し本質的な現象である。というのは、この現象が示すのは「折った紙を開くのは簡単だが、平面から折るのは難しい」という、当たり前の事実だからである。

この予測不可能な現象は、紙をクシャクシャにしたときの折り目やガラスの割れ目など、破壊現象で見られるものと同じく、対称性の破れが伴っている。つまり平坦で完全に対称な状態から、少しでも立体的に折るためには対称性を崩す必要がある。このとき、複数の形・対称性の候補から一つのみが恣意的に選ばれる。これを分岐と呼ぶ。

分岐はやっかいだが面白い

分岐現象の最も簡単な例を図3に示す。一つの頂点に四本の折り線が接続するとき、この折り線パターンを折る折りかたは、ある向かい合った組を先に折るか、後に折るかの二通りになる。このような変形のしかたは配置空間という多次元の空間中の線として描画できるが、この描かれる線が枝分かれ、すなわち文字通り分岐している。折紙をスタートさせるときの「平らな状態」からは、このような枝が折り線の数に対して指数関数的に増加してしまう。これが、自己折りの厄介さの原因である。

しかし、分岐現象は厄介なだけではない。モードの分岐をうまく利用すれば、同じ形からスタートしても、複数の形、複数の機能に切り替え可能なものが作れる。例えば図4に示すのは、八面体にも立方体にも折れるメカニズムである。いくつかのものに折れる、という考えかたを発展させれば、環境条件や使用条件に応じて形を変える建築物やメカニズムを切り替えて使えるロボットが作れるのではないだろうか？　あるいは内部構造が切り替わることで材料の堅さを示すヤング率や縦方向と横方向のひずみかたの関係を表すポアソン比などの材料定数が変化し、「堅さ」「柔らかさ」を再プログラム可能な物体が作れるのではないかと考えている。厄介な分岐現象を手なずけるために、筆者らは分岐の発生とパターンの対称性との関係性に着目している。初めから対称性を崩しておくことで、上手いこととモード分岐が「枝狩り」されて、この問題が解決できるのではないか、という仮説をたてて現在研究を進めている。

形の実験

筆者の興味は折紙研究に限らず、形や変形がどのように作られ、どのような現象を起こすかを解き明かすことと、そしてその知見に従って形を設計することにある。これは同じことを、それぞれ理学的視点、工学的視点で述べたもので、中心の興味は一体である。読者にも形への興味をもっていただくきっかけとして、駒場で開講している図形科学の授業（図形科学演習Ⅰ）から簡単な実験を一つ紹介する。楽しいので是非試してみてほしい。箱の底に穴を複数適当に開ける。この中に砂（あるいは小麦粉など）を入れて箱を持ち上げよう。すると図5左のようなパターンが生まれる。なぜこのようなパターンが生まれるのか、このパターンは何なのか、というのが問いである。

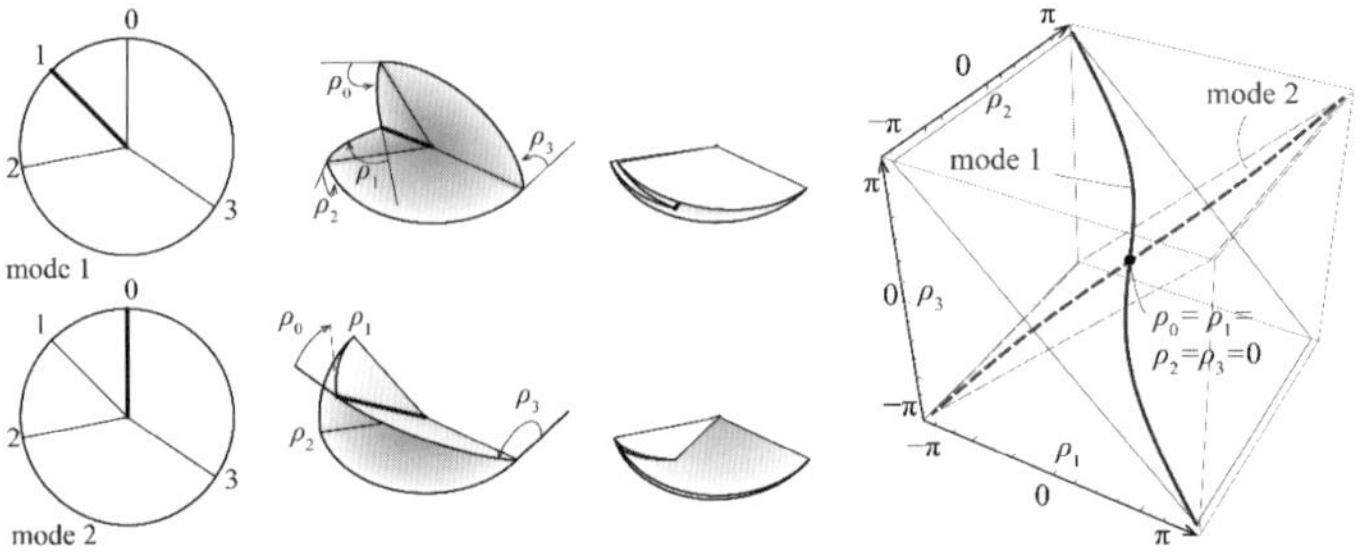

図3　折紙のモード分岐．左：二つの折りモード．Mode 1は0, 2の折り線が早く折られ，Mode 2は折り線1，3が早く折られる．右：それぞれの折り線の回転角度を四次元空間にプロットした配置空間（実際には三次元に投影して描いている）．二つの線の交点が平らな状態に対応し，そこからモードが分岐する．

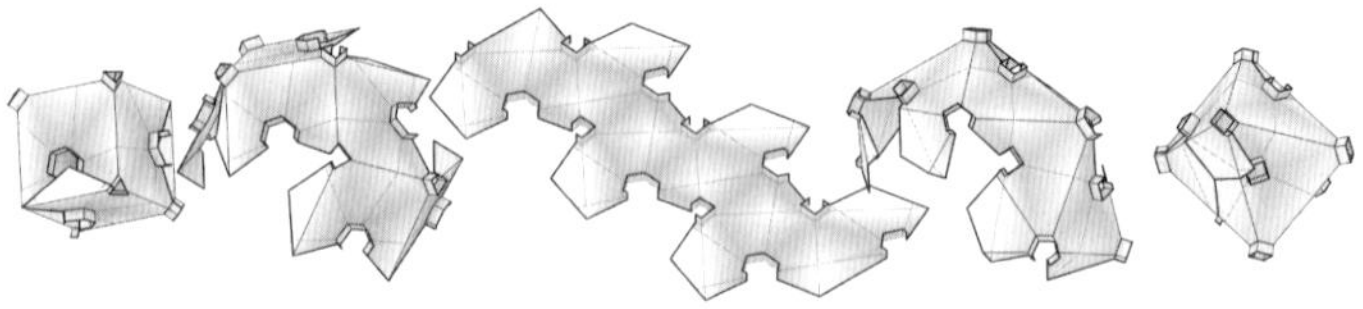
図4　同じ形から正六面体（左）と八面体（右）とに折れるメカニズム．モードの分岐を利用している．堀山貴史と協働．

砂がすり鉢状の斜面から転げ落ちる直前、その摩擦力は砂粒にかかる重力の斜面に沿った成分と拮抗しているはずである。摩擦力の最大値は重力の斜面に直交する成分に摩擦係数をかけたものなので、結局この斜面の傾きが摩擦係数より高ければ砂は転げて積もることができず、斜面の傾きが低ければ砂が積もって傾きが増すという系をなす。このような系では最終的にすべての斜面が一定の角度を持ったところで安定する。このようにしてできる斜面の角度は「安息角」と呼ばれる。

安息角は砂の種類が決まれば一定なので、一つ穴をあけると穴からの距離と高さは比例し、すり鉢状の曲面、すなわち円錐が構成される。さて、穴を二つ開ければ、同じ傾きの円錐が二つ構築される。これらが互いに干渉するとすり鉢の形状はその円錐の相貫体（結合）になる。この円錐どうしの相貫線は二つの穴からの距離が等しくなっているはずなので、真上から見る（すなわち水平面に直投影する）と、穴と穴を結ぶ線分の垂直二等分線になっているはずである。ちなみに真横から見れば（実形視すれば）、円錐を平面で切った円錐曲線であり、この場合、双曲線になっているはずである。

こんどは穴を三つにすると、三つの円錐は同時に一点で交わる。さて、ここで問題。この図形を真上から見たとき、交わる一点はどの位置にあるでしょうか？　中学校の幾何の知識を思い出して考えてみてほしい。さて、さらに穴をn個に拡張して考えると、平面全体をn個のすり鉢領域に分割していることになる。あるすり鉢領域内の点から最も近い穴は、そのすり鉢を構成する穴である。このように距離が最も近い点に対して領域を割り当てる図はボロノイ図と呼ばれ、計算幾何学の基本的な図形・領域分割である。最後に、穴ではなくて閉多角形に板を切り取って砂の中から静かに持ち上げる。こうすると寄棟《よせむね》屋根のような形ができる。ところが普通の屋根とは異なって、何やら曲線がところどころに入っている（図5右）。この曲線は何？　なぜこの形ができるのか？　教養学部前期課程授業「図形科学演習Ⅰ」では、こういった問題を学生と考えている。

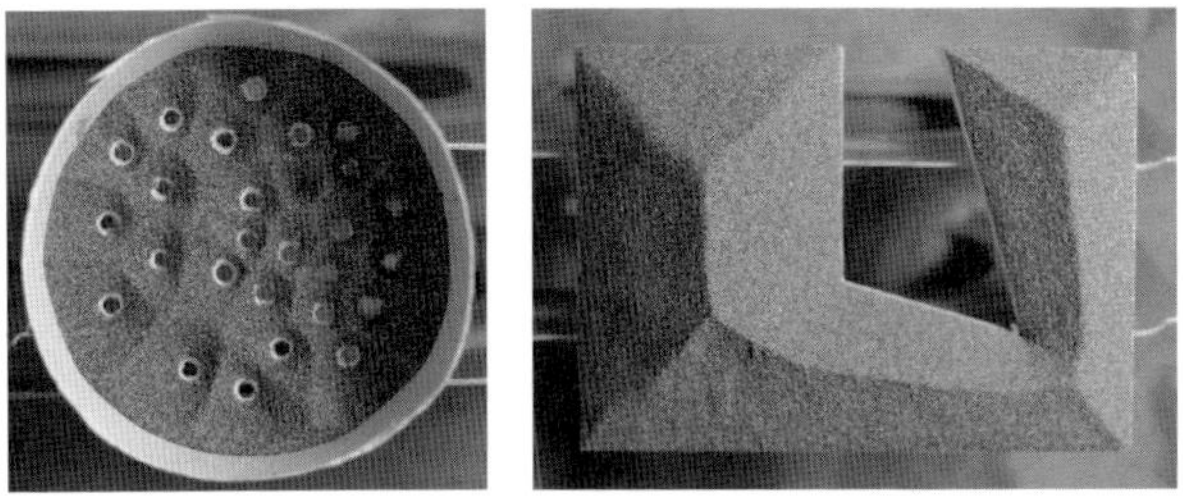

図5　砂の斜面のパターン．左：複数の穴を開けるとボロノイ図ができる．右：多角形の輪郭を与えると，曲線を含んだボロノイ図が生成される．

学際研究と駒場

折紙研究の世界は、芸術、科学、情報学、工学、建築といったそれぞれの専門のサブプロブレムではなく、一つながりの学術的興味の雲が既存の領域をまたいでいる。これは特殊なケースではなく、世の中で見受けられる問題や最先端の学術的問いは、実のところ一つの分野に閉じていることのほうが珍しく、分野間のコラボレーションで解かれることが増えてきている。

こういった学際研究のスタイルは、見えている目標に向かって競争的に研究を進める「選択と集中」モデルの対極ともいえる。ある問題を協働的に解く過程では、今まで見えなかった新たな問いが見えてくることが多い。また既に知られている問題どうしの関係が見えてくることもある。このように様々な知見がつながっていくスリリングな過程にセレンディピティは潜んでいる。

東京大学、そして特に駒場は、学際研究に必要な基礎力をはぐくむうえで優れた環境である。筆者は東京大学の教養学部在学時に折紙創作を始めた。子供のころに好きだった「折紙」に、駒場で得た数学、図形科学、プログラミングなどの知識を惜しみなく投入することのワクワク感に突き動かされた。結局はこのテーマに、専門で進んだ建築や情報の視点が加わることで、ライフワークの研究テーマが確立した。

在学生の皆さんには是非、駒場のうちにいろいろな問題について考えること、そして後期課程に入ってからも他学部の科目を積極的に受講することをお勧めしたい。ここでいう「いろいろな問題」とは、「意識とは何か」といった大きいテーマよりは、「ゆでたグリンピースのしわの形」など身の回りのものを想定している。身の回りの現象に対する縦横無尽な視点や語り口については、物理学者で随筆家としても著名な寺田寅彦の著作、『自然界の縞模様』や『茶わんの湯』などを是非参考にしてほしい。ちなみに、これらの著作の当時では未解決であった問題も近年解決を見ているものも多いので、そのあたりも併せて調べてみると面白い。

教養学部の魅力——知の多様性

教養学部は、その構成員の専門分野の多様性において東大一である。構成教員が申請している科学研究費補助金の分野分布（二〇一五年度）をみると、九九分野にもわたっている（図1参照）。この図を見ればわかるように、人文学、社会科学、総合理工、数学、物理学、化学、工学、総合生物そして情報学、環境学、複合領域の専門家が、駒場キャンパスに集合している。日本の学術の多様性のかなりの部分を駒場構成員が支えているといっても過言ではないと思う。この知の多様性が、教養学部の魅力である。

4 科学技術と社会——知の責任とリベラル・アーツ

藤垣裕子

私の専門分野である科学技術社会論（ＳＴＳ）は、教養学部の魅力と響き合っているところがある。たとえば、科学技術社会論が対象とする課題には、地球温暖化にどう取り組むか、ゲノム編集技術や遺伝子操作をどこまで社会は許容すべきか、人工知能研究をどうコントロールするか、原子力ガバナンスはどうあるべきか、などがある。こういった最先端科学技術が社会との接点でおこる課題に対処するとき、先端科学技術の専門家はもちろんのこと、社会科学者や人文学者からの意見は不可欠である。そのため、多様な背景をもつ同僚は、さまざまな刺激を与えてくれる。

科学技術と社会との接点に生起する問題は日々更新されている。二〇一一年東日本大震災直後は、原子力発電所の安全性をどう確保するか、将来のエネルギー選択をどうするか、災害にどう対処するかに焦点があたった。二〇一九年現在であれば、人工知能研究やゲノム編集技術、気候工学といった技術を社会がどうコントロールするかが問題となろう。知の責任は、科学技術の進展とともに毎年更新されているのである。

現代の日本が抱える課題群は、科学技術を抜きには考えられない。しかし同時に、科学知や技術知だけでも解決できない社会の諸側面の課題が多くある。それらにどう対処するか。そのために参考となる考え方を提起するのが科学技術社会論である。この学問分野では、科学と技術と社会とのインタフェースに発生する問題について、社会学、人類学、歴史学、哲学、政治学、経済学および科学計量学、科学技術政策論などの方法論を用いて探求をおこなっている。伝統的な専門領域に拘束されずに学際的にアプローチし、知識論、政策論、技術の使用と発展、科学の公共理解、科学コミュニケーションなどの研究を展開している。本分野の国際会議（4S: Society for Social Studies of Science）は一九七六年に設立され、その欧州版（European Association for Science and Technology Studies）は一九八一年に、日本の科学技術社会論学会は二〇〇一年に設立されている。日本の科学技術社会論学会は、二〇一〇年に上記国際会議4Sを日本に誘致し、合同での国際会議を駒場キャンパスで開催している。

藤垣裕子（ふじがき・ゆうこ）
大学院総合文化研究科 広域科学専攻 広域システム科学系 教授．専門は科学技術社会論．研究テーマは科学者の社会的責任論．1962年生れ．著作に『専門知と公共性――科学技術社会論の構築にむけて』（東京大学出版会，2003年），『科学者の社会的責任』（岩波書店，2018年）など．

科学技術社会論から得られる展望

東京大学入学者選抜要項をみると、理科一類では「数学、物理学、化学を中心にして数理科学・物質科学・生命科学の基礎を学び、自然の基本法則に関する探究心を養う。科学や技術と社会の関わりについても理解を深めます」とある。また、理科二類では「生物学、化学、物理学を中心にして生命科学・物質科学・数理科学の基礎を学び、自然の諸法則に関する探究心を養い、科学や技術と社会の関わりについても理解を深めます」、理科三類では「生物学、化学、物理学を中心にして生命科学・物質科学・数理科学の基礎を学び、人間についての探究心を養い、生命と社会の関わりについても理解を深めます」とある。つまり、理系の三つの科類では、常に「科学や技術と社会の関わり」「生命と社会の関わり」への理解を深めることが特徴になっているわけである。このような関わりについて理解を深めるうえで骨格となる研究基盤を与えてくれるのが、科学技術社会論である。

それでは一年生が科学技術社会論を学ぶとどんな展望が開けるのだろうか。たとえば、科学者の卵が身に着けるべき社会的リテラシー（自らの研究成果が社会のなかにどう埋め込まれ、展開されていくのか想像できる能力）や、市民が科学に対して持っているイメージと、現実の研究の間のギャップなどを考えるための基礎力が身に着く。どちらも、東日本大震災直後、日本社会にやや欠けていたことが示唆され、日本学術会議や科学技術学術審議会などで今後の日本社会で必要となる力と指摘されたものである。また、科学技術社会論を学ぶと、科学ジャーナルの査読がどのようなシステムのもとで運営されているか、一般市民と科学者共同体とでは査読についてどのような捉え方の違いがあるのか、などに対する知見も得られる。こうした知見は、ねつ造論文が発覚したときに社会にどう影響を与えるかを理解するのに役立ち、研究不正というものを自分ごととして捉えるうえでも役立つ。

加えて駒場キャンパスには、大学院レベルでこの知見を深めていくために「科学技

分科	細目	
複合化学	機能物性化学	9
複合化学	合成化学	1
複合化学	分析化学	3
複合化学	生体関連化学	2
材料化学	有機・ハイブリッド材料	1
材料化学	デバイス関連化学	1
工学（分野）		
プロセス・化学工学	触媒・資源化学プロセス	2
総合生物（分野）		
ゲノム科学	ゲノム生物学	1
生物科学	分子生物学	4
生物科学	構造生物化学	2
生物科学	機能生物化学	3
生物科学	生物物理学	12
生物科学	細胞生物学	6
生物科学	発生生物学	3
基礎生物学	植物分子・生理科学	11
基礎生物学	進化生物学	2
基礎生物学	生物多様性・分類	1
基礎生物学	生態・環境	3
境界農学	応用分子細胞生物学	2
基礎医学	生理学一般	1
基礎医学	薬理学一般	1
基礎医学	病態医化学	1
社会医学	疫学・予防医学	1
内科系臨床医学	神経内科学	1
外科系臨床医学	整形外科学	1
時限（分野）		
	震災問題と人文学・社会科学	1
連携探索型数理科学（分野）		1
紛争研究（分野）		1
遷移状態制御（分野）		2
構成的システム生物学（分野）		5
	計	266

術インタープリター養成プログラム」が用意されている。上記で述べた社会的リテラシーの養成を行い、科学技術と社会を結ぶ人材を育成するための大学院副専攻プログラムである。ここでは、現在欧州で主に展開されているRRI（Responsible Research and Innovation／責任ある研究・イノベーション）概念も含め、科学者の社会的責任についても学ぶ。

ジャーナル共同体——異分野摩擦論

筆者は一九九〇年から九六年まで東京大学教養学部基礎科学科第二に助手として勤務していたが、その構成教員は基礎Ⅱセミナーという勉強会を開いていた。当時の資料をみると、宇宙物理学の恒星進化論、生物集団行動のシミュレーション、荷電粒子と結晶との相互作用、図形認識研究……と多岐にわたる構成教員が自らの研究を紹介し、学科の教育理念を真摯に語り合った記録が残っている。基礎科学科第二は一九八一年に設立され、「学際的総合性を研究・教育の基本理念とし、現代社会が直面する複合的問題に対処する」ことを理念として掲げていた。しかし、理念的要求に学術的研究を合致させようとする企ては、実証科学の成果の蓄積という基準に適合しない限り、その多くが頓挫する。基礎科学科第二の問題点は、その理念的要求そのものに合致する成果の蓄積を発表する学術雑誌（たとえば『学際とシステム』というような雑誌）をもたないことであった。一つのジャーナルでの編集・投稿活動が科学者集団の成果の蓄積、互いの切磋琢磨、後継者の育成などの求心力として役立つのだとすると、そのようなジャーナルをもたない学科構成員は、どういう戦略を立てたらよいのだろうか。いつでも新しい分野を作る人材養成の場となる「学際のマグマ」として機能することは可能だろうか。これが当時の私の切実な問いだった。

一癖も二癖もある物理・化学・生物・宇宙地球・情報の各分野にわたる学科構成教員は、さまざまな場面で論戦を展開した。彼らを観察していて、私は「ジャーナル共同体」「異分野摩擦」といった概念を考えつき、彼らの行動を記述することに成功した。

ジャーナル共同体とは、専門誌の編集・投稿・査読活動を行う共同体を指し、たとえば物理学なら*Physical Review*、生物学なら*Cell*などの雑誌がこれにあたる。*Science*や*Nature*といった雑誌は自然科学のすべての分野を扱うが、ふつうは細かな分野ごとにジャーナル共同体が形成されている。この共同体は、科学的知識の生産における品質の保証、評価、後進の育成、予算の獲得に大きな役割を果たす。

分科	細目	
情報学（分野）		
計算基盤	ソフトウェア	1
計算基盤	高性能計算	3
人間情報学	認知科学	8
人間情報学	ヒューマンインタフェース・インタラクション	1
人間情報学	知能情報学	2
人間情報学	ソフトコンピューティング	1
人間情報学	知能ロボティクス	2
人間情報学	感性情報学	2
情報学フロンティア	生命・健康・医療情報学	2
情報学フロンティア	図書館情報学・人文社会情報学	2
環境学（分野）		
環境解析学	環境動態解析	1
環境創成学	環境政策・環境社会システム	1
複合領域（分野）		
生活科学	衣・住生活学	1
科学教育・教育工学	科学教育	1
科学教育・教育工学	教育工学	1
科学社会学・科学技術史	科学社会学・科学技術史	7
人間医工学	リハビリテーション科学・福祉工学	1
健康・スポーツ科学	身体教育学	2
健康・スポーツ科学	スポーツ科学	6
健康・スポーツ科学	応用健康科学	2
生体分子科学	生物分子化学	3
脳科学	基盤・社会脳科学	1
脳科学	脳計測科学	2
総合人文社会（分野）		
地域研究	地域研究	7
ジェンダー	ジェンダー	1
人文学（分野）		
哲学	哲学・倫理学	4
哲学	宗教学	1
芸術学	美学・芸術諸学	1
芸術学	美術史	1
芸術学	芸術一般	1
文学	日本文学	1
文学	英米・英語圏文学	4
文学	ヨーロッパ文学	5
文学	文学一般	3

分科	細目	
言語学	言語学	10
言語学	英語学	1
言語学	日本語教育	2
言語学	外国語教育	1
史学	アジア史・アフリカ史	2
史学	ヨーロッパ史・アメリカ史	3
史学	考古学	2
人文地理学	人文地理学	1
文化人類学	文化人類学・民俗学	4
社会科学（分野）		
法学	基礎法学	1
政治学	政治学	8
政治学	国際関係論	6
経済学	経済政策	2
社会学	社会学	3
心理学	社会心理学	1
心理学	臨床心理学	2
心理学	実験心理学	4
総合理工（分野）		
ナノ・マイクロ科学	ナノ材料工学	1
ナノ・マイクロ科学	ナノバイオサイエンス	2
ナノ・マイクロ科学	ナノマイクロシステム	1
応用物理学	薄膜・表面界面物性	1
応用物理学	光工学・光量子科学	1
応用物理学	プラズマエレクトロニクス	1
数物系科学（分野）		
数学	解析学基礎	1
天文学	天文学	1
物理学	素粒子・原子核・宇宙線・宇宙物理	2
物理学	物性Ⅰ	1
物理学	物性Ⅱ	7
物理学	原子・分子・量子エレクトロニクス	7
物理学	生物物理・化学物理・ソフトマターの物理	2
地球惑星科学	固体地球惑星物理学	2
地球惑星科学	地質学	4
地球惑星科学	地球宇宙化学	1
化学（分野）		
基礎化学	物理化学	8
基礎化学	有機化学	1
基礎化学	無機化学	2

図1　科学研究費助成事業 応募状況（2015年応募状況）

　異分野摩擦とは、分野が違うと知識の妥当性判断の基準や適切な方法論として選ばれるものが異なり、衝突を起こすことを指す。異分野の研究者同士が協働しなくてはならない場面（学際研究や各種委員会など）でよく発生する。異分野摩擦は、異なる「妥当性境界」のぶつかりあいとして説明することができる。妥当性境界は、ジャーナル共同体ごとに形成される。あるジャーナルに投稿された論文のうち、査読によってある論文は掲載許可（アクセプト）され、ある論文は掲載拒否（リジェクト）される。この査読者の諾否の判断の積み重ねによって作られる境界が妥当性境界である。つまり妥当性要求水準ははじめからあるのではなく、査読の積み重ねによって作られるのである。明文化されていないが、集団の経験として境界が形成され、同じジャーナル共同体に属する研究者はふだんはこの境界を無意識に内化している。そして、別の境界に「出会った」ときにはじめて意識化されるのである。

　同じ専門分野の人間だけの閉じられた空間で話をしているといつのまにか壁が作られてしまうメカニズムは、ジャーナル共同体や妥当性境界を使って説明することができる。そして異分野のひとたちの意見があわないことの理由も、これらの概念を使って説明することが可能になる。学科内の異分野研究者の衝突と論戦を観察していてこれらの概念を思いついた経緯は、『サピエンス全史』を著したユヴァル・ノア・ハラリ氏がイスラエルの地でユダヤ教とキリスト教とイスラム教がいがみあう構図を観察しながら、人間の「フィクションを語る能力」に注目して人類の歴史を描こうとした過程と少し似ているかもしれない。

教養とは何か

さて、異分野摩擦の話は、教養の話とつながってくるのであるが、まずは教養とは何かについて考えてみよう。

教養（culture）の語源はラテン語の動詞colereであり、土地を耕す意味からこころを耕す意味に転じたとされる。東京大学前期課程の教養は、「専門科目を学ぶ前にこころを耕すこと」であり、後期課程で学ぶ学問の土台となる。国立大学法人のなかで唯一教養学部をもつ東京大学では、初代学教養部長・矢内原忠雄が学部創立時に、「ここ（教養学部のこと。引用註）で部分的専門的な知識の基礎である一般教養を身につけ、人間として片よらない知識をもち、またどこまでも伸びて往く真理探求の精神を植えつけなければならない。その精神こそ教養学部の生命なのである。」と述べている。「部分的専門的な知識の基礎」「片よらない知識」「どこまでも伸びて往く真理探求の精神」という記述は、「専門科目を学ぶ前にこころを耕すこと」に注目したものと考えてよいだろう。

さらに東京大学では、後期教養教育として学部後期課程および大学院での教養教育もすすめているが、こちらのほうは「専門科目を学びながら、あるいは学んだあとにこころを耕すこと」と考えられる。専門分野を再考し、他分野や他者に関心を持ち、知のプロフェッショナルとして柔軟かつ責任ある思考ができる素地を培うことといえるだろう。

東京大学の戦後初代総長・南原繁は、「教養の目指すところは、諸々の科学の部門を結びつける目的や価値の共通性についてであり、……われわれの日常生活において、われわれの思惟と行動を導くものは、必ずしも専門的知識や研究の結果ではなく、むしろそのような一般教養によるものである。」と述べている。この定義では、「専門科目を学びながら、あるいは学んだあとにこころを耕すこと」にも注目しているといえるだろう。

実は前項でのべた異分野摩擦は、専門家の教養への出発点となる。異分野の人との議論を通して、まず専門が違うとこんなにも視点や発想が異なるのかということに驚かされる。「専門が違うことによる違い」に驚くのである。次に自らの妥当性境界に気づく。日頃いかに無意識に専門分野特有の視点で偏ってものをみているかということに気づくわけである。そして、あらためて自分の専門分野の知識を言語化することの難しさ、そして自分の妥当性境界を言語化することの難しさを実感する。そのことを通して、今まで見過ごしていた自分の土台（妥当性境界）を再確認し、人に説明しようと努力し、暗黙の前提となっている妥当性境界に立ち返りながら議論をすすめる。このようにして、それぞれの妥当性境界が相対化され、あるいはそれぞれの固定されていた価値観や先入観が少しほぐれ、多角的に物事を考えることができるようになる。これこそが南原先生のいうところの「教養の目指すところ」であり、「諸々の科学の部門を結びつける目的や価値の共通性についてであり、われわれの思惟と行動を導くもの」となるのである。

リベラル・アーツとこれからの社会

東大憲章には、「東京大学は、学部教育において、幅広いリベラル・アーツ教育を基礎とし、多様な専門教育と有機的に結合する柔軟なシステムを実現し、かつ、その弛まぬ改善に努める」という文章がある。ここで教養ではなくリベラル・アーツという言葉を使っているのであるが、両者の概念について考えてみよう。

教養を論じるときに避けて通れない概念として、少なくとも以下の三つのものがある。一つめは古代ギリシャを源流とするラテン語の artes liberales（アルテス・リベラレス。英訳はリベラル・アーツ）を語源とするもので、人間が奴隷ではなく自立した存在であるために必要とされる学問を意味する概念である。この概念は、ローマ時代の末期に自由七科（文法学、修辞学、論理学、代数学、幾何学、天文学、音楽）の形で具現化され、中世ヨーロッパの大学での教育の礎を提供した。二つめは近代国民国家の形成とともに、ドイツを中心に大学の役割を定式化するために据えられた Bildung（人格の陶冶）概念に基礎をおくものである。近代産業社会の発展にともなって知識が断片化される力に対抗して、文化の「全体性」にむけて個人を陶冶する力を涵養することこそ大学の使命とされた。その意味では、Bildung を源とする教養概念はきわめて国民国家主義的なものである。三つめは二〇世紀の米国で、専門教育と対置する形で言及されるようになった一般教育（General Education）の概念である。すべての人が自由であることを掲げる民主主義国家アメリカでは、すべての構成員に対する教育が必須であり、古代の奴隷制社会における貴族主義的理念構造をもつリベラル・アーツ概念が批判されたのである。

東大憲章で用いているのは一つめのリベラル・アーツである。その自由の意味でとらえるのではなく、現代的自由の意味を奴隷制からの自由といった身分制の文脈でとらえたのだと考えられる。現代の人間は自由であると思われているが、実はさまざまな制約がある。たとえば日本語しか知らなければ、他言語の思考が日本語の思考とどのように異なるのか考えることができない。ある分野の専門家になっても、他分野のことを全く知らないと、目の前の大事な課題について他分野のひとと効果的な協力をすることができない。気づかないところでさまざまな制約を受けている思考や判断を解放させること、人間を種々の拘束や制約から解き放って自由にし、そのことによって責任をはたすための知識や技芸がリベラル・アーツである。

このように考えてくると、リベラル・アーツは自分の分野の「妥当性境界」の制約を受けている思考を解放することだと考えられる。我々は自由なようで囚われている。知らなければ囚われていることにさえ気づけない。教養学部は九九の細目にわたる分野の研究者が一堂に会し、リベラル・アーツを理念として、その真理探究の精神を学生と共有する喜びに満ち溢れた稀有な場である。これからの社会を担う若い人たちを育てるうえで、最適の環境と考えられる。

文化の真相に迫る

1 一人で辞書作り──フランス語語彙論・文献学

松村 剛

二〇一五年にパリで出版した拙著『中世フランス語辞典』(*Dictionnaire du français médiéval*)は、思いがけずアカデミー・フランセーズから二〇一六年にフランス語圏大賞を、日本学士院から二〇一八年に恩賜賞・日本学士院賞を授与された。

フランス語圏大賞とは、フランス学士院を構成する五つのアカデミーの中で一六三五年に創設された最古の組織が「フランス語の維持と顕揚のために極めて優れた貢献を自国で、また国際的に行なったフランス語使用者の業績」に与えるもので、毎年一名に賞金とともに本賞が、次点の者にメダルが授与される。アカデミー・フランセーズが授与する賞の中で最高位に位置づけられるそうで、毎年五件程度にメダルが与えられる「フランス語フランス文学顕揚賞」とは区別される。スイスのジャン・スタロバンスキー、ポーランドのブロニスワフ・ゲレメクといった人たちが並ぶ歴代本賞受賞者の中で日本人は唯一人、かつて駒場で教鞭をとりパスカル研究で著名な前田陽一先生だけで、一九八七年の先生の受賞以来、ほぼ三十年ぶりに私が受けたことになる。

一方の恩賜賞・日本学士院賞は、「学術上功績顕著な科学者を優遇するための機関」として一九〇六年に創設された日本学士院(当時は帝国学士院。現在の名称は一九四七年以後)が「学術上特にすぐれた論文、著書その他の研究業績」に対して毎年授与しているもので、日本学士院賞は年九件以内、その中から推薦されて人文科学と自然科学の各一件以内には重ねて恩賜賞が与えられるという仕組みである。一九六一年以降に限ると駒場には十二名の日本学士院賞受賞者がいるが、恩賜賞は「金史研究」の三上次男先生(一九七四年)と「初期発生における形態形成の基礎的研究」の浅島誠先生(二〇〇一年)の二名である。

参考までに日本学士院賞受賞者一覧で全国のフランス語フランス文学研究者を探すと、一九七四年「ローランの歌と平家物語」佐藤輝夫、一九八一年「パスカル『パンセ』注解第一」前田陽一、一九八二年「パスカルの数学的業績」原亨吉、二〇〇一年「デカルトの自然哲学」小林道夫、二〇〇五年「パスカル考」塩川徹也、二〇一二年「プルーストと絵画芸術」吉川一義といった先生方が見つかる。そのうち恩賜賞も受けたのは大阪大学の原先生と京都大学の吉川先生である。

十九～二十世紀の先人たち

二段組三五〇〇頁、五万六二一二項目からなる拙著は、中世フランス語を現代フランス語で説明した一巻本の辞書である。日本語では一冊本『古語辞典』は多数流通しているので、一巻本『中世フランス語辞典』を作成してニュースになるのか、ましてや賞の対象になるのかと思う方も多いであろう。実は、中世フランス語を中学高校で学習しないフランスでは、中世語（八四二年から十五世紀までの北フランス語。ただし、イングランド、イタリア、十字軍時代のエルサレム周辺などで書かれた文献も含む）に関して、大部な辞書はあるものの、一冊本で信頼できる辞典は存在せず、拙著はその欠落を埋めることを目指したのである。言うまでもなく一人の力で作るには限界があり、前記の受賞は何も保証はしない以上、拙著を見てもっとよい辞書を作るべきだと考える方々には、ぜひ拙著に代わる名著を刊行していただきたい。

すでに存在する大部な辞書を機械的に処理すれば短期間に一巻本の辞典などできるはずだと想像する人は少なくないだろう。しかし、その手法でフランスのラルース社から一九六九年に出版された『古フランス語辞典』（Algirdas Julien Greimas, *Dictionnaire de l'ancien français*）は多くの誤りを含み、不十分な記述に満ちていた。英国で作られ、ケンブリッジ大学出版から二〇〇〇年に上梓された中世フランス語を英語で説明する辞書（Alan Hindley, Frederick W. Langley and Brian J. Levy, *Old-French-English Dictionary*）も同様で、無残に間違いだらけであった。これらの辞書は刊行直後から書評で厳しく批判されたとはいえ、誰も代わるものを作ろうとはしなかった。必要がないと思っている学者もいたが、必要を感じつつ自力ではできないと諦めていた人もいたようだ。

必要がないと思った人は、十九世紀後半以降本格的に中世フランス語フランス文学が研究されてきて、一八八〇年から一九〇二年にゴドフロワが十巻本の辞書（Frédéric Godefroy, *Dictionnaire de l'ancienne langue française et de tous ses dialectes du IX*^{e} *au XV*^{e} *siècle*）を刊行し、トブラーとローマッチとその後継者たちが一九二五年から二〇〇二年に十一巻本の辞書（Adolf Tobler und Erhard Lommatzsch, *Altfranzösisches Wörterbuch*）を出版し、ヴァルトブルクとその弟子たちが一九二二年から二〇〇二年に二十五巻本の『フランス語語源辞典』（Walther von Wartburg, *Französisches Etymologisches Wörterbuch*）を上梓した以上、それらを使

松村　剛（まつむら・たけし）
大学院総合文化研究科 言語情報科学専攻 教授．専門は中世フランス文献学．研究テーマは文献学，語彙論．1960年生れ．著作に *Dictionnaire du français médiéval*（Paris, Les Belles Lettres, 2015,『中世フランス語辞典』）など．フランス学士院碑文・文芸アカデミーよりランティエ賞（2000年），アカデミー・フランセーズよりフランス語圏大賞（2016年），日本学士院賞・恩賜賞（2018年）受賞．

えば十分だと判断していたのであろう。

しかし、これらの辞書はすべて完璧なわけではない。互いに異なる記述をしている場合が見受けられるだけでなく、十分な文献学的な調査が行なわれなかったために、たとえば十六世紀の刊本でのみ知られている作品を十四世紀のものとして中世の文献に含めた場合もあれば、校訂版作成者が写本を読み違えて印刷したため、混入した、存在しない単語（幽霊語）を収録した場合もあり、単語や表現の解釈がかならずしも適切ではない場合もある。そういった間違いの多くは、何世代にもわたる語彙研究者が著書や学術誌に発表した論文ないし書評において指摘され修正されてきた。補足訂正の作業は現在も行なわれている。問題は、多様な場で発表されたそれらの業績が一か所にまとめられておらず、研究者が各自、探し回って情報を収集しなくてはいけないところにある。このような面倒な収集作業を実践している人は少なく、大多数の人は辞書を参照するだけで満足し、そこにある誤記に気づかずにいる。一巻本の辞典を自力で作ろうとする人が一九六九年のラルースの辞書刊行の後に出てこなかったのは、手間がかかりすぎると躊躇したからでもあろう。

『中世フランス語辞典』の書影

最近の中世フランス語辞書事情

なぜ、前記三種の大部な辞書の成果を総合し、そこに専門家たちの努力で施されてきた修正を加え、誰もがそれさえ参照すれば事足りるような完璧な辞書を作らないのかと疑問に思う人は多いだろう。そういった期待に応えるべく企画された仕事は実は存在する。バルディンガーとその後継者たちがハイデルベルク大学で作成している『古フランス語語源辞典』（Kurt Baldinger et al., *Dictionnaire étymologique de l'ancien français*）がそれである。一三五〇年以前の北フランス語に関する体系的かつ批判的な辞書として構想されたこの書物は、Gで始まる単語を扱う巻を分冊形式で一九七一年に刊行し始めたのだが、その巻の完成に二十五年かけたほど慎重に作られている。Gに続いてH、I、J、Kの巻を三〜四名のドイツ人執筆者が三名の校閲者（フランス人二名と筆者）の協力を受けつつ上梓してきたこの辞書の各項目を読むと、先行研究の成果がいかに批判的に活用されているかがよくわかり、中世フランス語だけでなくフランス語史全体に及ぶ精緻な知識を得て、語彙研究の手法を学ぶことができる。ところが残念ながら、ハイデルベルク・アカデミーの方針が二〇〇六年に変更され、二〇二〇年でこの企画は終了すると決定された。この決定の後に作られたFの巻は網羅的でなく、恣意的に選択した単語を

2016年12月にパリのアカデミー・フランセーズで行なわれたフランス語圏大賞の授賞式

説明するにとどまっているため、Fで始まる語に関心をもち、その意味や語源、歴史を知りたいと参照しても、その単語が見つからない場合が大半になり、辞書の機能を果たしているとは言いがたい状態になった。

　他方、イングランドで使われた中世フランス語を専門に扱う『アングロ・ノルマン語辞典』(William Rothwell et al., *Anglo-Norman Dictionary*) も英国には存在し、一九七七年から一九九二年に初版が完結した後、二〇〇五年から第二版が作成され、インターネットで公開されている。十四、十五世紀のフランス語に限定したナンシーの『中期フランス語辞典』(Robert Martin et al., *Dictionnaire du moyen français*) も二〇〇八年以降、段階的にインターネットで閲覧できるようになっている。電子媒体で簡単に利用できるために重宝している人が多いが、実はいずれも既存の辞書を活用していないという欠点をもっている。独自のコーパスをもとに項目を執筆しており、興味深い用例を掲載している場合はたしかにある。しかし、先行の辞書を十分に活用していないため、語源が異なる二語を軽率に一つの項目にまとめたり、校訂版の作成者が与えた間違った解釈を無批判に採用したりといった様々な欠点がある。ゴドフロワ、トブラー・ローマッチ、ヴァルトブルクの辞書とそれらに加えられた補足修正を考慮に入れる作業は、この二つのネット版辞書によっても省略することはできないのである。

拙著『中世フランス語辞典』

『古フランス語語源辞典』が完結すれば、その成果を短くまとめて一巻本の辞書を作成できるのは明らかであるが、上述のように、ハイデルベルク・アカデミーが考え直さない限り、完結は不可能になった。そもそも、四年で完成させるという条件で二〇〇七年末に依頼された拙著の企画には最初から間に合うはずもなかった。

なぜフランスなど欧米の人たちではなく僻地の日本人にこの辞書の作成が依頼されたのかといぶかしく思う方もいるだろう。『中世フランス文学辞典』（*Dictionnaire des lettres françaises. Le Moyen Âge*）に対応する中世フランス語の辞書を作るというこの企画を出版社に提案したのは碑文文芸アカデミー院長ミシェル・ザンクである。企画を出版社が承諾した段階で当初依頼されたのは中世フランス語語彙研究の泰斗ジル・ロックであった。しかし、契約締結後十年たっても一向に原稿が出てこなかったため出版社が契約を破棄し、新たに誰かに依頼すべく、立案者であるザンク教授と相談した結果、中世フランスの文献学と語彙の研究をヨーロッパの学術誌などに発表していた私を指名してきたのであった。他にいなかったのかと辞書を完成させた後にザンク教授に尋ねたところ、集団ならできる人はいなくはなかったかもしれないが、短期間に一人でできそうな人は他にいないという判断だったそうである。

ゴドフロワ、トブラー・ローマッチ、ヴァルトブルクの辞書を批判的に活用し、それらに加えられた多様な補足修正を考慮し、最近の語彙研究の成果を取り入れつつ、四半世紀の間読んできた様々な作品から収集した用例を引けば、中世フランス語に関心をもつ読者に役立つ辞書になるであろうと考え、契約を結んだ私は、当初の予定であった四年を超え、結局五年半かけて完成させて編集者に送ったのであるが、分量が多すぎて出版できないと断られてしまった。契約の際に文字数を決めていなかったための結果であろう。ザンク教授がそこで新たな出版社を探し、一年半後の二〇一五年末にベル・レットル（Les Belles Lettres）という古典研究の出版で定評のある出版社から刊行することができた。

拙著の作成においては、既存の辞書をもちろん十分に活用するよう心がけたが、用例は孫引きしないという原則をとった。そこに引かれている単語や用例が実は存在しないという場合は意外に多くあるからである。辞書編纂者が写本から用例を引いている場合、写本の文字を読み間違えたり解釈が適切ではなかったりすることがあるし、彼らが校訂版に依拠している場合でも、その版が正確でない場合があるので、当該作品の信頼できる校訂版でかならず確認した。ある単語の多数の用例のうち一、二点が間違いという程度であればまだしも、唯一の用例しか知られていない単語が実は読み間違いに基づいた幽霊語であったとか、実は別の単語であったと判明する場合には、そのままでは辞書に載せられないことになる。必要な場合には写本を参照して、従来収録されてきた用例が正しいか否か確認したことも少なくない。そうして幽霊語や解釈の誤りは可能な限り排除したが、逆に、様々な作品や古文書（いわゆる文学作品だけでなく多様な分野の文献を対象にしている）から、今まで研究者が見落としていた単語や用例を収録することもできた。

単語や表現がある地方に限定されている場合にはその旨を明記したが、この点は前述の大部分の辞典で疎かにされていた点であり、学術誌所収の論文や書評などで仮説が提示されることが従来は多かったため、それらに基づいて既存の辞書に見当たらない情報を拙著に仮説として提示している場合は稀ではない。仮説の根拠となる雑誌論文なども指示してあるので、読者は典拠にさかのぼって仮説を検証できる。

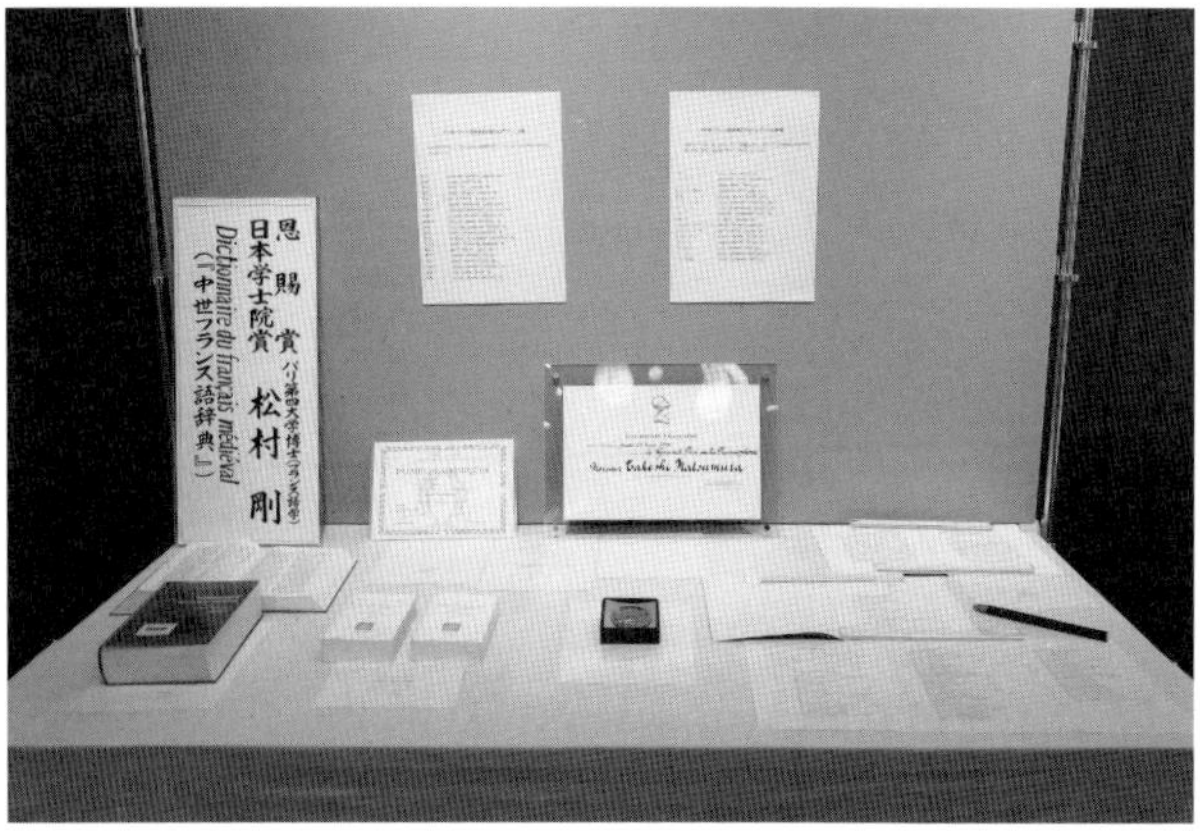

2018年6月の恩賜賞・日本学士院賞授賞式会場に設けられた受賞者業績展示の模様

一巻本である以上、おのずと収録語数、用例の数には限りがあり、地方性の指示には不十分なところがあるだろう。とはいえ拙著が中世フランス語に、さらに広くフランス語全体、あるいはロマンス語の歴史に興味を抱く様々な分野の方々に役立てば幸いである。

近現代のフランス語の語彙研究

拙著の刊行後は近現代のフランス語の語彙に関しても管見を発表しているが、文学研究者が見落としてきた点の理解に貢献できる機会は少なくない。ラ・フォンテーヌ、モリエール、ラシーヌやバルザック、マラルメなど、専門家が多数いて研究し尽くされているかに見える作家であっても、基本的な部分に関して文献学と語彙研究の観点が必要な場合は意外に残っている。多様な時代のフランス語にふれつつヴァルトブルクの『フランス語語源辞典』などを批判的に活用している人は少ないからである。

「駒場には学問がない」と断言した人がいたが、前期課程から大学院までの教育に携わっていると、フランス語の知識と運用能力を絶えず反省する機会に恵まれる。いわゆる専門教育だけをしていると初歩的な理解さえおぼつかないのを自覚できなくなる人たちがいる以上、基礎を疎かにしない研究をするには、かえって駒場は適しているかもしれないと言えそうである。

文化の真相に迫る

2 学問の海をジタバタ——比較出版史研究に至るまで

前島志保

「どうしたらよいかわからないときは、とにかく両手両足を使ってジタバタもがいてみなさい。きっと何かを摑むことができるから。」

これは、博士論文執筆時、恩師である竹内信夫先生に何度も言われた言葉だ。私のこれまでの歩みを象徴している言葉でもある。

専門分野は何ですか

現在、私は、大きく言えば、出版物のモノとしての特色とそこで用いられている表現や編集手法の変遷を調査・分析し、それらが人と世界、人と人の関係性のあり方をいかに変えていったかについて考察する研究を行っている。出版物、なかでも新聞・雑誌などの定期刊行物は、何かを調べる際に資料として用いられることがほとんどだろうが、私の場合は出版物そのものとそれを介したコミュニケーションのあり方を研究対象としている。とりわけ、二十世紀前半の雑誌を中心とした日本の出版・報道の大衆化に関心がある。

この研究が何の分野にあたるのかと尋ねられると、答えるのがなかなか難しい。分析対象に合わせて文学、美術、記号論、歴史学、社会学など様々な分野の研究手法を適宜組み合わせて使っているし、常に異なるメディア、時代、地域の事例を念頭に置きながら考察しているので、近代日本出版研究というのも少し違うような気がする。とりあえず「比較出版史」「比較メディア史」と答えることにしているが、これにしても分かりやすい回答ではない。

このように分野の説明が難しい研究をするようになったのは、私自身の気の多さもあろうが、学際的な知的営みを推奨する駒場という環境に身を置き、ジタバタもがき続けてきたということもあるように思う。

ジタバタの始まり

高校時代の私は、歴史、それも無名の一般の人々の生活文化に関わる歴史に関心を抱いていた。ちょうどフランスの歴史家フィリップ・アリエスの『〈子供〉の誕生』の邦訳が出版され、庶民の歴史（社会史）

を扱うアナール学派が日本に本格的に紹介されはじめた頃だった。

　しかし、大学入学後、本当は何をやりたいのか、いやそもそも何ができるのか、考え込んでしまった。まわりの級友たちの多くは既に大学入学前から特定の分野を独自に追究していたり、海外経験が豊富で数か国語がペラペラだったり、劇団や音楽業界で活躍していたりしており、やりたいことが明確でしかもそれを実践するだけの経験と能力が十分に備わっているように見えた。対して私はと言えば、東京近郊とはいえ、男女問わず大学進学者がほとんどいない地域の出で、小中高と公立校で学んできた人間。「ここに私がいてよいのだろうか。」場違い感は半端ない。

仕方が無いので、とにかくいろいろなことに挑戦してみることにした。人文社会科学系の多種多様な授業をはじめ、駒場祭の文三劇場、サークル活動、ドイツ語研修旅行など、駒場で提供されていた様々な企画への参加、伝手をたどっての韓国でのホームステイ、情報誌片手の美術館・博物館・映画館・各種劇場巡り……。

　そんななかで、二つの全学自由ゼミナールが特に印象に残った。一つは、制度、環境、モノと人の関係性の詳細な分析から、時代精神を読み解こうとする日本史ゼミ。史料を丁寧に読み込みながら、世界的な研究の流れも視野に入れつつ考察・討論する教授や先輩方の姿勢が刺激的だった。もう一つは、ハングル入門。朝鮮半島の文化と歴史に関係の深い文学作品に触れながら言葉を学ぶという、韓流ブームはるか以前において贅沢な体験をもたらしてくれた。これらのゼミを担当していた教員（義江彰夫先生、大澤吉博先生、成恵卿《ソンヘギョン》先生）が所属するコースが新たに教養学科に設けられるというので、比較日本文化論コース（現在の比較文学比較芸術、現代思想、および学際日本文化論コースの前身）に進んだ。

知的彷徨《ジタバタ》時代

　卒論では、延廣眞治先生の指導のもと、朝鮮半島で「子どもの日」を定めた方定《パンジョン》煥《ファン》という人物による児童文化運動、とりわけ彼が日本留学を経て創刊した児童雑誌『オリニ（子ども）』を取りあげた。そして、彼が日本を介して西洋の童話研究や先進的な教育観を採り入れ、半島在来の児童観を近代的に再解釈し、「子ども」に半島の将来の希望を託した様を明らかにした。

　史料と先行研究を韓国から取り寄せ、拙い語学力で辞書を引き引き読み進め、関連する日本の文献と対照しながら考察していく試みは骨が折れたが、一般の人々の生活

前島志保（まえしま・しほ）
大学院総合文化研究科 超域文化科学専攻，情報学環・学際情報学府 准教授．専門は比較出版史，比較メディア史，比較文学比較文化．研究テーマは，近代日本における出版・報道・読書文化の大衆化．1971年生れ．法政大学国際日本学研究所客員所員．2018年サンクトペテルブルク大学客員教授．2011年 the Klaus Pringsheim Award（the Japan Studies Association of Canada）受賞．共著書に *Japanese Journalism and the Japanese Newspaper*（"Chapter One: New Journalism in Interwar Japan," NY: Teneo Press, 2014），『分断された時代を生きる（知のフィールドガイド）』（「現代マスメディアの起源へ――戦間期〈婦人雑誌〉とは何か」，白水社，2017年）．婦人雑誌から近代日本の出版の大衆化を再考する単著を近日刊行予定．

図1　戦間期の様々な雑誌

文化につながる歴史を（当時多かった）民族主義や政治史に単純に結び付けずに、文献から読み解いていくことに手応えを覚え、総合文化研究科超域文化科学専攻比較文学比較文化コース修士課程に進学することにした。留学経験のある教員や留学生が多く、日本や東アジアについて世界的な視点から考えようとする気風に溢れていたのも魅力だった。駒場は東大にしては教員・院生ともに女性が多く、将来がイメージしやすかったのも心強かった。

今にして思えば、この時既に文化的産物としての雑誌に関心が移っていたのだが、当時は（今もそうだが）雑誌は「何かを調べるためのもの」で、雑誌そのものを考察対象とする場合どのようにアプローチしたらよいか、皆目見当がつかなかった。他方で、卒論執筆中、テクストを分析する力の不足も感じていた。そんななか、駒場で受講した川本皓嗣先生・山中桂一先生の授業と、短期留学した米国インディアナ大学で学んだ、広い意味の記号論・文体論は、この弱点を補強してくれそうに思われた。

そこで、これを応用する訓練として、解釈の蓄積が多い松尾芭蕉の句の分析を行うことに決め、山積みした先行研究を傍らに一句一句構造を分析する作業を始めた。芭蕉が次第に、初心者から手練れまで様々な人が味わうことのできる重層的な句を作るようになっていった様子が興味深く、気付くとノートが六〜七冊たまっていた。この試みが高じて、「近世日本の発句（のちの俳句）の十九世紀後半から二十世紀初頭の日本および英・独・仏語圏における受容と翻訳」をテーマに修士論文を書き上げ、その後翻訳研究と日本研究で定評のあるカナダのブリティッシュ・コロンビア大学に留学した。

戦間期婦人雑誌との出会い

詩歌観の衝突に関する研究はそれ自体大変興味深い。しかし、もともと探究したかった方向から離れてしまっていないだろうか。

そんな思いを抱えていたなか、調べもののために、明治・大正・昭和初期の様々な雑誌をひたすら読む機会があった。そこで、不思議なことに気付いた。或る時期から現代の雑誌を読んでいるかのような――ちょうどネットであちこちのサイトをブラウジングするような――気楽な気持ちで読むことができる雑誌が増えてくるのだ。その傾向は、大正期に創刊された『主婦之友』『婦人倶楽部』などの大衆的な女性向け雑誌（当時は「婦人雑誌」と呼ばれていた）で特に顕著な気がした。もう一つ不思議だったのは、大正後期から昭和初期まで（二つの世界大戦の戦間期に相当する時期）の人気婦人雑誌には、男性読者もかなりいたらしいということだった。男性愛読者の手紙が掲載されていただけでなく、男性向けの記事や男性読者の体験談も、この頃の婦人雑誌の誌面には頻繁に登場していた。

調べればすぐにこの不思議な現象が何を意味しているのかわかるだろうと思ったが、意外にもこのことを説明してくれる先行研究はなかった。そもそも、この時期の人気婦人雑誌を扱った研究があまりなかった。そのうえ、従来の出版史研究は、複数の雑誌や知識人向けの書籍を出版していた大出版社の列伝が中心であり、歴史社会学的な研究でも雑誌は何かを調べるための道具として扱われるのが常だった。いずれもこの時期の婦人雑誌がどのようなものなのかを問題にしておらず、そのほとんどが婦人雑誌の読者が女性であることを前提としていた。

婦人雑誌とは、いったいどのような媒体だったのだろうか。博士課程ではこの課題に取り組むことにした。ちょうど留学先で、雑誌やパンフレットなど、大量に出回り読み捨てられてきたエフェメラル《短命な》な資料も十分に研究対象となると知ったのも、新しい挑戦を後押ししてくれた。

面白いことに、これまで学んできたことがことごとく役に立った。駒場特有の「集団指導体制」の効用と言えるかもしれない。比較文学比較文化研究では文学や美術におけるジャンルの変遷およびジャンル間の交渉を問題にするが、これは雑誌ジャンルや記事ジャンルの変遷・交渉の分析に役立った。また、雑誌は文字テクストと挿絵や写真のような視覚テクストで成り立っており、これらの表現の特徴は内容にまで関わってくるのだが、それを分析するには文学、言語学、美術史、写真史から広い意味での文化研究、社会学研究にまでわたる知見が必要となってくる。雑誌の記事表象、そこに描かれている世界、および読者の関係性の分析には、記号論や物語論《ナラトロジー》が応用できた。雑誌には雑多な内容が盛られているため様々な事柄に勘が働く必要があるが、それにはあれこれ彷徨する間に仕入れた雑学が助けとなった。

現代マスメディアの起源

こうして判明したのは、この時期の出版界の新機軸、すなわち、新技術・新制度の導入、口頭談話の直接引用から成る様々な記事ジャンルの多用、挿絵や写真など視覚表現の重視、公領域よりも私領域への内容上の傾き、娯楽・消費文化・他メディアとの密接な関係、読者参加企画の活用などが、戦間期の大衆的な雑誌、特に人気婦人雑誌において強く打ち出され、様々な媒体に広まっていったということだった（「婦人雑誌」という雑誌ジャンルの成立過程に関してもいろいろ面白いことが分かったのだが、それについてはまた別の機会に）。

婦人雑誌の談話記事、告白記事、座談会記事、実話記事、芸能情報記事、写真欄（「画報欄」）、連載小説の映画化とレコードなど各種商品とのタイアップ（メディアミックス）は、その絶大な人気とともに当時議論の的になっていたが、これはこうした新しい編集・営業手法を最も積極的に取り入れていた媒体だったからに他ならなかった。男性読者も含む様々な読者をひき

図2「美しい眼の表情」『主婦之友』1925年6月号

図3「小夜福子さんの朝から晩まで」『主婦之友』1936年2月号

つけ、全国紙に比肩すると言われたほどの発行部数を誇っていたのは、娯楽と情報が満載された手ごろな価格の雑誌が他に無かったという事情と、近代的な家庭生活への憧れの社会的な広まりのためらしい、ということもわかってきた。新しい編集手法の出現の背景には、小学校を出ていれば誰もが読める「読者を侮辱しない」編集を心掛けた、地方出身で苦学した出版人の想いと、それを歓迎する読者の想いもあった。

　言うまでもなくこれらの手法の多くは、後の週刊誌など様々な出版物の記事やラジオ番組、テレビ番組にも活用され、インターネットのコンテンツにも用いられている。つまり、現代マスメディアの手法につながっていると言えるだろう。

　新しい編集手法は、現代マスメディアが抱える可能性と問題の萌芽をも内包していた。たとえば、次の人気女優を扱った写真記事のうち、どちらに生き生きとした臨場感や特集対象者に対する親近感を感じるだろうか。

（A）伊澤蘭奢さんは、新劇協會の花形女優でございます。〔…〕表情は心の反映であると彼女は言つてをります。〔…〕

（B）お家と違《ちが》ふから、自分のことは自《じ》分《ぶん》でしなければなりませんわ。ねえ、手つきがなかなかいゝでせう。これで相當《さうたう》なものよ。お浴衣《ゆかた》くらゐは何時《いつ》だつて、フゝゝゝ。〔…〕

（漢字・仮名遣いおよび振り仮名は原文記載のまま）

おそらく（B）のほうではないか。

　（A）では伊澤蘭奢《いざわらんじゃ》の発言が間接話法で引用され、記事表象の外に立つ話者により説明されているのに対して、（B）では小夜福子《さよふくこ》自身の発言（とされるもの）が直接話法で示され、記事表象内部にいる彼女が記事表象の外にいる読者に語りかけるという仕組みになっている。写真も、（A）のほうは静止したポーズによる余白が施されたポートレートだが（図2）、（B）のほうは動きの途中のスナップ写真が紙面一杯に掲載されている（図3）。つまり、（B）の記事は、記者や写真家の介入を極力意識させないように——あたかも現実そのままの再現であるかのように——編集されているのだ。こうした表現により、読者は会ったこともない小夜福子を身近に感じることができる。「そこに何が提示されているか」だけではなく、「どのように提示されているか」も、私達のものの見方や感じ方に影響を与えるのである。

　しかしもちろん、小夜福子が（B）の引用文のように発言したという証拠はどこにも無い。このように、臨場感のある表現

（現代なら動画など）で或る人の発言とその姿が示されると、私たちはそれがその人の発言の忠実な再現であるかのように錯覚してしまいがちだ。こうした、昨今「フェイクニュース」として話題になっている問題の原型も、既に人気婦人雑誌をはじめとする戦間期の大衆的媒体には見られる。

全般的に、近代日本の定期刊行物は、文章表現・視覚表現ともに、臨場感が増す方向へと進んでいった。「現実感」の変化である。特集対象に対して読者がより臨場感や親近感を感じる方向へ表現手法が変化していった、と言うこともできる。こうした表現は、読者参加を促す手法とともに、戦中・戦後と報道や広告に応用され、イデオロギーの変化を超え、時代時代の様々な言説や流行を生み出し、広めていった。

出版・報道の比較研究へ ——ジタバタは続く

ところで、上述したような戦間期日本の人気婦人雑誌の特徴は、十九世紀末から二十世紀初めにかけて英国・米国に出現し他の国や地域でも見られるようになっていった、出版物や報道の大衆化（「タブロイダイゼーション」もしくは「ニュージャーナリズム」）の特徴と重なっている。その意味では世界的な流れの一つと言えるが、日本の場合は、一時期とは言え、女性向けの媒体が男性読者をもひきつけていた点に特色がある。他にも、誌面レイアウト、読者の取り込みなどの点で、国や地域ごとに違いが見られる。こうした違いは何に起因しているのか。前近代の文化的文脈が関わっているのか、あるいはそれ以外の要因か。そのことが、人と人、人と世界のつながり、その後のマスメディアの展開、様々な言説の形成・流布・変容にどう影響しているのか。そしてその背後には、どのような出版人の、あるいは読者の想いがあったのだろうか。そうしたことについて、分野を超え、時代を超え、対象地域を超えて、多くの研究者とともに考察を深めていくことができたら——と夢想している。

実を言うと、私のジタバタは終わっていない。まだまだわからないことだらけなのだ。幸い、駒場には様々な分野の研究者がいる。これを利用するに如くはなしということで、組織論の専門家と共同発表したり、講師の許可のもとに学部生と机を並べて書誌学の授業を聴講したり、多様なバックグラウンドを持つ受講生から刺激を受けたり、相変わらずジタバタの毎日だ。ジタバタは駒場の外にも飛び出し、大阪の総合文化雑誌『会館芸術』、福島鑄郎《じゆうろう》コレクション（占領期雑誌集成）、大宅壮一文庫（雑誌アーカイブ）の共同研究、日本の新聞・ジャーナリズムの国際共同研究、明治新聞雑誌文庫での実習授業などに携わり、日常的な情報源だったにもかかわらずこれまで軽視されがちだった資料の保存・維持・活用に努め、メディアと私達のものの見方・感じ方の関連について日々考え続けている。

私の試みが成功しているのかはよくわからない。ひとつだけ言えるのは、既存の枠組みでは捉えきれない何かを摑もうとしているということだろう。それができたのは、試行錯誤をあたたかく見守ってくれた人々と、それを許容してくれた環境のおかげでもある。短いスパンで成果をあげることが何かと求められる昨今だが、駒場には失敗を恐れない冒険心をはぐくむ余裕と度量のある学び舎であり続けてほしいと、切に願ってやまない。

3 接点を求める旅——イギリス文学・現代文学

武田将明

駒場と私

　二〇一〇年四月に教養学部・総合文化研究科の一員となってから、今年で十年目になる。しかし、自分が駒場でそこまで長い歳月を送ったという実感はない。駒場という場所は、新陳代謝の盛んな子どものように、次々と新しい組織やプログラムが立ち上がる。私の在職中には、AIKOM（駒場キャンパスと海外の大学との交換留学プログラム）がUSTEP（東大全体の交換留学プログラム）に統合されて終了する一方、PEAK（学部四年間を英語の授業だけで過ごすプログラム）やTLP（トライリンガル・プログラム）が開始されたし、私の所属する英語部会でもグローバル化に対応した授業改革が進められている。また、構内の至る場所にイベントのポスターが貼られており、世界各地から招聘された著名な研究者による講演会やシンポジウムが毎日のように実施されている。駒場とは、尋常ではない速度で世界中の知性と交わりつつ、不断にみずからをアップデートする研究と教育の一大実験場であり、決してひとつのアイデンティティに落ち着くことのない、複合的でダイナミックな運動そのものである。だから十年いても一向に飽きることはない。

　しかし、そうした環境でじっくりと専門的な研究ができるのか、と疑問に思う方もいるだろう。実は高校時代の私が駒場（東京大学教養学部）に抱いていたイメージは、これと近いものだった。一九七四年の一月に生まれた私は、一九九二年に大学に入学する。当時はいわゆる現代思想が依然として輝きを放っていて、一九九一年には『批評空間』と『ルプレザンタシオン』という批評誌が創刊されている。このうち後者は、フランス語で「表象」を意味する名前から分かるように、渡邊守章、高橋康成、蓮實重彦など、駒場の表象文化論専攻（現在は超域文化科学専攻の表象文化論コース）の教員が中心となって執筆・編集したものだ。浅田彰と柄谷行人が編集する前者にも、たびたび駒場の教員が寄稿していたし、まだ教養学部の学部生だった東浩紀が犀利なソルジェニーツィン論を発表してデビューを飾ったのもこの雑誌だった。また一九九四年には、教養学部の基礎演習の教科書である『知の技法』（小林康夫・船曳建夫編、東京大学出版会）が刊行され、松浦寿輝が写真集『Sex by Madonna』を論じた文章などが話題を集め、大学の教科書としては異例のベストセラーとなった。

　幼少期に文学に何度も救われていた私は、将来なんらかの形で文学に関わる仕事をすると決めていた。そして高校・大学時代には、右記の方々の手になる評論を貪るように読んでいた。駒場は、かつての私のような知に飢えた若者にとって、眩しい憧憬の対象だった。しかしながら、生来ひねくれ者の私には、駒場が体現しているように見えた（当時の流行語で言うところの）「トレンディー」な思想と文学への反発心も生じていた。自分が悩んだときに心の支えとなった文学は、このように華麗で洗練されたものではなかったのではないか。駒場の放つ強烈な磁力は、自分の本来の志を忘却させるのではないか。ぼんやりとそんな気持ちを抱きながら、私は東京に住んでいたのに東大を受験せず、京都大学文学部に入学した。

スウィフトとの遭遇

　京都で一人暮らしをはじめた私は、自分にとっての文学の意味をじっくりと考えることにした。その結果、専門課程に進む三年次からイギリス文学を専攻した。実を言うと、はじめイギリス文学にはよいイメージを抱いていなかった。ヴィクトリア朝（十九世紀）の長篇小説は、感傷的な描写で物語を強引に盛り上げた挙句、退屈なまでに常識的な社会道徳を読者に押しつけているように思われた。これに比べるとフランスの小説の方が世間への見方が皮肉で面白かったし、内向的・観念的なドイツの文学と哲学は自分の肌に合うと感じていた。だが、一生の研究対象を何にするかとなると、いずれも決め手を欠いていた。そんな迷いを一掃してくれたのが、ジョナサン・スウィフト（一六六七～一七四五）との出会いだった。

　スウィフトといえば『ガリヴァー旅行記』（一七二六）が有名だが、この人口に膾炙した名作がどう終わっているかを覚えている人は少ない。最後の航海で理性ある馬フーイヌムの島に漂着し、すっかりフーイヌムに感化されたガリヴァーは、人間の愚劣さと野蛮さに嫌気がさし、イギリスに帰国してからは家族ともろくに会わず、馬小屋で馬とばかり話すようになるのだ。ここでは徹底した人間批判と同時に、批判する自己の滑稽さも痛ましいほどに示されている。『桶物語』（一七〇四）や『控えめな提案』（一七二九）などスウィフトの作品では、人間が社会で直面するさまざまな難題が、安易

武田将明（たけだ・まさあき）

大学院総合文化研究科 言語情報科学専攻 准教授．専門はイギリス文学（18世紀小説）および言語態研究．1974年生れ．日本英文学会新人賞佳作（2005年），群像新人文学賞評論部門（2008年）受賞．著書に『『ガリヴァー旅行記』徹底注釈 注釈篇』（共著，岩波書店，2013年），『吉田健一ふたたび』（共著，冨山房インターナショナル，2019年），訳書にデフォー『ペストの記憶』（研究社，2017年）など．

な感傷趣味や空疎な美辞麗句に逃げ込むことなく、真正面から捉えられていた。それまでのイギリス文学のイメージを見事に裏切られた私は、スウィフトこそ自分の研究すべき作家だと見定めた（もっとも、アイルランドのダブリンで生まれ育ったスウィフトが、「イギリス文学」の作家であるかどうかは議論の分かれるところだが）。それ以来、卒業論文と修士論文でスウィフトを取り上げ、博士論文でも半分はスウィフトの作品を論じた。

　研究を進めるなかで知ったのは、スウィフトが学問領域の区別などまったく意に介さず、文学、政治、経済、さらには航海学、天文学、力学などの最先端の知識を貪欲に取り込んでいたことだ。たとえば『ガリヴァー旅行記』の第三部に登場する（あの宮崎駿の『天空の城ラピュタ』にインスピレーションをあたえた）飛行島ラピュータにおける天文学の描写、とりわけ火星の衛星に関する記述は興味深い。現実の世界で火星の衛星が確認されたのは、『ガリヴァー旅行記』出版から約百五十年後の一八七七年のことだが、驚くべきことにスウィフトは、火星の衛星が二つあることだけでなく、これらの衛星の火星からの距離や公転周期までも、かなり正確に予言していた。もっとも、同様の予測はドイツの天文学者ヨハネス・ケプラー（一五七一～一六三〇）がすでに発表していたことが分かっているので、スウィフトはそこから学んだのかも知れないが、そうだとしても、スウィフトの知識欲に感服させられる。

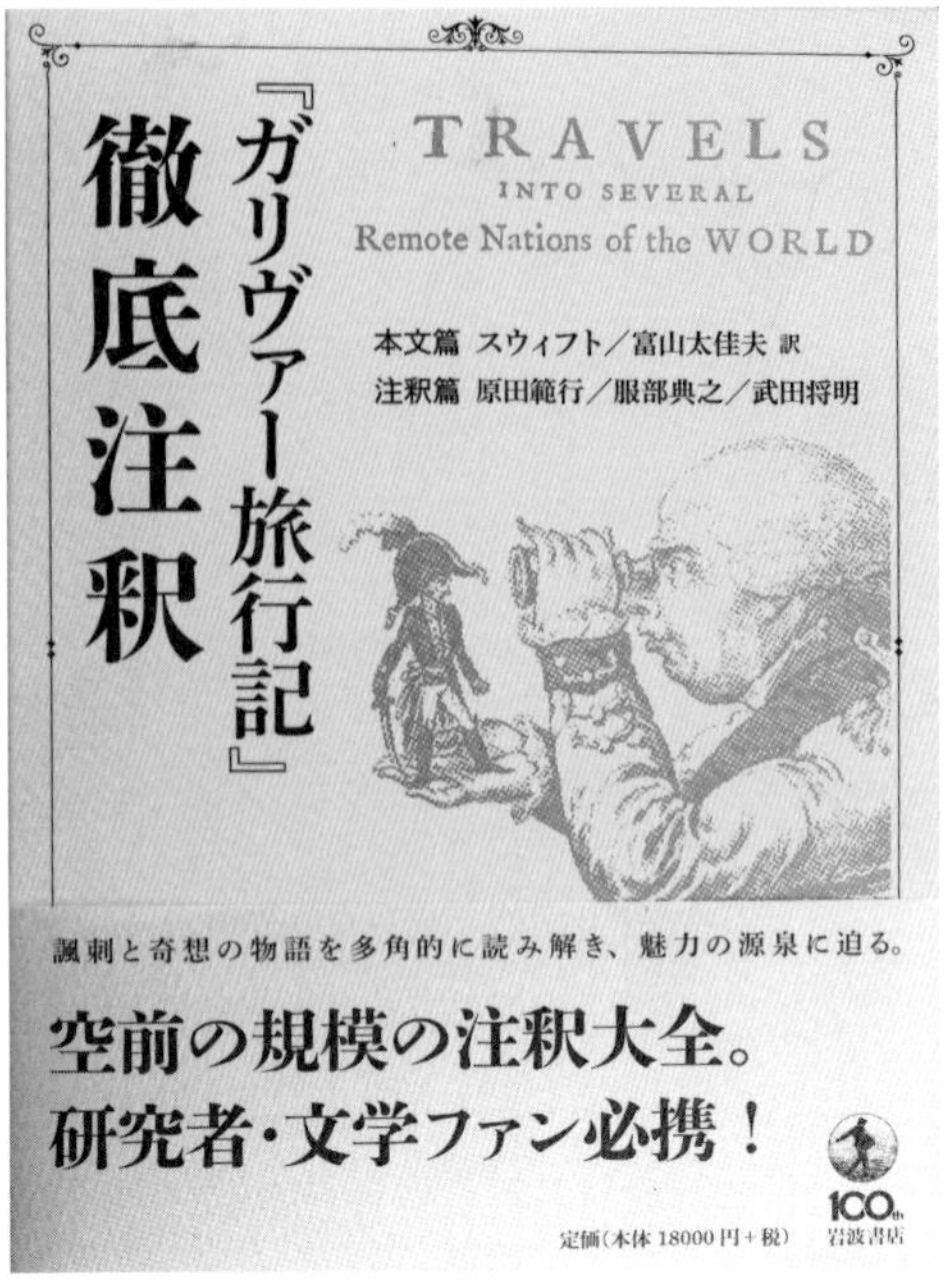

図1　『『ガリヴァー旅行記』徹底注釈』（岩波書店）

　京大から東大の人文社会系研究科（文学部）の修士課程に移り、さらにイギリスのケンブリッジ大学の博士課程に進学した私は、留学を終えると都内で大学教員としての生活をはじめた。その四年後の二〇〇八年に、『ガリヴァー旅行記』の魅力を語り尽くす本を出版するので協力するように、という願ってもない話をいただいた。富山太佳夫氏の翻訳に、私を含む三名の研究者が詳細な注をつけ、本文と注釈の二分冊からなる書物を刊行することとなった。富山氏も私以外の注釈者（現在慶應義塾大学教授の原田範行氏と大阪大学教授の服部典之氏）も英文学会で広く名の知られた方々で、三十代半ばの私が参加できたのは実に幸運だった。五年後の二〇一三年、『『ガリヴァー旅行記』徹底注釈』（岩波書店）は刊行された。本文が約三百ページであるのに対し、注釈篇はその倍の六百ページ近くまで膨れあがった（図1）。

　刊行までの五年間、私は手に入る限りの『ガリヴァー旅行記』関連文献を読んだ。英語と日本語による研究をひととおり把握してから、フランス語版とドイツ語版の『ガリヴァー旅行記』も入手し、そこに付された注釈をチェックした（ドイツ語は学部生の時に趣味で勉強したことしかなく、文法の復習から始めた）。フランス語版はスウィフトによる造語の解釈に優れており、ドイツ語版はスウィフトの伝記的事実を厳密に調べていた。これらの成果も組み込むことで、少なくとも英語・フランス語・ドイツ語で刊行されたどの版よりも詳しい注釈つきの『ガリヴァー旅行記』を日本語で刊行できたはずである。

　また、この仕事で文献を徹底的に読みこむ習慣が身についたおかげで、次の研究への道が開かれたのだが、その前に話さなくてはならないだろう――どうして私は駒場にたどり着いたのかを。

迂回の効用

　二〇〇四年にイギリスから日本に戻ったことはすでに触れたが、それから約一年かけて博士論文を完成させ、論文審査、マイナーな書き直し、学位授与のプロセスにもさらに一年を要した。一九九九年に渡英してから七年間、スウィフトと『ロビンソン・クルーソー』（一七一九）の作者ダニエル・デフォー（一六六〇～一七三一）を中心に十八世紀イギリス文学を読み続けた私は、少し他の分野にも触れたくなり、日本やイギリスの現代文学を手に取った。

　そこで気づいたのは、現代にも私の心を動かす文学作品があるという、当たり前にも思えることだった。しかしそれは、十八世紀の名作も現代の小説も決して別物ではないという、感覚的に確かな手応えをあたえてくれた。では、一部の文学作品が時代や地域を超えて感動をあたえるのはなぜか。無謀を承知で答えるなら、重要なのは、特定の時代の現実と真摯に向き合いながら、同時にその状況を外から眺める視点をもつことだと思われる。まさにスウィフトのように、同時代を批判しつつ、その批判が自己にも向かうのを自覚していることで、文学作品は生々しいリアリティと時空を超えた普遍性という、矛盾して見える性質を兼ね備えることができる。しばしば文学作品の言葉が日常的な用法から逸脱するのは、こうした矛盾に直面しながら、さまざまな工夫で乗り越えようとしている証拠なのだ。

　そのような感覚と思索を頼りにして、現代日本の文学と批評をめぐる論考「囲われない批評――東浩紀と中原昌也」を書いたところ、講談社の文芸誌『群像』の主催する新人文学賞を受賞した。二〇〇八年のことである。これ以降、私は文芸評論を文芸誌や新聞、週刊誌に寄稿するようになった。十八世紀イギリス文学研究から活動の幅を広げることで、文学の普遍的な魅力を見分ける感覚が研ぎ澄まされるように思われた。作家と同様、文学研究者もまた、時代のなかに身を置くことを恐れず、同時にそのような自己を批評的に観察するべきではないだろうか。

　駒場に私が所属するようになったのは、ちょうどこんな考えを抱きはじめた時期だった。単身京都へ飛び出してから十八年、私の文学探究の旅は不思議な回り道をたどって駒場に行き着いた。しかし、この迂回のおかげで、駒場キャンパスにおける研究・教育活動の底流にあるものが、鈍感な私にも少しは見えるようになったらしい。幅広い視野に基づいた同時代性と批評性。私が十八世紀イギリス文学から学んだものと、駒場キャンパスに横溢する知的探究の気風とが、この点で交わることに気づいたのである。

いま私は、自分の専門を生かしつつ、現代の文化状況にも問いを投げかけられるような文学研究のあり方を模索している。その成果のひとつが、『群像』に二〇一四年九月号から二〇一六年十二月号まで不定期に掲載された「小説の機能」という評論である。十八世紀のイギリスに現れた草創期の近代小説を登場人物の名前の機能によって分類・分析することで、十九世紀以降の作品では見えにくい小説の成立要件を明るみに出そうとしたものだ。詳しくはこれから刊行される単行本を見ていただきたいが、ここではそのはじめの部分をご紹介する。

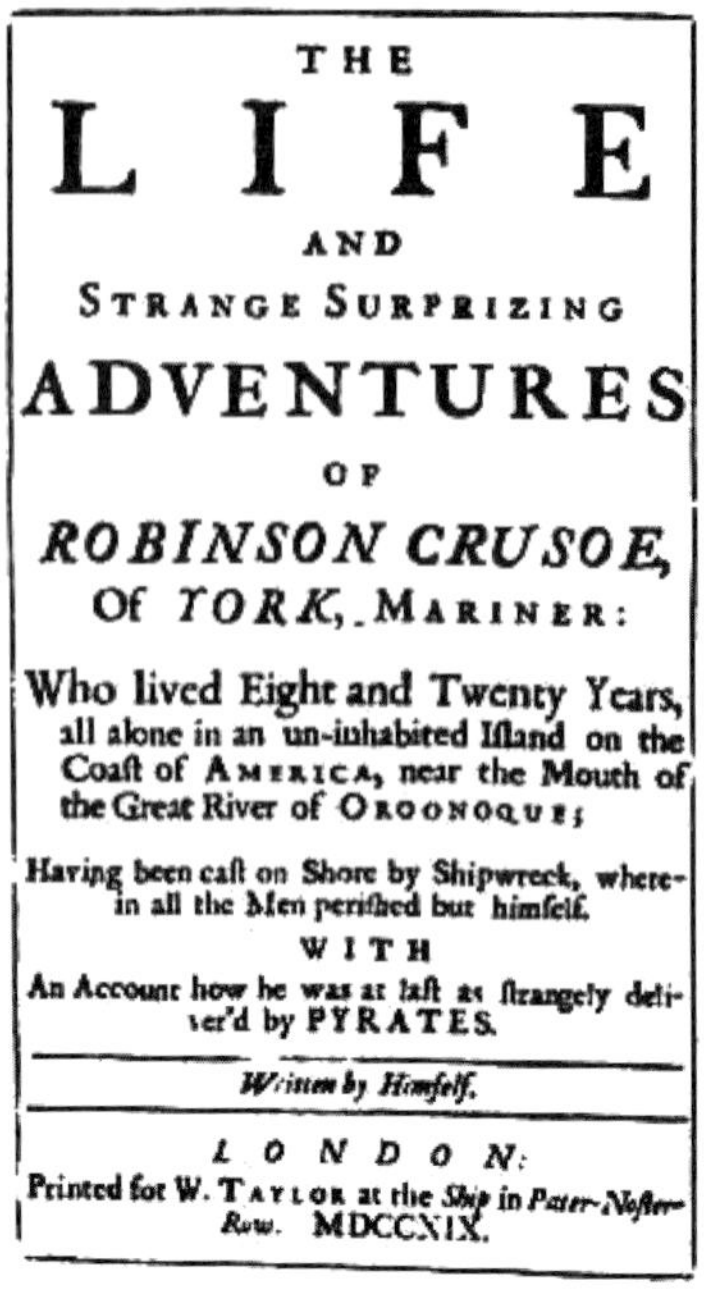
THE
LIFE
AND
STRANGE SURPRIZING
ADVENTURES
OF
ROBINSON CRUSOE,
Of YORK, MARINER:
Who lived Eight and Twenty Years, all alone in an un-inhabited Island on the Coast of AMERICA, near the Mouth of the Great River of OROONOQUE;
Having been cast on Shore by Shipwreck, wherein all the Men perished but himself.
WITH
An Account how he was at last as strangely deliver'd by PYRATES.
Written by Himself.
LONDON:
Printed for W. TAYLOR at the Ship in Pater-Noster-Row. MDCCXIX.

図2 『ロビンソン・クルーソー』初版のタイトル・ページ

「ロビンソン・クルーソー」という名前

はじまりは『ロビンソン・クルーソー』にある。いや、正確には『ロビンソン・クルーソー』が『ロビンソン・クルーソー』ではないという事実にある。誰でも知っているこの作品の初版では、タイトルが図2のように記されている。ここには"Robinson Crusoe"という語も見られるが、それよりも大きな字で"Life"や"Adventures"といった語が印刷されている。『ロビンソン・クルーソー』というシンプルなタイトルは、作者が命名したものではないのである。しかし、このタイトルがあまりに一般的になったために、次の疑問が問われることさえ困難になってしまった――そもそもこの小説の主人公は「ロビンソン・クルーソー」なのか。

実はこの作品の本文において、フルネームで「ロビンソン・クルーソー」と記されるのはたった一度、無人島に漂着した主人公がつけていた日記の冒頭だけである。私自身の翻訳（河出文庫、二〇一一）から引用すると、「一六五九年九月三十日。あわれで悲しいぼくはロビンソン・クルーソー、恐ろしい嵐のなか、沖合で難破し、この暗く不幸な島の浜に着いた」という箇所がそれに当たる。

他方で、この主人公には異なる名前もあたえられている。たとえば、物語のはじめの方で、同じ船に乗る仲間は主人公を「ボブ」と呼ぶ。これは「ロビンソン」から変化した愛称ではあるが、日常生活で「ロビンソン・クルーソー」が「ロビンソン」と呼ばれていなかったというのは意外ではなかろうか。

だが、実はクルーソー本人までも、自分を違う名前で呼んでいたらしいのだ。無人島に漂着して歳月が経ち、自力でカヌーを作れるまでになったクルーソーは、そのカヌーで島の周囲を探索するが、潮流につかまって沖合に流されてしまう。必死に漕いでどうにか島に再上陸し、疲れ果てて眠りについた彼の耳に、不思議な声が聞こえてくる――「ロビン、ロビン、ロビン・クルーソー、哀れなロビン・クルーソー、お前の

いるのはどこだ、ロビン・クルーソー？　お前のいるのはどこだ？　お前はどこにいたんだ？」びっくりして飛び起きたクルーソーは、自分が飼っていたオウムのポルの姿を認め、そういえば「ちょうどこんな嘆き節をぼくはこいつにぶつけ、教えていたっけ」と納得する。

　この場面はとても有名で、研究論文でもよく言及されるが、私の知るかぎり、この「ロビン・クルーソー」という名前に注目したものはない。しかし、この言葉はもともと主人公がオウムに真情を吐露したものである以上、彼自身、日記の書き出しのような勿体ぶった場合を除いて、自分を「ロビンソン・クルーソー」と呼んでいなかった可能性が高い。

図3『現代作家アーカイヴ1』（東京大学出版会）

　さらには、この主人公以外の人物が「ロビンソン」と呼ばれる場面まである。普通の小説では、主人公と紛らわしい名前の人物を登場させることはないが、これは単に作者デフォーが不注意だったからなのか。おそらくそうではない。『ロビンソン・クルーソー』は、すべての出来事が主人公の視点で語られる一人称小説だが、この主人公の名前が曖昧であることは、世界を見る視点の不安定さ、そして世界そのものの不確定さを暗示している。

　ここから推測できるのは、十八世紀のイギリスで小説が発展したひとつの理由は、政治や経済の大きく変化する時代のなかで、多くの人びとが自己と世界のあり方に根本的な疑問を抱いたからではないかということだ。こう仮定することで、十八世紀だけでなく、これに劣らず混沌とした現代における小説の意義も再考できるはずである。

旅は続く

　専門的な研究と重ねる形で、私は文学と社会との接点を生み出すための活動にも従事している。ここでは「現代作家アーカイヴ」をご紹介したい。これは、作家の平野啓一郎氏を中心とする文学者の集まりである飯田橋文学会と、東京大学の複数の機関が協力して、日本を代表する作家に創作活動を振り返るインタヴューを実施し、動画や書籍の形で記録を残すプロジェクトである。二〇一五年二月の第一回（ゲストは高橋源一郎氏）では私が司会・インタヴュアーを務め、以降、（敬称略）古井由吉、谷川俊太郎、筒井康隆、石牟礼道子など、二〇一九年四月現在で十九名の作家にご登壇いただいている。インタヴューは基本的に一般に公開され（興味があればネットで検索していただきたい）、その模様を記録した動画は飯田橋文学会のHPで配信され、書籍は東京大学出版会から刊行されている（図3）。

　また最近、「小説の人類学」、「『ロビンソン・クルーソー』と戦後日本の経済思想」という二つの研究プロジェクトを立ち上げたが、名前が示すとおりいずれも領域横断的で、駒場という環境にあってはじめて発想できたものだ。私なりの「駒場スタイル」を探す旅は、まだまだ続きそうである。

文化の真相に迫る

4 フィールドから地球社会を考える
——文化人類学・南アジア地域研究

田辺明生

はじまりとしての駒場

駒場は知的な活気にあふれている。常に世界と学問の現在に関わろうとする先進性がある。権威主義におもねることなく、今ここに生きるわたしたちにとって、意味のあること、おもしろいことを、学際的かつ国際的に探求する自由と活力がある。

駒場がなかったら、わたしが研究をしたいと思うこともなかったし、またそもそもわたしなぞを受け入れてくれるところもなかったろう。自分勝手な読書と思索は好きだったが勉強はキライだったわたしは、せっかく東大に入学しても早々と講義に出なくなった（今から考えると本当にもったいないことをしたなぁと思います。センセー方、すみません）。

怠惰なくせに生意気なわたしが唯一楽しみにしていた授業が、全学自由研究ゼミナールであった。これはとても駒場らしいほんとうによいものだと今でも思う。少人数で先生と直にふれあい、テクストやフィールドをもとに徹底的に議論する。「ほら、ここからこうして見てごらん」と、学問の底なしの深さをすこし覗かせてもらったような気になった。研究っておもしろいのかも、と生まれて初めて思ったのは、この全学自由研究ゼミナールをつうじてだった（のがこんな人生につながるとは不思議なものですね。センセー方、ありがとうございます）。

いろいろなゼミナールに顔を出してさまざまな知的刺激を受けたが、結局、のちに文化人類学を学ぶきっかけとなったのが、わたしの師匠である船曳建夫先生の主催していた「儀礼・演劇・スポーツ」ゼミだった。その名の通り、祭祀や舞台を一緒に鑑賞して語り合うことをメインの活動としていたが、とにかくまず楽しく、議論では「へー」や「ふーむ」の連続だった。そんなことが学問の役に立つのか、と思われる方もあるかもしれないが、すでに決まったことを学ぶお勉強とは違い、人間の営みの実際に向き合い、知性と感性をフルに使いながら、それを多角的な視点から理解しようとする試みは実にエキサイティングだった。そこでは当たり前のことが当たり前でなくなり、世界は別の相貌をみせる。世界の多義的で多元的な可能性を探求する知的喜びを味わったといえるだろう。

とりあえず法学部に進学して、今度こそまじめに勉強するつもりだったが、やはり体質上ムリがあったようだ。またすぐに講義に出なくなった（法学部のセンセー方にもすみません）。もちろんすばらしい授業もたくさんあったのだが、主たる場を占めていたジッテイホウなるものに知的興味をいだくことはついにできなかった。実定法は、世の中の実践的な管理と統御のためにあるもので、物事の摩擦なく当たり前のことを当たり前に処理していくための制度である。その社会的重要性はいうまでもない。ただ世界が驚きの相貌を見せることを喜びとするようになったわたしには、それについていけなかった。進学前は、いわゆる実社会で一定の役割を果たしたいという気持ちもあったのだが、今あるシステムにはどうもカラダが合わないようだ、とあきらめた。

そして、文化人類学の大学院の門を叩くこととした。駒場に再び戻ってくることになったわけだ。

人間とは何か——人類学の問い

大学院の入試面接では、世界の一側面を既存の枠組にあてはめて理解しようとするのではなく、ある事象のもつ意味をより経験的・多角的・総合的に捉えたいこと、フィールドワークという方法や全体的社会事実という考えかたに惹かれていることなどを切々と訴えた。先生方は迷える子羊を憐れんでくれたのだろう、なんとか大学院入学を許された。こうして研究の第一歩が始まった。

今から考えるに、わたしを衝き動かしていたのは、いかにしてこの世界に意味はありうるのかを理解したい、という気持ちであったように思う。それはまた、世界や人生に意味を求めてしまう人間とはいかなる存在なのか、という問いでもあった。

「いやあ、わたしも若かったなあ」と大人になった今の自分をアピールしたいところだが、実はわたしを知の探求へと衝き動かしている問いは、未だにほとんど変わっていない。自分が成長していないことを開き直るつもりはないが、根源的な問いはそう簡単には変わらない。そして、こうしたいわば青臭い問いを「きちんとした学問」の名において封じ込めることなく、問い続けることを許す、あるいはむしろちゃんと大事にすることを奨励するのが、駒場というところである。それはおそらく一高以来の、「教養」を重んじる風土と関わるのであろう。教養とは、自己の生き方を形成するのに必要な知的素養であるといえようが、逆に言えば、そうした教養を深めるためには、自己の生についての絶えざる問い

田辺明生（たなべ・あきお）
大学院総合文化研究科 超域文化科学専攻 教授．専門は歴史人類学・南アジア地域研究．研究テーマは，インドを中心とする歴史人類学，生存基盤論，比較存在論．1964年生れ．国際開発研究・大来賞（2010年），発展途上国研究奨励賞（2011年），大同生命地域研究奨励賞（2012年）受賞．著書に『カーストと平等性——インド社会の歴史人類学』（東京大学出版会，2010年），『現代インド1　多様性社会の挑戦』（共編著，東京大学出版会，2015年）など．

かけが必要となるからである。

わたしが専攻する人類学は、フィールドワークをつうじて他者を理解しようとする営為であり、またその過程で自己を反照的に問い直し、「人間とは何か」という限りない問いに答えていこうとする試みである。この「人間とは何か」という問いこそ、わたしを人類学へと導いたものであった。ここでこの問いにとりあえずの、ちょっとズルイかもしれないが真剣な答えを提供するならば、「人間とは、人間とは何かを探求しつづける者である」ということができよう。この視点からみれば、人類史とは、「人間とは何か」について、人間がその答えを模索し、更新してきた過程である。その積み重ねに現在のわたしたちはあり、未来をどのように切り開くかは、この問いにわたしたちがどのような答えを与えるかにかかっている。

写真1　インド・オディシャー州クルダー県，ゴロマニトリ村の守護女神のもとで（1992年）．筆者は向かって左から二人目．

人類学のフィールドワークでは、他者と生の場を共にすることにより、最初は不可解にもみえる他者の〈生のかたち〉を納得できるかたちで明らかにすることが求められる。そして他者と共にある経験は、自己の〈生のかたち〉への問いかけ、また新たなものの見方の内面化へとわたしたちを導く。それは、他者とのつながりにおける自己省察と自己変容そして自己の多元化の過程であるともいえよう。

他者の生を理解するためには、その生の固有のありかたを把握するだけではなく、その深部にある普遍的なるもの——人間の生の根源からの響きだろうか——を感じ、それに触れ（られ）、自らが突き動かされる過程を経ることが必要である。また別のときには、人間存在の究極的な普遍性に信をおきつつも、他者のわからなさのまえに頭を垂れる謙虚さも求められる。人間にとって、他者とはひとつの可能性である。他者は、自己もそうであったかもしれないもの、しかし、現状の自己が有している意味の枠組では理解できないものである。

フィールドでわたしたちは感動することがある。ときには圧倒的に、ときにはしんみりと。それは、最初はことばにならない感動である。しかしそうしたさまざまな心に残る経験を身体に蓄積しながら暮らしていると、それらはだんだんと熟していき、何かがわかってきた、という実感を得るようになる。そのときフィールドワーカーは、何か普遍的なるものを、固有なる他者の生の根底において、また自己の根底とのつながりにおいて、直観しているのだろう。それは、それまでの主体性のありかたが揺り動かされ、自らが変わっていく経験であり、自らのうちに潜在的に有していた他性と多性を発見していく過程でもある。これが自己の多元化である。〈自—他〉の交わりをつうじた〈固有—普遍〉にかんする直観と発見を言語化・概念化し、人文的な知の文脈のなかに置きなおすこと、そして何よりもその過程のなかで自己自身が変わっていくこと――これが人類学のエッセンスである。

人間と環境の相互作用
――生産史観から生存史観へ

　歴史人類学は、こうした人類学の営みにさらに歴史性という軸を加えようとする。それは、何かの起源を探そうとする歴史や、出来事の連鎖としての歴史とは異なり、人間の〈生のかたち〉に内包される歴史性を明らかにしようとする試みである。日常はくりかえされるものでありながら、長い目でみると、その実態は大きく変化している。どのようにして、日常的な反復のなかから、歴史的な変化は生起していくのだろうか。歴史人類学は、わたしたちの〈生のかたち〉をかたちづくる意味と関係性のパターンがいかに形成されそして変化していくのかを、日常性と歴史性の相互作用に注意しながら描こうとする。

　人間の〈生のかたち〉はさまざまに異なる。人間と環境の相互作用において特定の生のかたちが空間的に構築され、そこに固有の行為主体《エージェント》のあり方ができていく。歴史人類学においては、「民族」や「個人」といった所与の主体を設定したうえで、それらの歴史的な変化や発展を描くのではない。むしろ行為主体性《エージェンシー》の固有性に着目したうえで、それが特定の環境のなかでいかに歴史的につくられ、そして歴史的変容と関わっていくか、そしてそれ自体がいかに変わっていくかを問おうとする。

　現在の歴史人類学の重要な課題は、世界の概念化・数値化にもとづくシステムの支配がますます進むようにみえるなかで、さまざまな〈生のかたち〉がもつ潜在力を明らかにしていくことであろう。既存の概念や制度をつうじて将来を計画し、世界を統御しようとすると、結局、頭でっかちの観念主義に陥ってしまうことになる。これまでわたしたちは市場と国家をそれぞれ原理的な立場から理解し、その制度設計をなしてきた。それによって現在、グローバル市場とナショナリズムの矛盾という問題に直面している。現在必要なのは頭の中で作り上げた原理を徹底して経済成長や政治統合を実現しようとすることではなく、歴史の中で世界の諸地域がつくりあげてきた生存維持のメカニズム――生の意味の現れ方――から学ぶことではないだろうか。

　こうした問題意識のもと、わたしはいま、生存という観点から歴史をみなおそうとしている。生存史は、歴史の行為主体としての人間だけでなく、その人間の生存を支えてきた総合的環境たる生存基盤に注目する。従来は、生産効率性が経済発展をもたらすことにより歴史は動く、と考えられることが多かった。それに対して生存史観においては、人間と環境の相互作用をつうじた生存基盤の拡充の過程に着目する。

　おおざっぱではあるが、従来の生産主義的歴史観（生産史）と生存基盤論的歴史観（生存史）の考え方を比較すれば、図1と図2のように示される。生産主義的発展図式では、経済発展が中間層を生み、中間層市民が主導して民主化・教育向上・少子化がもたらされると考えられる。しかし生存基盤論的発展図式においては、まず食糧確保や感染症統御によって生存基盤が確保されたのちに、民衆の識字化が進み生活機会が拡張することが重要視される。民衆の健康と識字を基盤として、民主化・教育進展・経済発展は進むのである。ただしそれらの

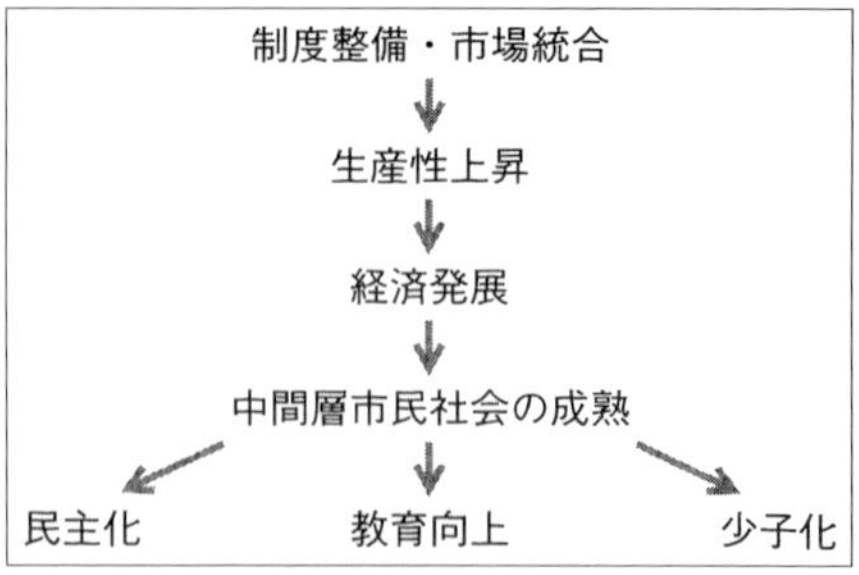

図１　生産主義的発展図式

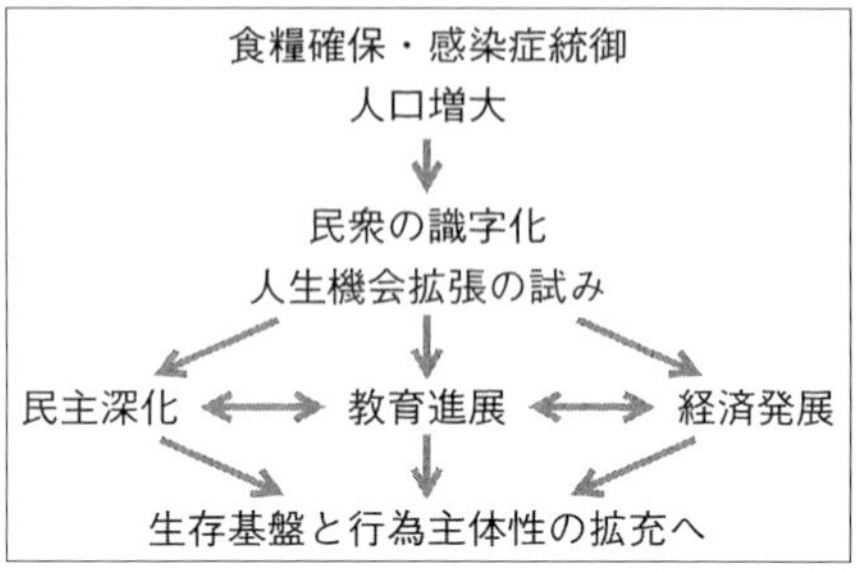

図２　生存基盤論的発展図式

動きは、行為主体性のあり方と同じく地域の固有性を帯びる。地域の人間環境のなかでつくられた社会関係や文化的価値が、民衆の識字化と公共参加をつうじて、政治経済的構造に大きな影響を与えるのだ。

南アジア型発展径路——多元的な地球社会のために

では、筆者の専門とする南アジアはいかなる発展径路をたどってきたか。この問いは、世界史を多元的な空間の連鎖と比較のなかでとらえようとする試みの一環であり、多元的世界秩序の構築に向けて新たな視座を提示するためのものである。

南アジアはモンスーン・アジアという世界最大規模の湿潤地帯と、アフロ・ユーラシア大乾燥地帯の間をつなぐ地理的位置にあり、それらが直に接している唯一の地域である（図3）。両地帯のいわばコンタクトゾーンであるだけでなく、乾燥と湿潤そして複雑な地形が織りなす多様な生態環境が密接かつ複雑に入り組んでいる。そうした多様な環境を反映して、さまざまな生態に応じた多様な知識・技術・文化をもつ社会集団が存在し、それらが密接に接触・共生・交流する南アジア固有のダイナミズムが生まれた。

世界の発展径路については、これまで、資本集約的に効率性を追求する西洋型径路に対して、共同体的な協力による労働集約的な東アジア型径路が論じられている。これに対して、南アジアでは、労働（人間と自然の相互作用）の成果を、さまざまな集団ごとに専門化した知識・技術・文化のかたちで社会的に蓄積し、分業と分配をつうじて全体の豊かさをめざすような固有の発展経路が発展してきた。

南アジア型発展径路は、「多様性接合型」とでも呼べるようなもので、人間の生き方の複数性を否定することなく、多なるものの生存を確保しながら、それらの交差と共在が社会全体の豊かさ——それは多様性自体がもつ豊かさを含む——を増すようなしくみを歴史的に模索してきた。この動きを支える思想として重要なのが、存在の平等性にもとづく多様性の肯定である。〈存在の平等性〉とは、万物は一なる本質を分有しており、絶対の位相において等しいということを指す。この絶対的平等性の基盤の上に、相対世界におけるすべての多様性は肯定される。

ただし南アジアでは、多様なる社会集団がヒエラルヒーによって秩序化されてきたことにも注意しなければならない。絶対的な平等を認めつつ、この世の相対秩序においては差別があったわけだ。いわゆるカースト制もこうした制度の一環であった。

現代南アジアでは、生活世界の民主化と市場化が進展するとともに、従来は周縁化されていた多くの民衆が主体化を遂げ、多元的社会集団が公共的な対話と交換の過程に参加してきている。このなかで南アジア世界は、多元的な文化や社会集団を生かす開かれたネットワークとして自己を再編しつつあり、グローバル化のなかで、多様な人・モノ・情報の活発な動きとそれらの出会いによる新たな価値の創造を目指している。現実が急速に差別と不平等の解消に向かっているわけではない。グローバル経済の進展のなかで貧富の差は拡大傾向にあり、宗教やカーストやジェンダーのちがいによる差別の問題は引き続き深刻である。だが、だからこそ、不平等の克服のために多様な民衆が人生機会の向上を求めて公共領域に参加し自らの声を発しようとしており、社会変化を促す大きな活力となっている。

こうした新たな動きは、南アジア型発展経路の現代的展開と理解することができよう。南アジア型発展径路を考えることは、より多くを生産するために人間はいかなる社会をつくってきたのかという従来の問いに代えて、人間はいかに多様なる他者の存在を歓びと豊かさの源とできるのかという、おそらくはより重要な問いを人文社会科学にもたらしてくれるものであるように思われる。

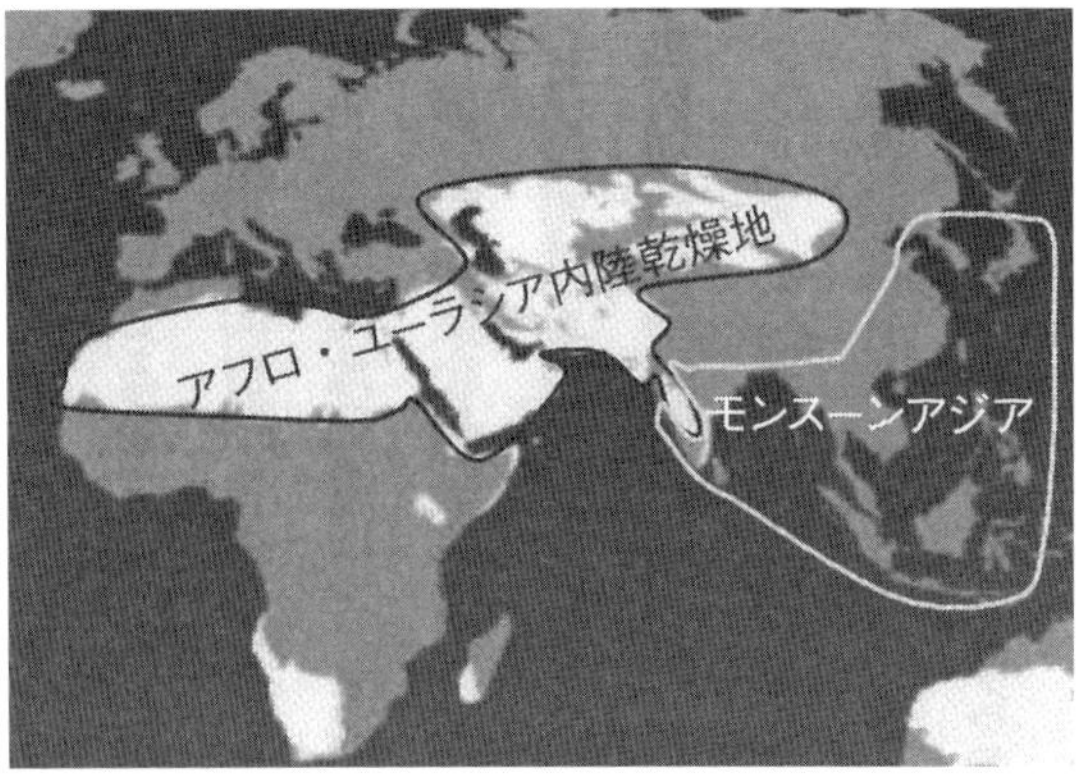

図3　アフロ・ユーラシア内陸乾燥地とモンスーン・アジア（出所：World History for Us All〔online: BigGeography.ppt〕を参考に筆者作成）

図4『カーストと平等性――インド社会の歴史人類学』（東京大学出版会，2010年）

折しも、総合文化研究科附属グローバル地域研究機構のなかに南アジア研究センターが二〇一七年に設立された。さらにこの機構を中心の一つとして、駒場の学部前期課程・後期課程・大学院が一体となった新しいグローバル・スタディーズが構想されている。西洋を主導とするグローバル化に諸地域がさらされた時代は終わり、今や、諸地域の論理がグローバル化のあり方に影響を与え、世界を多元化している時代である。多様な知が交流する多元的な世界を構想し共に創る機運が、駒場の地に高まっている。

これからわたしは、諸地域のグローバルなつながりと差異に着目した歴史人類学を探究していきたいと考えている。とくに日印欧米の四つの地域に着目したい。固有で多なる現れに着目するとともに、それらを支える地球的なつながりをもみること。これをつうじて現在のグローバル化を、世界の一元化としてではなく、世界史における複数的なるものの交流と相互作用の緊密化の過程としてとらえ、多が賑わいながら根底で一つに連なるような、新たな世界を開くためのヴィジョンを模索できればと夢想している。

5 ユーラシア世界の中の大清帝国
——歴史学、東洋史学

杉山清彦

満洲——マンジュとは

「満洲の歴史を研究しています」——このように言うと、なにか物騒な、あるいは後ろめたいテーマを研究しているように思う人もあるかもしれない。

だが、この「満洲」とは、「マンジュ(manju)」という語の漢字表記(当て字)である(図1)。マンジュとは、日本海の向う側、東北アジア地域の本来の住人の名であり、そのマンジュ人とは、高校世界史にも登場する女真《じょしん》(ジュシェン)人の後身に当る人びとである。彼らは一七世紀に清《しん》(一六一六〜一九一二)という王朝を建てて大発展し、そこから、その故地を指して満洲、マンチュリアなどと呼ぶようにもなったのである。つまり「満洲/マンジュ」とは、しばしば誤解されているような満という州なのではなく(だから氵が必要)、その土地の主人公の自称なのである。

彼らは、本来漢字・漢語(中国語)ではなくマンジュ語を母語とし(文法は、しろうと目には日本語とほとんど同じ)、それを、モンゴル文字を基にした表音文字であるマンジュ文字で書き表した。現在、マンジュ文字は使われなくなって久しく、マンジュ人の後身である中国の満族も、漢語しか解さなくなっている。しかし、清代に書かれたマンジュ語の文献は厖大にあり、私は、このマンジュ文と漢文の史料を用いて、清の歴史の描き直しに取り組んでいる。

「中国の清朝」と「ユーラシアの大清帝国」と

清というと、「中国最後の王朝」とみなされるのがふつうであろう。そのことは、清の版図《はんと》が現代中国の領域の原型をなしていることからも、容易に諒解される。しかし、これは見方を変えていえば、現代の中国とは、たかだか二五〇年ほど前の一時期にしか根拠を持たないものにすぎない、ということでもある。

そもそも「中国」とは何だろうか。われわれ日本人が「中国」と言うときは、ほとんどの場合、漢人(漢族)の社会とその文化を念頭においているが、現代中国は「多民族国家」を標榜しており、そこには漢人とは異なる言語・文字・信仰・慣習をもつモンゴル・チベットなどの社会も含まれている。これらは国家としての「中国」には含まれるが、日本で一般にイメージされるところの歴史的中国社会の一部ではない。ここに大きな〝ずれ〟があるのである。

このような〝ずれ〟は、これらにまたがる大帝国を築いた清が、地域ごとに解体しないで中華民国・人民共和国に移行したことに起因する。そして、二〇世紀以来さまざまに噴き出している「民族」問題は、いずれも清代にその版図に入った地域で起っているのである。では、清の支配とは、どのようなものだったのだろうか。

私が取り組んでいるのは、儒教・漢文を尊ぶ中国王朝としてではなく、それをもその一面とする、広大・多様な領域を統合したユーラシアの帝国としての清の支配構造とその形成過程の解明である。となると、焦点に据えるべきは、建国集団であり帝国の支配層をなしたマンジュ人ということになる。彼らは、一六世紀末マンチュリアの地にその名もマンジュ国（漢字で表すと満洲国！）を打ちたて、これが後金《こうきん》（一六一六）をへて清に発展した（一六三六）。この王朝名は、正式には「大清《ダイチン》（dai-cing）」といい、これは「大なる清」ではなく、二字でマンジュ語・モンゴル語の「ダイチン」（勇武の意）に対応した国号であった。それゆえ私は、マンジュ人のアイシン＝ギョロ氏——その漢字表記が、有名な愛新覚羅である——の君主をいただき、「大清」を号するユーラシアの帝国、という含意を込めて、この国家を「大清帝国」と呼んでいる。

では、そのような観点からみたとき、大清帝国は、どのような姿として描けるだろうか。大清帝国の領域は、図2として示したように、大別五つのブロックからなる。一見して分るように、日本人が一般にイメージする歴史的中国社会の範囲はほぼ旧明《みん》領に相当するが、それはこの広大・多様な領域の半分にも満たないのである。

帝国の中核をなしたのは、地理的には東北部に出自し、構造上は中央に位置するマンジュ人であり、君主の出身母体として、皇帝をハンと仰いでその手足となった。これに対し図で右方に当る旧明領では、一六四四年の明の滅亡後、マンジュ人が北京に

杉山清彦（すぎやま・きよひこ）
大学院総合文化研究科 地域文化研究専攻 准教授．専門は歴史学（東洋史学），研究テーマは大清帝国史．1972年生れ．第1回内陸アジア史学会賞（2002年）受賞．著書に『大清帝国の形成と八旗制』（名古屋大学出版会，2015年，第5回三島海雲学術賞受賞），『海から見た歴史』（共編著，東京大学出版会，2013年）など．

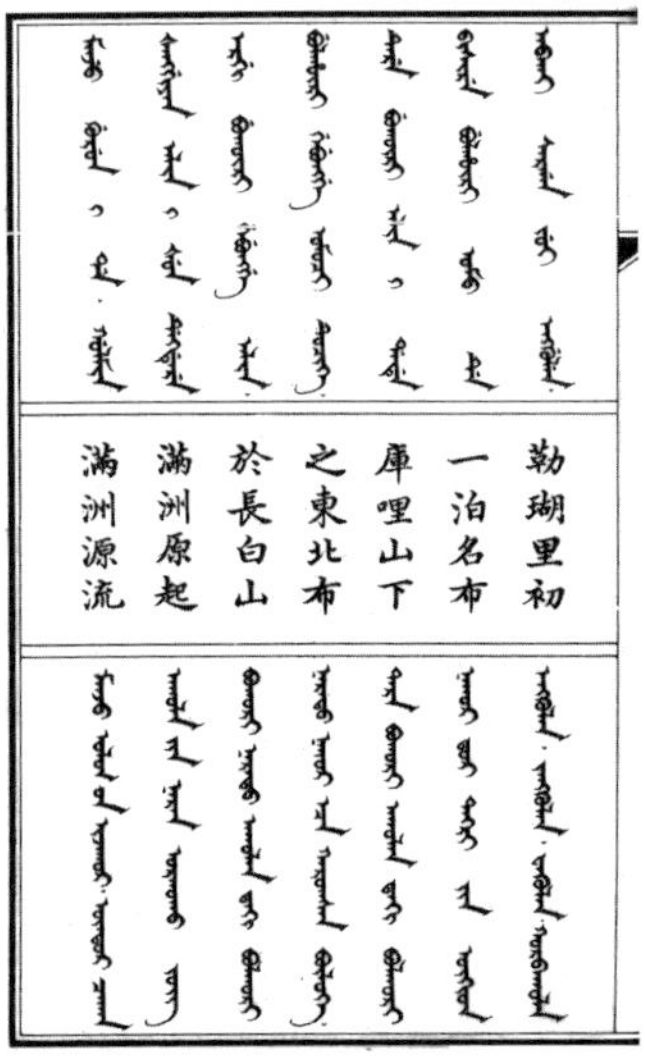

図1 『満洲実録』巻1，「満洲源流」条 建国者ヌルハチ（1559～1626）の公式年代記で，上段からマンジュ文字・漢字・モンゴル文字で同内容が記されている．行は左から右に進み，各段左上が書き出しに当る．漢文の「満洲」は，マンジュ文で「manju gurun」，モンゴル文で「manǰu ulus」，すなわち「マンジュ国」（グルン，ウルスはいずれも国の意）と書かれている．

遷《うつ》って支配を継承した。明は、世襲の君侯・領主が割拠するのではなく、科挙《かきょ》（儒学の教養試験）で選抜された高級文官が全国の行政区を統治する一君万民型の体制を取っており、マンジュ人の大清皇帝も科挙と官僚制を引き継ぎ、漢人と朝貢国に対しては中華皇帝として君臨した。明と清がしばしば一くくりにされるのは、日本から見たときは、同じ姿をして見えるからである。

　ところが、図の左側に目を転じると、様相はまったく異なる。モンゴルでは、帝国時代以来の君侯たちがそれぞれ牧民集団を率いて並び立ち、またチベットでは、ダライ＝ラマを頂点とする聖俗の寺院・領主が割拠していて、両地域ではチベット仏教の信仰が共有されていた。これに対し東トルキスタン（現在の中国新疆《しんきょう》ウイグル自治区南部）にはイスラームが浸透しており、トルコ系ムスリムの有力者がオアシスごとに割拠していた。大清皇帝は、彼らにとっては、遊牧君長たちを従える草原の大ハーンであり、チベット仏教の大檀家にして自らも文《もん》殊《じゅ》菩薩《ぼさつ》の化身《けしん》であり、そして異教徒ながらムスリムを保護する君主であった。帝国は、〝いくつもの顔〟をもつマンジュ人皇帝を共通の君主としていただくことで統合されていたのである。

　その下で、帝国形成・運営の中核となったのが八旗《はっき》である。八旗は、マンジュ人を中心とした軍事組織であるとともに彼らが所属する社会集団でもあり、清一代を通して支配階層とその領民を構成した。彼らは農商工業への従事を禁じられ、もっぱら軍務・行政の任に当ることとされていた。すなわち、わが国における藩と武士に相当するものといえよう。「中国の清朝」というと、儒教を奉じる文官が運営する官僚制国家、というイメージが浮かぶだろうが、実はその中枢の性格は、むしろ近世日本と比すべき武人政権だったのである。

　一方で、これはマンジュ人の独創というわけではなく、モンゴル帝国に代表される、中央ユーラシアの軍事＝政治体制の系譜上に位置する制度であり、その中で最も求心的・集約的な形態をとったものであっ

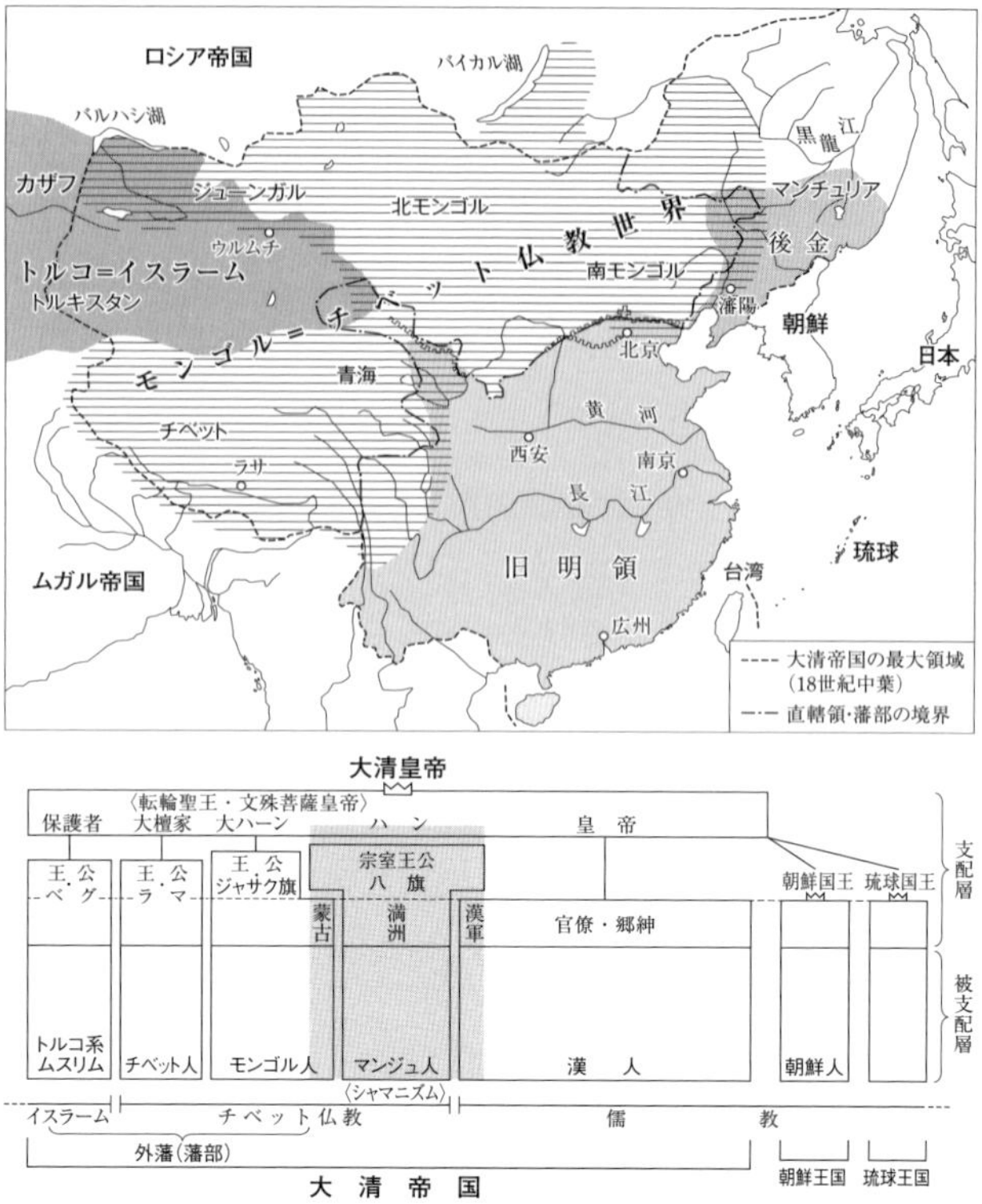

図2　大清帝国の領域と支配構造（18世紀後半，いずれも杉山原図）

た。これらの点を総合して、私は、「中国の清朝」ではなく「ユーラシアの大清帝国」と呼ぶべき姿こそが、この国家の実像であると主張した。つまり大清帝国とは、日本人が思い浮かべるような、漢字・儒教が一元的に覆う「中国」ではなかったのである。

　では、それがなぜ「中国」となったのか。近代に産業革命と国民国家の時代を迎えたとき、この多面的な帝国は、ユーラシア世界から漢人社会に軸足を移し、漢人の人口資源と経済力を利用して、「中国の清朝」に自ら姿を変えて生き残ろうとした。しかし、マンジュ人支配を温存したまま帝国を国民国家に転換しようという虫のいい狙いがうまくいくはずもなく、漢人の拒絶にあって、辛亥《しんがい》革命で倒壊することになる。このとき、皇帝の多面性ゆえに、大きな〝ずれ〟が生じることになったのである。

　すなわち、革命を起した漢人たちは、「中国」で帝政が倒れて共和政に移行したと考えた。図2でいえば、「大清皇帝」に代って「中国」なる枠組みが全体を統合すると考えたのである。ところがモンゴル人やチベット人は、自分たちの父祖はマンジュ人皇帝に臣従したのであって、「ラスト・エンペラー」溥儀《ふぎ》が玉座から下りたということは、自分たちが再び服属以前の状態に復することを意味すると考えた。図2から「大清皇帝」が消滅し、各ブロックは行動の自由を得たと考えるのである。彼らにとって大清帝国と中華民国とは成り立ちを異にする国家であり、自分たちが「中国」に属しているという意識自体がなかった。にもかかわらず、漢人が主導する中華民国・人民共和国は、「中国」という枠組みで統合の継続を主張し、離脱を許さなかった。このように、今日の「民族」問題の根底には、大清帝国の遺産としての領域的・原理的〝ずれ〟が横たわっているのである。

　「中国の清朝」ではなく「ユーラシアの大清帝国」、文人墨客の世界ではなく、モンゴル帝国や近世日本と比すべき「武人の国家」――そのように視座を転換することは、王朝自体の評価に見直しを迫るだけでなく、近世・近代の世界史の見方を変えることにもつながるであろう。

「ひねくれ」根性と「ツッコミ」精神

　このように述べてくると、我ながら大風呂敷を広げたものだと感じられるが、もともと清の歴史に関心があったわけではないし、マイナー言語のマニアというわけでもない。来し方をふり返れば、少年時代からずっと二つの姿勢を貫いて物を見てきたら、ここまで至った、という気がする。

　一つは、よく言えば反骨心、悪く言えば「ひねくれ」根性で、天の邪鬼といってもいいだろう。何事につけ、とにかく人と違うことを考えよう、何でもいいから権威や常識にかみついてやろう、と思いながら物を見てきた。

　そのためにもう一つ肝要なのは――関西人なら当り前のことであるが――、「ツッコミ」の精神である。一見もっともらしい説明や皆が納得している話でも、おかしいと思うところや矛盾している部分を探しては一人ツッコミを入れていた。この分野でいうならば、教科書や概説書によくある、最初は「女真人の異民族王朝」、調子がよくなったら「中華帝国の繁栄」、傾きはじめたら「滅満興漢」（清打倒を掲げた太平天国のスローガン）というテキトーな説明を見て、「〝異民族〟か〝中華帝国〟か、どっちやねん！」と突っ込んでいたわけである。そうしてマンジュ文史料から自分でたどりなおしてみると、そもそもそうではなく、「ユーラシアの大清帝国」こそが帝国本来の姿である、と確信したのである。

だからもともと、このような分野と接点があったわけではない。それどころか、「研究」なるものとも無縁であった。今や政治家ばかりか研究者でも二世の時代、いや三世、四世さえ珍しくないご時世だが、私は戦後の経済成長を支えてきた非大卒の勤労家庭に育った。大学のセンセイどころか、大学に行ったことがある者自体身近にはいなかったし、塾にも行かず公立小中高でふつうに学んだだけだったので、大学がどういうところかも知らなかった。しかし、「大学では、高校までと違って好きな勉強ができる」と聞いていたので、小学生時代から歴史好きだった私は、「大学に行って歴史の勉強がしたい」と思い、大阪大学文学部に入って史学科に進んだ。

それだけだと一途にも見えるかもしれないが、興味をもってきたのは日本の城郭・大名家や戦史・艦艇だったので、ストレートに考えれば日本の近世史か近代史になりそうなところ、そこで「ひねくれ」て、選んだのは東洋史学であった。真面目な理由としては、日本史だと思い入れや主張が入ってしまって、客観的に研究できないのではないかと思ったということがあるのだが、いま一つは、自国史だとどう考えても同業者が多そうなので、趣味ならともかく、専門家として生き残るのは大変だと思ったからであった。東洋史に進んでからも「ひねくれ」ていて、中国史はこれまた研究者人口が多いのでやめておき、さりとてモンゴル史は威勢がよすぎてかえって敬遠した。そうして見つけたのが、史料はたくさんあるが若手はいなかった、清初史と八旗制であった。今にして思えば、魅力的で無尽蔵の鉱脈を掘り当てていたのであるが、そこに行き着いた理由は、はなはだ現金なものだったのである。

研究の進め方も「ひねくれ」ていて、清朝史の専門家のいない研究室に属して、専門のことは自分で勝手にやりながら、ゼミや出稽古を通してシルクロードやモンゴル史、海域史などに精を出した。また、マンジュ語はもはや歴史的な言語であって、話したり書いたりする必要がないことから留学はせず、そのかわりモンゴル語、ドイツ語、フランス語やキリル文字、ハングル、チベット文字など、辞書を引けば読める言語や文字は一つ一つ増やしていった（使いこなせるのは、日本語播州《ばんしゅう》弁しかないが……）。今どき留学経験のない研究者など天然記念物ものだろうし、とりわけそれがジョーシキの駒場では、まがいもの扱いかもしれない。しかし、そうやって裾野を広げることで、一つの国や一、二の言語に特化するのとはまた違う視点や感覚を身につけることができたのではないかと思っている。それは、帝国の多面的な相貌と向き合うのに適した素養であったように思う。

そう思えば、自分の立ち位置自体が、向いていたのかもしれない。私は関西人だが、兵庫県は播磨国《はりまのくに》の産で播州人であり、大阪人ではない。漢人に対してはモンゴルとともに臨みながら、モンゴル人と違うことに矜持《きょうじ》をもつマンジュ人の立ち回りと、どこか通じるところがあるかもしれない。

顧みて、研究分野の選び方から進め方まで、「ひねくれ」ていて奏功してきたようにも思えるが、弁解しておくならば、勝負から逃げまわっていたわけではなく、見込みのありそうなフィールドを見極めて、そこにツッコミを入れてきたのである。そもそも、打算的に専門を選んだように言いながら、歴史文献を相手に考証を積み重ねてゆく古典的な実証史学をやっているのだから、それが一番の「ひねくれ」というべきであろうか。

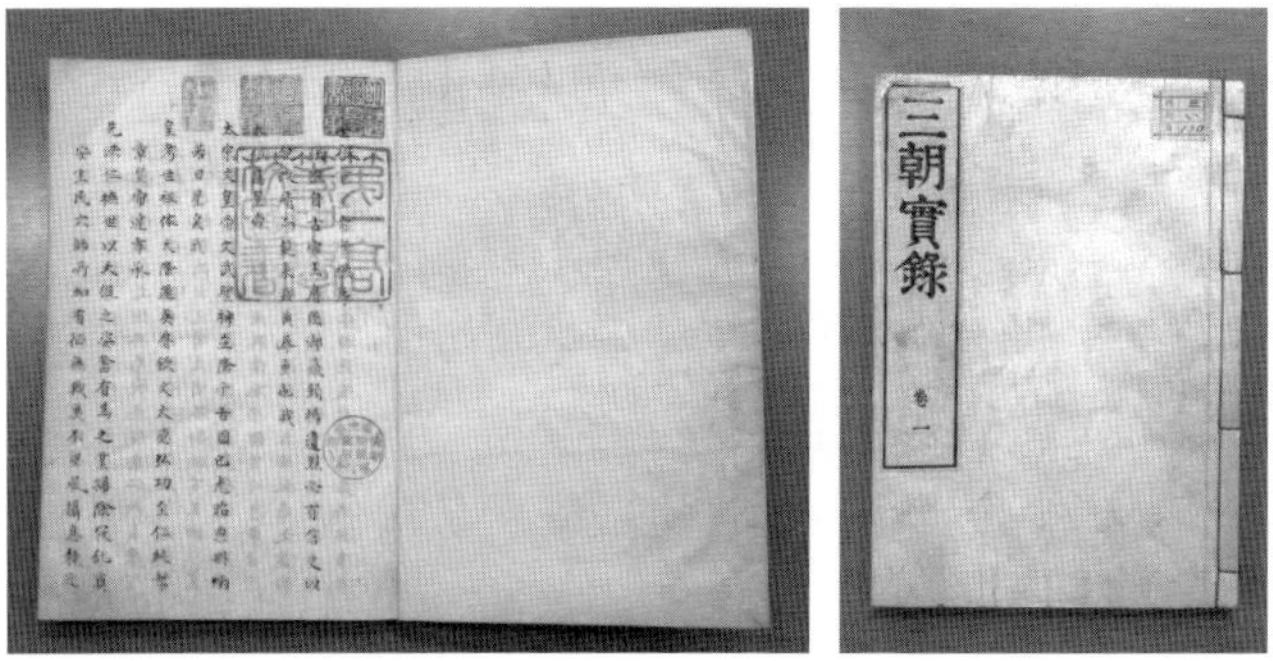

図3　東京大学駒場図書館蔵『三朝実録』
江戸時代に長崎貿易でもたらされた，清の初期3代の皇帝の公式年代記（実録）の写本で，17世紀末に編纂されたバージョン．初期の実録はたびたび改訂され，旧版は散佚することが多かったため，この版は日本に4組が伝存するだけである．本書の調査のため，いく人もの東洋学者が駒場を訪れた．

歴史という物差し

「ひねくれ」て選んだ先だけに、やはり「満洲史」はマイナーである。昭和前半期の東大東洋史教授で、「満鮮史」の権威だった和田清《せい》（一八九〇～一九六三）は、自分の分野を「満洲は極東の辺陲にあって、世界の片田舎であった」とバッサリ片づけている。これは和田一流の謙遜なのだが、大方そう思われているのではないだろうか。

　だが、略述したように、片田舎と思われているマンチュリアから光を当てることで、巨大な帝国の全体像、ひいては近世史像を描き直すことができるし、現在とは隔絶しているように感じられる長大な時間の流れの中で見渡すことで、現代の状況を解きほぐしてとらえることができるのである。

　このように歴史学とは、けっして死んだ動かざるものを扱う学問ではない。人類の来し方を明らかにし、今を理解するための営為であり、文献史料の読解と批判はそのためにある。真偽も定かならぬ雑多な情報の海の中から確かなものをすくい上げること、目の前のことだけにとらわれず、長短さまざまなタイムスパンで物事を眺められること――それら歴史学を通して培われる力は、情報が溢れ、見通しが立ちにくい時代にこそ必要なものであると感じられる。

　今を生きるわれわれに歴史学が与えてくれるのは、過去や現在を把握するための物差しといえよう。私の物差しは四〇〇年程度だが、五〇年スパンのより精密な物差し、一〇〇〇年で刻まれた長大な物差しなど、得物はいくらでもあるし、外国史を学べば、時間だけでなく空間のスケールも数多く持つことができる。あるいは、人類社会の歩みを知るための望遠鏡でもあり顕微鏡でもあるといえるだろうか。

　もし、新しい枠組みやアプローチを以て「駒場的」というのであれば、文献史学に拠って立つ私などは、駒場に居場所はないのかもしれない。しかし、伝統と蓄積の重みをもつ分野が確固としてあるのもまた駒場であり、それが各々の領域に閉じこもらず、枠をこえて交わる場が常に開かれていることこそ、駒場スタイルといえるのではないだろうか。思えば自分も、歴史学の中で時代や地域を問わずにあちこち出没して学んできたという点では、それを実践していたといえるかもしれない。――そう「ひねくれ」て考えながら、今日も歴史学を講じている。

1

同時代史としてのアメリカ研究
——駒場との往還

西崎文子

私の研究室は、駒場キャンパスの西端に位置する一四号館の二階にある。階段を降りると一階には吹き抜けのある二階建てのアメリカ太平洋地域研究センター図書室があり、第二次世界大戦前の貴重本から最新の学術書や雑誌、マイクロフィルム資料に至るまで、アメリカ太平洋関係の数多くの史・資料を閲覧することができる。このセンターではまた、数多くのシンポジウムやセミナーが開催されてきた。以下、私自身のアメリカ研究にも触れながら、五〇年以上の歴史を持つこの図書室・センターが、内外の研究者を呼びよせ、駒場をアメリカ研究の「磁場」たらしめてきたことについて述べてみたいと思う。

なぜアメリカ研究を目指したか

私の専門はアメリカ政治外交史・アメリカ地域研究です、と言うと、ほとんどの人は、アメリカは重要ですよね、と答えてくれ、なぜアメリカなのかと訝《いぶか》しがられることはまずない。ありがたい話だが、アメリカの重要性が当然視される中で、この国がなぜ、どのように重要なのかをきちんと捉えるのは簡単ではない。決まり文句（クリシェ）で語られることが多い国だからこそ、社会の変化や振幅の大きさに注意し、かつ地理的、人種的、文化的な多様性を捉えることが肝要になる。つまり、研究者として、どのようにこの国に向き合うのか、自らの視点を定めるのが重要になってくるのである。

私がこの複雑な国を研究することになったのは、子どもの頃にそこで過ごしたという単純な理由からである。一九六八年から翌年にかけて、家族とともにニューヨーク州の大学町イサカで過ごした。湖や渓谷に隣接した自然豊かな街だったが、そこでの経験がすべて楽しいものだったわけではない。小学校四年で英語は話せず、人見知りの性格から、馴染むには時間がかかった。それでも、住み慣れた環境を離れ、別世界に身を置くことへの肌感覚を得たことは大きかった（つまり、留学のススメ、である）。

この時の体験が、高校時代のもう一度の留学経験につながった。今度は交換留学プ

西崎文子（にしざき・ふみこ）
大学院総合文化研究科 グローバル地域研究機構 教授．専門はアメリカ政治外交史・アメリカ研究．研究テーマは20世紀アメリカ外交の理念的考察．1959年生れ．著書に『アメリカ外交とは何か――歴史の中の自画像』（岩波書店，2004年），『戦後アメリカ外交史 第3版』（共著，有斐閣，2017年）など．

ログラム（アメリカン・フィールド・サービス）のもと、クラシック音楽や読書、料理、キャンプ好きの六人家族のもと、北カリフォルニアで一年を過ごした。この時も、家族との相性は抜群だったが、高校生活一般に関していえば苦労も多かった。アメリカの外向的なティーンエイジャーたちと調子を合わせるのは疲れるなあと感じたものである。

いずれにせよ、私のアメリカ認識の原点がこの二回の体験から培われたのは否定できない。一九六八年はベトナム反戦運動の最盛期であり、キング牧師やロバート・ケネディの暗殺など社会が大混乱する中で、共和党のニクソンが大統領に当選した。イサカにあるコーネル大学でも人種問題や大学運営の問題を巡って占拠事件が起こり、警察による強制排除が行われる激動の時代だった。幼いながらも、このような問題への関心が芽生えたのは確かだ。

高校生で体験した一九七六年のアメリカも混迷の深まる社会だった。建国二〇〇年という記念すべき年のはずが、ベトナム戦争で敗北し、ウォーターゲート事件でニクソンが辞任するなど、政治への信頼と国家の威信とは深く傷ついていた。その中で、革命への夢を語るイラン人留学生や、サイゴン陥落により帰国できなくなったベトナムからの留学生と出会ったことは強く印象に残る経験であった。イランではほどなくしてイスラーム革命が勃発し、以後アメリカとの長い緊張が続くことになる。他方、ベトナム戦争の苦い体験は、表面的には忘却される方向へと進んでいた。

駒場におけるアメリカ研究

この留学経験がなければ、私が東京大学に進学することもなかっただろう。私は宮城県の公立女子高の出身で、東大を目指す人は近くにいなかった。高校留学で世界が広がったことが受験につながったのである（これも、留学のススメだ）。

情報に疎い私にとって、駒場がアメリカ研究にとってどれほど魅力的な場かが分かったのは学部の後期課程でアメリカ科に進学した後である。当時、学生がたむろする研究室のすぐ隣の建物には、アメリカ資料センター図書室があった。図書室というより書庫に近い空間だったが、書架の間に置かれた机で勉強するのは楽しかった。

このセンターが設置されたのは一九六七年だが、その出発点はそれよりも一五年ほど遡る。敗戦から五年後の一九五〇年に、南原繁、矢内原忠雄の歴代総長が中心となって東京大学とスタンフォード大学共催のアメリカ研究セミナーが始まった。アメリカ各地から錚々たる研究者を招聘して行われたセミナーは形を変えながら一九六二年まで続き、そのときにたまった本をもとに図書室ができたのである。このように研究者間の交流を土台にした図書室が出発点であることは、所属する身としては誇らしく思っている。

大学院生が資料集めに渡米するのが簡単でなかった時代に、アメリカ研究資料センターの重要性は大きかった。アメリカ研究関連の和洋図書・雑誌や、マイクロフィルムなどの一次資料を所蔵するこの図書室には、全国からアメリカ研究者が足を運んでいた。一九六六年に設立された日本アメリカ学会もここを拠点としており、会議などで著名な先生がたが集うのを見るのも楽しみだった。

駒場では、贅沢な少人数授業が多く、また地域研究や国際関係論を勉強する友人にも恵まれたが、私にとってすべてが順調だったわけではない。幅広い内容の授業を受けたが、ディシプリンを鍛えるには私の勉強方法は不十分だった。歴史学や政治学を極めるでもなく、思想史の勉強を十分した訳でもない。研究者としての基礎学力が全く備わっていないことを痛感し、私は学部卒業後駒場を離れ、アメリカ外交史に照準を定めて他大学の大学院に進学した。しかし、自分の至らなさに気づき、次のステップを踏み出すことができたのもまたここで勉強したからだと思う。

留学と「アメリカ外交史の文脈」

一九七〇年代から八〇年代にかけて、アメリカはさまざまな研究分野で「先進国」だと思われていた。大学院生や研究者としてアメリカの大学に在籍する日本人も多かった。しかも、私の分野はアメリカ研究である。「本場」で学ぶのが一番という意識は強く、フルブライト・プログラムの支援を受けイエール大学に留学した。一九八〇年代後半の五年間である。

三度目の長期滞在は、また異なる意味で刺激的だった。何よりも印象深かったのはアメリカ経済の凋落ぶりである。レーガン政権下で、いわゆる双子の赤字に苦しみ、ラストベルトや経済格差が急速に広まるとともに、生活保護の受給者に対するバッシングも強まっていた。大学の所在地であるニューヘイヴンも不況にあえいでいた。ゴシック様式を模した建物が並ぶエリート大学が、犯罪の多発する住宅地域に隣接し、タウン（街）とガウン（大学）とが厳しく対立するという現実。息詰まる気もしたが、これ自体が重要なアメリカ体験だった。

その中で、私が専門とする外交史研究は急激に変容を遂げようとしていた。ベトナム戦争をアメリカ認識の原点にもつ私にとって、一九五〇年代後半から七〇年代初頭に興隆した「ニューレフト」による研究は、それがアメリカ外交に対する根底的な批判を容赦なく進めた点で魅力的だった。私が自分を「遅れてきたベトナム世代」と認識しているのはそのためである。しかし、一九七〇年代半ばを過ぎ、ベトナム戦争が過去のものとなるにつれて、そのような急進的な政治的批判は「時代遅れ」と見られるようになっていく。また、政策決定者や知識人に焦点をあてた研究に代わって、社会史や文化史の手法を取り入れた外交史研究も模索されるようになり、冷戦終焉後は、アメリカ外交をグローバル・ヒストリーの文脈に位置づける試みが広まった。

ただ、私自身には、このような変化に対する戸惑いもあった。社会史や文化史を取り入れた研究と、伝統的な政治外交史の研究との間に、方法論のみならず、イデオロギー的な落差が見られたことはその一つの原因である。更に気になったのが、冷戦終焉後に公開された旧ソ連や東欧圏の資料を駆使した研究の多くが、冷戦における西側の「勝利」を所与とした上で、その理由を歴史的に探ろうとしていたことだ。つまり、それまでのアメリカ外交史や冷戦史研究の前提を問い直しつつ開かれた議論の空間を作ることよりも、冷戦をめぐる論争に決着をつけることを目的としている印象を受けたのである。冷戦は、核軍拡や地域紛争をはじめ多くの負の遺産を残した点で、米ソ両方が敗者だと言ったのはかつて「封じ込め」政策を提唱したジョージ・ケナンであったが、そのようなニュアンスのある見方は隅に追いやられていた。

アメリカ太平洋地域研究センター

アメリカ太平洋地域研究センター図書室

ふり返って見て、歴史や歴史学の急速な変化についていけなかった理由は、単に私が天邪鬼《あまのじゃく》だからではなく、私の研究課題が、アメリカ外交の理念的基盤を歴史的に検討するという悠長なものだったからであろう。私が目指したのは、「アメリカ」の総合的な把握を目的とした私より前の世代と、より個別・実証的な研究に重点を置く新しい世代との中間地点だった。修士課程ではウィルソン大統領の国際連盟構想をめぐる理念的分析を、博士論文では草創期の国連と冷戦をめぐるアメリカの外交認識をテーマに選んだのは、いずれもアメリカ外交の現実と理念との交錯する部分に光を当てたかったからである。斎藤眞教授の著書『アメリカ史の文脈』を手本として、「アメリカ外交史の文脈」を理解したいと思ってきた私にとって、時流に乗りそこなったのは必

アメリカ太平洋地域研究センター50周年記念シンポジウム
（2017年11月12日）

然だったのかもしれない。

駒場に戻って

私が教養学部に再び在籍するようになったのは、学部卒業から三〇年以上たった二〇一二年のことである。その間もたびたびキャンパスを訪れたが、実際に戻って来て、アメリカ研究・地域研究の「磁場」としての駒場の存在感を改めて認識した。それまでの私は、歴史学と政治学とをつなぐような学問領域で研究を続けてきたが、それが可能だったのも駒場で分野横断型の学問の「くせ」を身につけていたからだと思う。戻ってみて、自分の出自を確認するような新鮮さがあった。

その間、アメリカ研究資料センターは大きく様変わりしていた。図書室が一四号館に移って拡張したのが一九九四年、二〇〇〇年にはアメリカ太平洋地域研究センターと名称が変更された。また、毎年客員教授を受け入れるなど、オーストラリアとの関係も深まった。さらに、二〇一〇年にはグローバル地域研究機構が設立され、ドイツや中東、韓国など、さまざまな地域研究センターとの連携を強めてもいる。

アメリカ、そしてアメリカ研究を取り巻く環境も変化した。九・一一同時多発テロ事件後のアフガニスタンとイラクへの攻撃は、アメリカ外交に対する強い批判を喚起した。しかし、冷戦の終焉後、日米関係は一種の安定を見せており、私がアメリカ研究を始めたころに見られた日米同盟のあり方をめぐる激しい論争は影を潜めている。日本の外でも同様で、中東への軍事介入が泥沼化しても、ベトナム戦争期のように、アメリカ政治外交史の前提を覆そうとするラディカルな研究が勢いづかなかったのはその表れであろう。他方、日本におけるアメリカ研究は、歴史、政治、文学だけでなく、人種やエスニシティなど社会学や人類学の分野や、音楽や美術、物質文化などの分野で活発化している。

「理念の逆説」としてのアメリカ

私が研究を始めた一九七〇年代、東大の先生がたは華麗なレトリックを用いてアメリカを捉えた。法学部の斎藤眞教授は「自由と統合」や「論理と現実」、教養学部の本間長世教授は「理念の共和国」、同じく教養学部の亀井俊介教授は、日本人のアメリカ認識が「拝米と排米」の間で揺れたと分析し、読者を唸らせたものである。

及ぶべくもないが、私にとって同種のレトリックがあるとすれば、それは「理念の逆説」である。アメリカ社会では、自らを民主主義や自由、平等といった普遍的な価値を掲げる国家だとする認識が根を張ってきた。その認識は、一方では理念の実現を目指すような改革を推進する力となるが、他方では、自国が特別に優越した存在であるといった例外意識のもとともなる。そればかりでなく、理念が目標としてではなく、自国に備わる特性だと捉えられたとき、現実を直視し、自らを省みる能力をアメリカ社会から奪うことにもなった。アメリカが、「自由の国」という決まり文句を唱え続け、自分たちが世界の利益を知っているかのように振る舞い、他国の主張に耳を傾けない理由はそこにある。

　さらにこのような理念は、歴史認識のうえでも逆説的に作用する。例えば、奴隷制や人種隔離政策などは、自由や平等の理念なしには撤廃しえなかったかもしれない。しかし、理念を掲げてこれを克服したことが歴史的アイデンティティとなってしまうと、自らの歴史の優越性が強調され、差別の残滓と向き合ったり、失敗から学んだりすることが困難になる。理念は諸刃の剣となりうるのである。

　私が子どもの頃に見たアメリカは、人種差別の現実と公民権運動の理想との間でもがき、共産主義に対する自由の拡大というスローガンのもとにグロテスクな戦争を延々と続けながら、反戦運動とも向き合っていた。それから半世紀がたち、冷戦をくぐり抜けた今日のアメリカは、理念の可能性を追求するよりも、理念の逆説から生まれる優越意識の呪縛に苦しんでいるように見える。私が見続けてきたアメリカは常に混沌のもとにあるようにも思えるが、この研究対象を、「エンパシイ」(注)を持ちながら内在的に理解しようとすること、これが、私が駒場で学んだ地域研究のもっとも重要な作法であったと考えている。

(注)一九八六年九月に発行された『教養学部報』に、「地域研究を語る」というテーマでの座談会が掲載されている。その中で、古田元夫教授(ベトナム研究)が、地域研究の強い属性として、対象地域に何らかの意味でほれ込むという要素が非常に強いと発言している。本間長世教授(司会、アメリカ研究)は、それを受け、「一つの文化に育ちながら、他の文化に興味をもつ。それから他の文化へのエンパシイ、感情移入を伴って、内在的な研究を進めることこそが地域研究ではないか」と議論をつないでいる。地域の言語を学び、総合的なアプローチを重視する駒場の地域研究の特徴は「エンパシイ」にあり、内在的理解にあることを気づかせてくれる座談会である。

激動する社会を
読み解く

2

政治と市民の接点としての「参加」
——比較政治学から考える

鹿毛利枝子

研究生活は関西でスタート

「駒場キャンパスを通して築かれた自分の研究」について書くようにとの依頼を受けている。私は東大の出身ではないが、思い返してみると、自分の研究生活のスタートにおいて、駒場は大きな影響を与えてくれたように思う。私は京都大学法学部で学び、大学院も京都大学大学院政治学法学研究科に進学して政治学を専攻する大学院生となったが、私が進学した当時、政治学分野にはほとんど女子院生はいなかった。今では大分状況も変わって女子も増えているようであるが、私が関心をもっていた日本政治の分野では、私が入学する何年も前に一人女子院生がいただけであり、その方も既に就職して京都にはいなかった。指導教官をはじめ、京大政治学系の先生方、周囲の院生仲間は非常にサポーティヴであり、知的刺激も多く、嫌な思いをすることはなかったが、京大だけでなく、日本政治分野全体としても女性研究者はほとんどおらず、どのようにすれば研究者として就職することができるのか、よい研究をすれば学界から評価をしてもらえるのかどうか、あるいは女性研究者に対して根強い偏見が存在するのか、先の見えない状況であった。

ロール・モデルとなったのは当時の駒場の先生方であった。私が大学院に進学した当時、加藤淳子先生（現東京大学大学院法学政治学研究科教授）が駒場を拠点に研究をされており、国内外のトップ・ジャーナルに次々と論文を発表し、学界の脚光を浴びていらした。日本政治研究の分野で女性として第一線の研究者として活躍をされたのはおそらく加藤先生が初めてではなかっただろうか。大学院に進学したばかりの私はまだ学会などに参加するには若すぎたが、学会で加藤先生の研究報告を見てきた先輩たちが、すばらしい報告だったと口々に賞賛する（口の悪い関西人ぞろいなので、ストレートなほめ方はしないのだが）のを見て、ひそかに大いに勇気づけられたものである。

加藤先生は駒場の出身で、国際社会科学専攻の大学院に進学された後、イェール大学で博士号を取得し、駒場に戻って教鞭をとっていた。少し分野は違ったが、同じ時期、国際関係論の古城佳子先生もプリンストン大学で博士号を取得された後、駒場に戻って教鞭をとり、学界で活躍していた。京大の大学院に進学したばかりだった私も、お二人にお会いしたことはなかったものの、アメリカに行って学位をとれば、日本で研究者として職を得ることができるのかもしれないと、道筋が見えた思いであった。実際私は京大で修士課程を終えた後、アメリカに留学し、博士号を取得することとなったが、私が研究者としてキャリアをスタートさせた頃に加藤先生や古城先生という方々がいらっしゃらなかったら、どのように研究生活を進めればよいのか、分からなかったのではないかと思う。

その後、私は神戸大学で何年か教えていたが、ご縁あって加藤先生の後任として駒場に呼んで頂いた。自分がロール・モデルとして追いかけていた加藤先生の後任として呼んで頂いたのは本当にありがたく、また嬉しかったのを覚えている。

参加をめぐる研究（1）
——参加と戦争

勇んでアメリカの大学院に向かった私であったが、早々に壁にぶつかった。私は帰国子女で、日米経済摩擦の激しい時期にアメリカで高校時代を過ごしたこともあり、政治学の中でも、政治と経済の接点を探る政治経済学分野を研究したいと思っていたが、大学院で読むこの分野の文献がどうもぴんと来ない。当時政治経済学分野では、経済学のモデルを取り入れた計量的な手法が進んでいた。数学的には洗練されていたが、多くの仮定を置いたモデルが現実的なものだとは思えなかった。どうしたものかと、悶々と博論のテーマを探す日々が数年続いた。

私が博士論文を書こうとしていた時期、学界では政治における市民団体の役割が再評価されていた。私が博士課程で留学していたハーバード大学では、ロバート・パットナムという研究者が、市民団体が活発に活動する地域では、行政がより円滑に遂行され、市民の政治への満足度も高くなる、という研究を発表して、大きな話題を呼んでいた。その基本的な発想としては、多くの市民が市民団体に参加し、市民団体が活発に活動する地域では、より「市民性」の高い市民が育ち、そのように「市民性」の高い市民の多い地域では政治の「質」もおのずと高くなる、というものである。つまり民主主義を下支えするのは市民団体である、という議論であった。日本においてもしばしば学校の部活などが「社会性」を育むという主張がされることがあるが、少し似た発想の議論である。

このパットナムの研究に触発されて、一九九〇年代後半から二〇〇〇年代はじめにかけて、市民団体の活動の実態やそれを規

鹿毛利枝子（かげ・りえこ）
大学院総合文化研究科 国際社会科学専攻 准教授．専門は比較政治学，市民社会論，司法政治論，日本政治など．著書に *Civic Engagement in Postwar Japan: The Revival of a Defeated Society*（Cambridge University Press, 2011, 第10回日本NPO学会審査委員会特別賞受賞），*Who Judges? Designing Jury Systems in Japan, East Asia, and Europe*（Cambridge University Press, 2017）など．

定する要因をめぐる研究が各国で活発に行われるようになっていた。ハーバード大学はそれらの研究の一大拠点となっていたが、日本についてはまだ研究がほとんど進んでいなかった。そこで日本の市民参加活動を題材に博論を書けるのではないかと思ったのだが、そこからが紆余曲折であった。「日本の市民参加活動」という、それなりに鮮度のよい「素材」は決まったのだが、この「素材」をどう「料理」すべきか、いい方法がなかなか浮かばない。いろいろ「試作品」は作ってみたものの、自分でも納得がいかず、悩みながら試行錯誤する日々が数年続いた。

　そこに二〇〇一年、アメリカ九・一一同時多発テロが勃発し、イラク戦争が近づいた。当時私はまだアメリカで博論のテーマを模索中だったが、この頃のアメリカは不思議な、嫌な雰囲気であった。当時のブッシュ政権は明確な根拠を示さないまま、イラクを攻撃すべしという「結論」ばかりを強調し、メディアも世論も同調した。戦時中の日本もこんな雰囲気だったのだろうかと暗澹たる気持ちになったが、そのような中、ある日新聞を読んでいると、当時のアメリカ政府高官が「日本の占領改革もうまくいったのだから、イラクを破って占領改革を行えば、きっとうまくいく」と発言したのが目に止まった。それは違うだろうと思ったが、その時ふと、戦前・占領期・戦後にかけての日本の市民社会の変化を分析してみてはどうだろうかと思いついた。行き詰っていた博士論文にふと光が見えた瞬間だった。

　実際、日本における市民団体の活動を史的に辿った研究は、その当時政治学の中ではほとんどなく、また日本のように、戦争を経て市民活動が中断し、地域によっては活動の拠点が戦災によって完全に焼失してしまったような場合に、市民活動が復興するのか否か、またどのような条件の下でその復興がより円滑に進むのか、を探ったような研究は、日本についても、日本国外の同様のケースについても、ほとんど進んでいなかった。そこで、東京に戻り、ガールスカウトやＹＭＣＡなど、多くの団体に直接お邪魔して、資料を提供して頂き、日本の市民参加の歴史的な推移を調べる作業を開始した。いわば「足で調べる」地道な調査である。調査が進んでくると、日本の市民団体活動は戦後飛躍的に拡大しており、その拡大の仕方は物理的な被害水準とは無関係であることが分かった。戦前期において市民団体活動が活発であった地域では、戦時中に受けた被害水準とはかかわりなく、つまり戦時中にいくら被害を受けようとも、戦後の市民団体活動の復興が早く、逆に戦前期において市民団体活動が比較的低調であった地域では、戦時中に受けた被害が小さくとも、戦後の市民団体活動の復興が遅かった、ということが分かったので

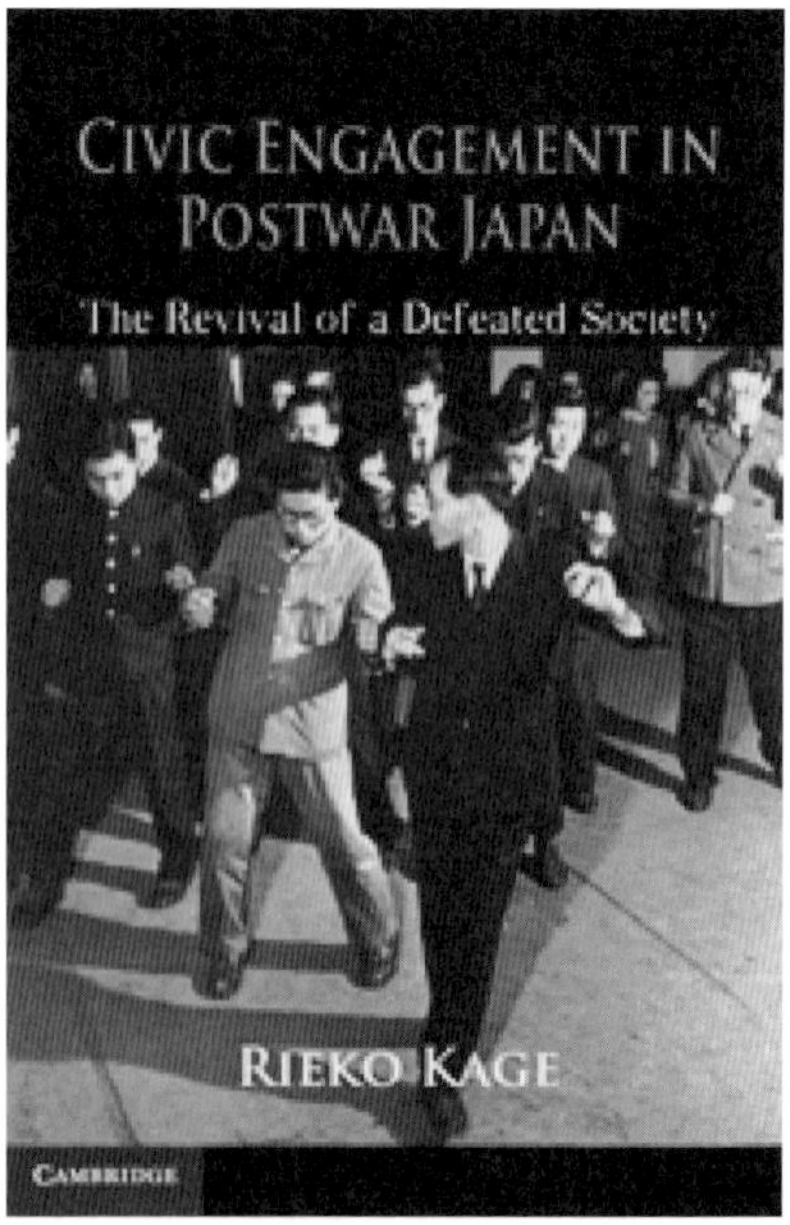

単 著 *Civic Engagement in Postwar Japan: The Revival of a Defeated Society* (Cambridge University Press, 2011).

ある。日本の市民活動の戦前期から戦後にかけての展開は、日本の文脈を超えた意義をもつ事例であり、その意味で日本政治研究のみならず、比較政治学的にみても、意味のある研究であったと考えている。この博士論文はその後、著書 *Civic Engagement in Postwar Japan: The Revival of a Defeated Society* (Cambridge University Press, 2011) として公刊されている。

参加をめぐる研究(2)
——参加を促す政策

次の著作、*Who Judges? Designing Jury Systems in Japan, East Asia, and Europe* (Cambridge University Press, 2017) では、別の角度から「参加」の問題に取り組むことになった。前著がアメリカで構想され、その大部分が最初の赴任先となった神戸大学で執筆したものであったのに対し、こちらの著書は産まれも育ちも駒場のものとなった。

この研究の着想も偶然であった。陪審制など、市民が国の判決に参加する制度については、実は博士論文の中でも議論の関係上、少しだけ触れていたのだが、そのまま忘れ去っていた。きっかけとなったのは、数年後に参加する機会を得た共同研究プロジェクトであった。このプロジェクトでは、同年代の研究者たちと、政府の市民に対する「アカウンタビリティ(=説明責任)」を担保する制度、たとえば会計検査制度やオンブズマン制度などについて考える機会を得た。このプロジェクトに自分がどのような形で参加できるのかと考えていたときに、ふと思い出したのが、博論でほんの少しだけ触れた裁判員制度であった。

裁判員制度は、現代民主制において、国家が市民に対して強制的に参加を促す数少ない制度の一つである。普通「政治参加」といえば投票や署名運動などの形があるが、これらの参加活動は(オーストラリアなどのように投票が義務制となっている国を除いて)、市民の自発性に委ねられており、参加しなかったからといってとくに罰せられるわけではない。ヨーロッパ諸国や韓国などでは徴兵制が残っているが、アメリカやイギリス、日本などでは廃止されており、多くの国では「強制参加」は過去のものとなっている。陪審制や裁判員制度は、現代民主制において、市民が参加を強制されるほぼ唯一の制度である。

なぜこのような強制参加の制度が採用されるのか。そもそも裁判官は、裁判をめぐる権限——有罪・無罪を決めたり、量刑を決める権限——をそうやすやすとは手放さないはずである。しかも、各国の参加制度は、少しずつ形態が異なる。一九九〇年代以降に導入された制度だけをみても、日本の裁判員制度の下では裁判官と裁判員は一緒に協議し、有罪・無罪と量刑を決めるが、

単著 *Who Judges? Designing Jury Systems in Japan, East Asia, and Europe* (Cambridge University Press, 2017).

たとえば韓国が二〇〇七年に導入した「国民参与制」では、陪審員は裁判官なしに有罪・無罪を決め、またその判断は勧告的な効力しかもたない。裁判官が陪審員の判断に納得しなければ、陪審員の判断とは異なる判断を下すことができるのである。このように、同じ刑事裁判における市民参加の制度といっても、国によって制度の形態が異なるのはなぜか。制度の違いをもたらす政治力学の違いはどのようなものか。本書ではこの点を、各国の政党政治の違いから説明しようとした。

　一九七〇年代以降、先進諸国では、「ニューレフト」と呼ばれる新たな政策領域を重視する政党が台頭した。一般にこれらの政党は環境や情報公開、地方分権といった政策主張を掲げるが、市民の政策過程への直接参加を主張することも多い。このような政策主張を掲げる政党としては、西ヨーロッパのいわゆる「緑の政党」が典型的であるが、アメリカの民主党、イギリスの労働党、日本の（旧）社会党や（旧）民主党など、既存のいわゆる左派政党も、このような「ニューレフト的」主張を掲げるようになっている。陪審制や裁判員制度のような制度は、司法の意思決定に市民が直接参加する制度であり、まさに「ニューレフト的」政策争点である。本書の分析は、制度が導入された頃、日本では「ねじれ国会」の時期であり、参議院の過半数を握っていた民主党が政策決定に影響力を及ぼすことができたのに対して、韓国ではいわゆる「ニューレフト的」政党が弱かったことが、韓国におけるより限定的な改革をもたらしたことを示している。

　司法と政治の関係をめぐる研究はjudicial politicsといって、アメリカでは一大産業であるが、日本ではほとんど研究が進んでこなかった。本書はその意味でも先駆的な研究であったと思っている。しかし水俣病をめぐる訴訟や、薬害をめぐる一連の判決を例に出すまでもなく、司法の判断は戦後日本において、時に重要な政策転換の契機となってきた。ほとんど研究がなかっただけに、この領域は研究テーマの宝庫であり、今後はこの分野の開拓をさらに進めていきたいと思っている。

　この研究を進めるに際して、駒場における研究会で得られたフィードバックの中から重要なヒントを頂いた。プロジェクトの始まった当時、私は駒場の内山融教授が代表を務める共同研究に参加させて頂いており、その一環として、研究発表の機会を頂いた。裁判員制度というテーマは決まったものの、問題設定の仕方について迷っていた時期に、内山教授はじめ共同研究の参加者の方々から貴重なアドバイスを頂き、その後のプロジェクトの方向性を決めることができた。自由で闊達な駒場の雰囲気は、研究を進める上でも貴重な財産である。

　この研究をきっかけに、ここ数年、国内外の法社会学系の学会に参加することが増えたが、そのような学会に出かけていくと、国際社会科学専攻の同僚で経営学者の清水剛教授とご一緒する機会が増え、多くの知的刺激を頂いているのも駒場ならではの学際性かもしれない。

駒場図書館

　駒場での研究を語るに際し、もう一つだけ触れておきたいのは、駒場図書館と図書館スタッフの方々の素晴らしさである。文系の研究者は理系の研究者と異なり、大型の機材や実験施設などはあまり使わないことが多い（使う文系研究者も増えてきてはいるが）。インタビューやフィールドワークなどを行う研究者もいるが、やはり伝統的に「本」と「論文」に依拠して研究を行うスタイルの者が多い。つまり研究の命は図書館である。駒場図書館自体の蔵書はそれほど大きなものではないが、東大全体の図書館の蔵書数は日本一であり、図書にもよるが、朝本郷の図書館から注文した本が、早ければ同じ日の午後には駒場キャンパスに届けられ、駒場図書館で受け取ることができる。雑誌論文についても同様である。このように、駒場図書館は私たち研究者の日々の研究を支えている。このあたりの知的インフラストラクチャーにかかっている費用は膨大であり、また年々増大するばかりであるが、大学にはなんとか維持して頂きたいものである。

駒場図書館のスタッフの方々の献身、プロフェッショナリズムにも何度も助けて頂いている。研究者は時としてかなりマニアックな雑誌の論文が必要になることがある。膨大な蔵書を誇る東大図書館にも所蔵がなく、またOPACやWebcatというような大学横断のシステムで検索してもヒットしないような雑誌の論文が必要になり、こちらで調べてもどうしても入手方法が分からず、途方に暮れて駒場図書館のスタッフの方にご相談をさせて頂くことがある。そのような希少文献についても、スタッフの方々は、大抵数日のうちに見つけ出して、入手方法を教えて下さる。どのような魔法を使っていらっしゃるのか、私には想像がつかないが、そのようなミラクルを起こして下さり、諦めかけていた文献が手に入ったことが幾度もある。図書館と同様、図書館スタッフの方々も、駒場の学術研究を支えてくださる貴重な縁の下の力持ちであり、この方々のサポートなしには私たち研究者は研究を行うことは不可能である。

駒場の研究環境

駒場にはわが国でも一線級の研究者が多く在籍しており、図書館や図書館のスタッフもすばらしいが、では現在の駒場の研究環境全般が海外の第一線の大学や研究機関と比較して恵まれているかといえば残念ながらそうではないだろう。研究者をとりまく環境がむしろ年々悪化しているのは、駒場に限らず、日本全国共通の現象である。メディアにおいてはこれは「研究費不足」の問題として報道されることが多いが、研究費の問題もさることながら、研究者が事務的な雑用に忙殺され、十分な研究時間がとれないことはもっと大きな問題であるように思う。日本の学界に多大な知的貢献を行ってきた「知の最前線」としての駒場の将来は現在非常に厳しい状況にある。

3

ロッテルダム・フランクフルト・駒場
——〝精神の自由を巡る対抗関係〟を探求する旅の中で

福岡安都子

「牛に引かれて」

大学に入り立ての学生たちが示す知的好奇心の迸《ほとばし》りを初めとして、駒場ならではの魅力は数多い。私は駒場に教員として勤めるようになり、学生の頃とは異なる形でここで時を過ごすことになったが、その中で特に魅力に感じているものの一つは、駒場で教鞭を執る方々のバックグラウンドが非常に多岐にわたっていることである。

研究者という職業は、自分がテーマとして選んだところに合わせて自分の人生を大胆にカスタマイズすることができる。好きな——研究遂行上必要な——言葉を覚えて、遠い時代や場所に旅することができる。あるいは「牛に引かれて」善光寺の如くと言うべきか、研究課題（牛の角に掛かったさらし布）を追いかけているうちに知らぬ間にそこに行っている、ということもあろう。いずれにせよ、研究者は自分がフィールドとして選んだところに行って、前とは少し違う人になって戻ってくるのであって、逆に言うと、その研究者がどういうところでどういう時を過ごしたかは、既にその人の一部である。この意味で多岐にわたる研究者が参集する駒場はとても楽しく、外国での学位取得者が多いといった数字はその表層を表すものにすぎない。

私は研究テーマとして、一七世紀のオランダを主たる対象に、政治と宗教を巡り聖書解釈を介して闘わされた論争を分析し、それを通じて、精神的自由を中心とする人権成立史の一段階を明らかにする、ということに関心を持ってきた。これまでの研究成果は、主に、二〇〇七年の『国家・教会・自由——スピノザとホッブズの旧約テクスト解釈を巡る対抗』（東京大学出版会）と二〇一八年の *The Sovereign and the Prophets: Spinoza on Grotian and Hobbesian Biblical Argumentation*（『主権者と預言者たち——グロティウス、ホッブズによる神学政治論の伝統とスピノザ』ライデン／ブリル社）という形で公表している。

このテーマに逢着したのは、論文執筆によくあるように、幾つかの偶然の重なりによってである。しかし振り返って見てみれば、上記の問題設定は、本学のウェブ・プロジェクト「ビブリオプラザ」への寄稿でも記したように、明治以来の日本における「西洋法の継受」の過程で今なお宿題として残る領域、即ち、次の三つのファクターに因る空白域が相互に重なる領域に取り組むということを、漠然としてではあるが、意識していたような気がする。

明治以来の「宿題」領域

（一）オランダ語とオランダ史の研究

これは言うまでもなく、明治時代、日本で西洋法の継受が本格的に始動するようになって以降、英・米・独・仏への傾斜の中で、いったん途絶えてしまったものである。少なくとも私が研究者を志した、二〇〇〇年代初め頃までの法学部研究室の雰囲気は、基本的に英語・独語・仏語のいずれかを選び、学問的ツールとして使えるようになるように、というものであった。対応して先輩の法律系研究者の留学先も、英・米・独・仏で圧倒的多数を占めていたように思う。

（二）学術用語としてのラテン語で書かれた法的・政治的論考の研究

明治以降、日本の法学者が留学するようになった欧州は、学術語としてのラテン語が既に退潮した時代であった。対応して、日本の法学・政治学研究でラテン語を使うとすれば、それは主としてローマ法か中世法の研究でというのが通例になったように思われる。その結果、フランス革命の少し前あたりまで、ラテン語で執筆された法学・政治学上の大作というのはかなり存在しているにもかかわらず、実際上は、英語・独語・仏語で書かれた作品に比較し、日本における法学・政治学研究の文脈において研究蓄積が顕著に少ない、という結果にもなった。

（三）政治と宗教、特に啓示宗教の特殊性に由来する法的・政治的問題の評価

これはなかなか表現が難しいが、法思想史の碩学B・ティアニーが述べるように、「西洋の憲法思想の発展を本当に理解することは、教会論と政治理論を――教会についての考え方と国家についての考え方を――常に車の両輪のように考察していくことなしには不可能である」（B. Tierney, *Religion, Law, and the Growth of Constitutional Thought 1150-1650*, 1982）というのは、やはり真実であると思う。

例えば、西洋史上、中世的な分権状態から近代国家が成立していく過程で、封建領主やギルドといった半独立の主体から中央の君主に権力が集中させられていくという

福岡安都子（ふくおか・あつこ）
大学院総合文化研究科 国際社会科学専攻 准教授．法学博士（フランクフルト大学）．2000年法学部卒業．同年法学・政治学研究科助手．2002～2004年ロッテルダム大学客員研究員．2005年助手論文提出後，再渡欧．マックス・プランク・ヨーロッパ法史研究所客員研究員等．2011年～現職．専門は憲法学．研究テーマは精神的自由権の歴史．著書に『国家・教会・自由――スピノザとホッブズの旧約テクスト解釈を巡る対抗』（東京大学出版会，2007年），*The Sovereign and the Prophets: Spinoza on Grotian and Hobbesian Biblical Argumentation*（『主権者と預言者たち――グロティウス，ホッブズによる神学政治論の伝統とスピノザ』Brill，2018年）．

ことは、高校の世界史の教科書等でもよく取り上げられる事項であろう。この「俗界」内での動きとパラレルな動きが、言うなれば「聖界」ないし教会と中央権力との相互関係でも、同じく相当の軋轢を伴いながら生じたわけである。

先のティアニーの言にあるように、宗教的・神学的言説と法的・政治的言説が「車の両輪のように」交錯することは、啓示宗教の伝統の中では決して特異ではない。否むしろ、政治秩序を安定化させるには、この宗教・神学と関わる部分を手堅く交通整理して対処していくことが必要、という認識が存在している（対応して、特に二〇〇〇年代以降、欧米ではこの領域の研究が再び盛んになっている）。しかしこの問題領域は、どうも日本の法学・政治学研究では、少数の例外を除きどちらかというと苦手とされてきたようで、西洋法の継受の過程でも、一種のフィルタリング作用が働いてきたところがあると感じている。

オランダ、そしてドイツへ

もちろん、明治以降の日本における「西洋法の継受」とは、創造的なものを多分に含んだ偉業であり、「輸入法学」とか「模倣」とかの平たい言辞で捉えられるものでは決してない。ただ、それでもなお残る「宿題」のようなものはあり、特に、上記三要素が重なって「空白」の「白」が取り分けて際立ったところに取り組んでみる必要があるのでは、と感じられたのである。

しかし、特に最初は大変であった。幕末以来、幾世代もかけて拡充を続けてきた英和・独和・仏和辞典等と同等の学術研究用辞書が、オランダ語についてあるかというとそうではない。また、初期近代のラテン語についても、駆け出しの研究者として見聞が限られていたせいか、適当な講読ゼミ等を近くに見つけることができなかった。さらにオランダ語文献については、何かの偶然で購入された図書が学部内外にポツリポツリと見つかる程度である。紆余曲折の末、思い切ってオランダに飛び込んでみることになった。デカルトやスピノザの思想を歴史的文脈から再構成する研究で成果を上げていた、ロッテルダム大学哲学学部への留学である。これには、京都の村田海外留学奨学会、それにオランダ政府運営のホイヘンス・プログラムから御支援を頂いた。誠に有り難いことであった。

しかしもちろん、「留学すれば何とかなる」というものでは決してなかった。オランダで特に最初の一年は遭難寸前であった。そもそも、冬の天候がかくも悪い土地柄とは知らなかった。暗くて寒くて雨ばかりなだけではない。北海沿いの強風にあおられて、雨が「上」からだけでなく、「斜め左右」からだけでもなく、時には「下」から降る、というか吹く。この中を自転車で走るのである。走行前方の水たまりに突風でミニ津波が立つのが見えたら、次の瞬間には風と雨の塊が体当たりしてきて自転車ごとよろめくことになる、むしろ自転車を降りてしまった方が良い――例えばそういうことを学んだ。初めての冬の終わり、黄や紫の小さなクロッカスが咲き出ているのを発見した時は、涙が出るような気持ちであった。

しかしもっと大変であったのは、自分の研究について、それを単なる「夢」から一個の「論文」にする、その具体的道筋を見つけ出すことであった。何せ、学部を卒業して数年に満たない「東洋人の小娘」である。真面目に取り合おうという人の方がまれであろう。しかし、『オリヴァー・ツイスト』の世界ではないが、そこに描かれる地の塩のような奇特の人士が、奇跡の如く、少数ながら世にはやはり存在していることを実感したのがこの留学の日々であった。拙著二冊の謝辞にそれぞれ著したとおりである。

博士課程最後の口頭試験には，先輩の研究者や友人が集まってくれた．長い道のりを歩き通すことができたのは彼らのお陰である．

そうした貴重な出会いに助けられ、研究者としての土台の部分——学問的オリジナリティを巡る矜持《きょうじ》、史料や先行研究との向き合い方、加えてオランダ人特有の多言語環境への愛など——を彼の地で学ぶことができたのは、大きな幸運であった。しかし現実問題として、二年間の留学でできることは非常に限られている。こうした中から、助手論文提出後すぐに日本の大学に就職してしまうのではなく、外国人学生にも長期の奨学金枠組（DAAD：ドイツ学術交流会）がある隣国ドイツを拠点に、欧語での学位論文執筆及び出版を目指して基礎研究を続ける、という選択肢がその後現実化していった。

一番難しかったこと

研究者の歩みにとり、その出発点にある素朴な問題意識——つまり「夢」——は大切にすべきもので、それを、いじくり回して殺してしまうようなことは避けなくてはならない。しかし同じくらい肝要であるのが、高きにある「夢」に地上からどうはしごを架けるかである。私の場合、上に述べた三つの課題の中で一番難しかったのが、（二）の政治と宗教、特に啓示宗教の特殊性に由来する法的・政治的問題の評価という問いに、具体的にどうアプローチするかという点であった。

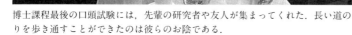

即ち、西洋史上、聖書解釈を巡る論争というのは枚挙に暇がないが、特に人文主義・宗教改革の流れの中では、ヘブライ語やギリシャ語の単語釈義や文法解析等、相当にテクニカルな性質も備えた聖書解釈が、実はしばしば、法制度や政治を含む、その当時の社会におけるアクチュアルな論争点に関する間接的表現の性格を帯びた。この傾向は神学者間の議論に限られない。今日の分類では「法学者」や「哲学者」とラベリングされる知識人もまた、聖書を万人に開かれた共通のテクストとして、聖書解釈を駆使した論陣を張っているのである。そうした、今日の表現で言う「学際的」性格の議論が、私の取り組む史料であった。

そこで論じられている内容は多岐にわたるが、当時の知識人にとり特に焦眉であった論点が、先のティアニーの言葉でも触れられていた国家と教会の関係である。つまり、この時代に起こっていたものは、宗教改革によりローマとの紐帯を解消する諸教会が広範囲に現れる中で、それぞれの国家の中で改めて教会がどのようなポジションを得るべきかに係る、壮大な仕切り直しの過程であった。しかもそれを、宗教改革を境に堰《せき》を切って始まった、信条・信念の未《み》曾《ぞ》有《う》の多極化の中で行うのである。一方の陣営で「瀆神《とくしん》者」と非難される人が他方の陣営では「殉教者」と賞揚される、極めて厳しい思想対立と戦争の時代であった。こうした不和と軋轢の歴史の中から、信教の自由や良心の自由、表現の自由が産まれてきたわけであるが、それらが概念化される際の母胎ないしプラットフォームであったのが、ここに記したような、聖書解釈を駆使する初期近代の議論空間であった。

　この事実は、今日の研究にとり難しい問題を提起する。精神的自由その他、今日の法や政治にとって極めて基本的な概念のルーツは、この時代の、しばしば高度にテクニカルな性格の聖書解釈を解読することなしには明らかにし切れないわけであるが、ではその解読をどう行ったらよいのか、という難しさである。海底に眠るメタンハイドレートを資源として役立てたいが、ではどのように掘削したものか、というのにある意味よく似た状況である。当時の私がオランダやドイツの寒空の下で考えていたのは、そういうことであった。

「対抗」関係の発見

　この課題を解決するに当たり、研究の初期の段階に着想しその後育ててきたのが、二〇〇七年の拙著の副題で「対抗」と表現した、比較分析の考え方である。

　即ち、この時代の聖書解釈を介した法政治論を複数読んでいて気が付いたことがあった。同じような聖書章句が、複数の論者のテクストに横断的に現れて、かつ、それぞれの論者により微妙に違う訳文なり解釈なりを与えられているのである。要するに、この時代の聖書解釈が、他の論者との思想上の共鳴関係や対立関係を表現する、共通の重要な媒体として機能していた、ということである。上に「テクニカル」な側面として触れた、ヘブライ語等の語学的分析や旧約聖書世界の歴史分析もまた、論敵よりも強いカードを生み出すための手段という役割を担っていたのである。

　これは実は、法学を学んだ者にとり、既視感のある現象である。法学者は、法律の条文を大前提としてシェアしつつ、その意味をどう解するか――例えば「法律の定める手続」（憲法三一条）として何を理解するか――を巡って、A説、B説……と分かれて互いに争う。その際にしばしば、ルーツとなる外国法の上での対応語彙（「法律の定める手続」であれば、アメリカ憲法における“due process of law”）やその語彙の歴史的背景などを調べてきて相手に反論する、といったことを行う。そうであるとすれば、自分の取り組む史料についても、論者間で横断的に現れる共通の聖書章句やトピックに着目し、それらの解釈を巡る共鳴・対立関係――「対抗」――を、文法・語法的レベルも含めて詳しく比較分析することによって、そこに込められている国家や教会、自由についての論者各々の考え方を抽出することができるのではないか?

　これが、上記の「掘削方法」について見出した私の解であった。こうした論者間の「対抗」は、例えば、聖書のヘブライ人の世界にあったと考えられた合議制の裁判・

統治機関「大サンヘドリン」の構成員といった論争点（聖職者のみが裁判官を務めたか、それとも世俗の政治的指導者も含まれたか）に典型的に見られる。こうした「対抗」関係を示す論争点には諸々のものがあり得るが、「媒介者枠組」とも呼ぶべき共通の問題関心で繋がれた一群が特に際立つ。即ち、「神の直下に立ってその意思を媒介する任に当たるのはいかなる存在であるべきか」という問題関心である（先の「大サンヘドリン」問題もこの一群に属する。この場合、「大サンヘドリン」が神の法の解釈・適用者（媒介者）であったことを前提に、この合議体は構成員として聖職者のみならず政治的指導者をも含むのかを論じているのである）。この「対抗」及び「媒介者枠組」に注目するアプローチは、元々スピノザの『神学・政治論』（一六七〇）とホッブズの『リヴァイアサン』（一六五一）の妙に似通った聖書解釈を説明する過程で構想を得たアプローチであるが、二〇〇七年に『国家・教会・自由』を出版した後、フランクフルト大学博士候補生《ドクトランディン》として研究を継続していくうちに、同じ「対抗」分析の手法が、スピノザの祖父世代のグロティウスを初め、時間的・空間的により広い範囲の史料で有効であることを明らかにすることができた。

この間、欧米では、ハーバード大学E・ネルソン教授の『ヘブライ人の共和国』（E. Nelson, *The Hebrew Republic*, 2010）等が出て、初期近代の政治的トポスとしての旧約聖書の役割が一挙に脚光を浴びた感がある。しかし、文法・語法解釈も掘り下げる、上記のような「対抗」の分析手法は、ネルソンの分析よりも深いところに光を当てることができると考える。スピノザ、ホッブズの問題に加え、グロティウスとその周辺をも分析対象に設定して執筆した英語論文 *The Sovereign and the Prophets* は、欧米学界との関係で、例えばそういうところを問うことになった。

　こうした構想を一冊の英語の著作に仕上げていく作業は、その後、しかるべくして、駒場が拠点となった。学問の真実を追う作業に「世界」も「日本」もない、という駒場の先達たちが当たり前にみなしてきた伝統があってのことである。駒場キャンパスの懐は深く、ここには、日本から外の世界への「地続き感」がある。かくして、牛の角に掛かったさらし布を追いかける道中は続いていくのである。

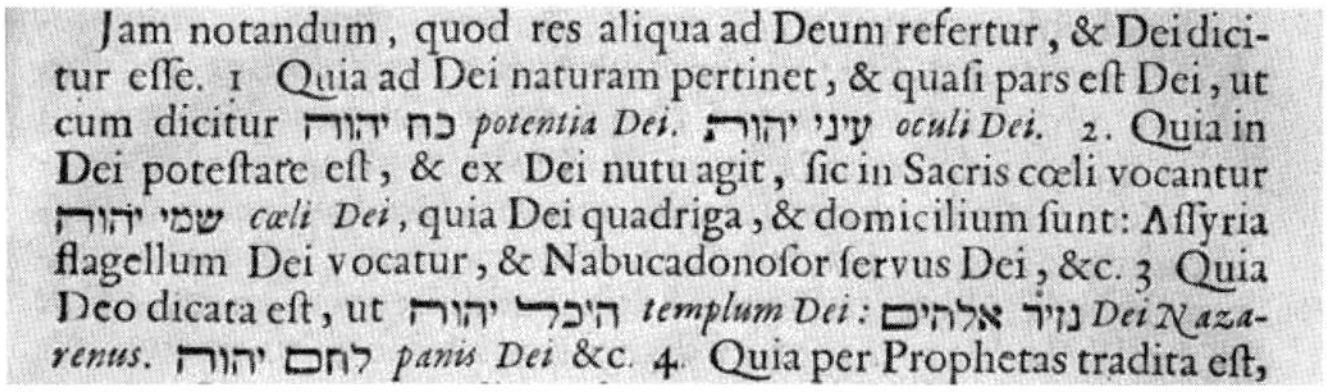
Jam notandum, quod res aliqua ad Deum refertur, & Dei dicitur eſſe. 1 Quia ad Dei naturam pertinet, & quaſi pars eſt Dei, ut cum dicitur כח יהוה *potentia Dei.* עיני יהוה *oculi Dei.* 2. Quia in Dei poteſtate eſt, & ex Dei nutu agit, ſic in Sacris cœli vocantur שמי יהוה *cæli Dei*, quia Dei quadriga, & domicilium ſunt: Aſſyria flagellum Dei vocatur, & Nabucadonoſor ſervus Dei, &c. 3 Quia Deo dicata eſt, ut היכל יהוה *templum Dei:* נזיר אלהים *Dei Nazarenus.* לחם יהוה *panis Dei* &c. 4. Quia per Prophetas tradita eſt,

スピノザ『神学・政治論』（1670）の一節．旧約聖書の語句がヘブライ語で引用され，イタリック体で訳語が付されつつ，解釈が展開されている．

ラウケン父子画『サンヘドリン』（1701）．この時代のオランダの代表的挿絵画家による想像図．（図版提供：Amsterdam Museum）

COLUMN　学生の声2

多様にして豊かな学び舎

日野公純（ひの・こうじゅん）
1992年モスクワ生れ．総合文化研究科超域文化科学専攻 比較文学比較文化．主な研究テーマは，サルトルの哲学・文学，現象学，その他哲学・精神分析．2019年3月修士課程修了．2019年5月より，落語協会前座として活動．

私は、学部の四年間に加え、修士課程の三年間を合わせた七年間、駒場で学んだ。二年生の秋に専門課程への進学が内定して以降、授業棟や図書館、バイト先の食堂、サークル室のある学生会館と、キャンパスの中でも北東寄りのかなり限られた区域で活動していた私だったが、そこにガラパゴス的な閉鎖性は皆無であり、むしろ多様な出会いがあったように思い返される。学問にせよ芸術にせよ、様々な分野の人々と関わりながら学び、活動した時間は、非常に貴重だった。

駒場の教養学部後期課程には、学科の垣根を越えて、更には本郷の理系の学生とも意見を交換できるような授業が、多く存在する。私の研究主題だったサルトルや実存主義について、様々な専門の学生から質問や意見を投げかけられる機会も多かった。そこから始まる対話において私は、自分の考えを明確に言語化することと、相手からの想定外の指摘を自らの肉として取り込むことに努めていた。私と他者とが、どこで異なり、どこで繋がっているのか。それを出来る限り繊細に捉えようと試みることは、学問に限らず、どのような営みにおいても不可欠だろう。人との関わりの中でしか生まれない「学び」が、駒場には満ち満ちている。その学びを支え、導いてくれた、指導教官を始めとする素晴らしい教授たちに、心から感謝したいと思う。

さて、私は「落語家」を、生涯の職業として選んだ。高校で趣味として演じ始め、大学でのサークル活動で更にのめり込み、入門を決意した。最初の数年の修業期間は、教わった通りに演じて基礎を固めることに徹するが、将来的には、自分で考えながら芸の方向性を模索していかねばならない。人々の興味や関心が多極化し、流行の変化のスピードも速くなった現代において、「受け容れられる芸」を見つけ出すのは、非常に難しいと思う。それでいて、人に認められるものだけを提供するのではなく、「私が目指す芸」もまた実現しなければならないだろう。プロとしてこの二つを両立するのは、間違いなく茨の道だ。しかしこの道を切り開いていく上で、駒場で積んできた、他者との学びの経験が活きてくると、私は信じている。貪欲に吸収した知識や失敗も含めた経験に基づいて自分自身の輪郭を掴みつつ、師匠や先達からの指導、お客様からの声などを真摯に受け止め、自らの芸を磨いていく。駒場で培うことが出来た絶え間ない努力が求められる探究への姿勢を、これからの長い人生の中でも貫いていきたいと思う。

最後になるが、落語家に限らずあらゆる職業において、多様化するこの時代において、駒場の豊かな学びは活きるものだと思う。これからも、あらゆる対象に誠実に向き合う駒場らしい学びが発展し、輝きを放ち続けていくことを、心から願っている。

Ⅳ　学びの遺産——キャリアを切り拓く

自由さという駒場の価値観

師弟対談1　東浩紀×高橋哲哉

駒場の特色とは？

高橋　今回、「師弟対談」となっていますが、私たちの関係が師弟だとは東さんも思っていないのではないでしょうか。東さんが在籍した駒場の表象文化論コースは集団指導体制なので、指導教員はいるけれども、その人に弟子入りするわけではないですよね。

東　ただ、僕は高橋さんには強い学恩を感じています。ジャック・デリダ研究の第一人者だった高橋さんの授業をずっと週に一回受けて、すごい緊張感を持っていました。

　他方、駒場はすごく自由にやらせてくれたので、駒場にも恩を感じてますね。博士論文（「存在論的、郵便的——後期ジャック・デリダの思想と精神分析」）の審査員は高橋さんのほか、駒場から小林康夫さんと湯浅博雄さんと増田一夫さん、それから一橋大学の鵜飼哲さんの五人でしたが、みんなすごくデリダを読んでいる方です。日本でデリダを読んでいる人があんなに集まった場所はなかったんじゃないか。特に僕は七〇年代の、一般によくわからないと思われている『弔鐘』（*Glas*、一九七四年）とか『絵葉書』(*La carte postale*、一九八〇年)の時期に注目していたので、読んでいる人がほとんどいなかった。博士論文の審査のときは、それを実際に読んでいる人から質問されるというのが嬉しい経験でした。

高橋 あのときのやりとりは教員の側でも緊張を強いられるものでした。授業のときからそうでしたけどね。

東 当時は生意気だっただけなので、もう恥じ入るしかありません……。そういう意味で、駒場の精神というのがいまの僕の基盤を作っています。

あと、デリダをどう読むかということは、高橋さんに一種の対抗意識を持ってやっていたところがあると思います。それはいまでもずっと続いています。高橋さんは、あの頃ずっと正義や倫理の問題に集中されていました。最近は僕も正義や倫理について考えるようになり始めましたが、当時は正義や倫理という観点に集中してデリダを読むのが、それこそ正しいのかという疑問を持っていて、高橋さんへの対抗意識として自分の仕事を作ったところがあります。

高橋 教師と弟子の関係ではないと言いつつも、やはり「教師」冥利に尽きるのは「弟子」に乗り越えられることです。伝統的な師弟関係だったら、指導教員が自分と違う読み方をしているときに乗り越えるのはかなりきついですよね。そうではなかったので、私に欠けているところを突いて乗り越えていったのだと思います。それは駒場という場所のなせる業かなと思いますね。

領域横断的な知的冒険へ

東 他方、いま思い出すと、僕はやっぱり自由すぎてもいたと反省しています。修士論文はデリダとミハイル・バフチンについて書いていて、卒業論文は科学史・科学哲学科でクワインなどの哲学からデリダを読みました。最初から領域横断をしてしまっている。先生たちが領域横断的な研究スタイルがいいとおっしゃるので、それを真に受けてやっていたわけですが、いま振り返ると背伸びしすぎでした。基礎がない状態で応用ばかりやっていた。

高橋 まず基礎をしっかり固めるというのは誰しも学生に言うのですが、東さんは最初から駒場が求める領域横断的で学際的な、そういう知的な冒険を学生の頃からしていたので、駒場にとっては理想的な学生だったんですよ。

東 たしかに僕にとっては駒場は理想的でした。でもその裏面として、すごく迷うところでもありましたね。何をやっていいのかがわからない。駒場はそれを教えてくれないところです。領域横断的でいい、理系も文系も乗り越えていい、語学の壁も乗り越えていい、知的な冒険をやれと。で、具体的に何をやるんだっていうと、わからなくなってしまう。

修士課程で表象文化論を専攻したわけですが、表象文化論の僕の同期はみなやっていることが全然違っていました。お互い話も合わないし、共通に読んでいる本も少ない。そういう点では、すごく実験的な場所でしたね。

高橋 スタンダードな必読書を決めて学生に示すべきだという議論も前からあるのですが、実現しないですね。

東 これも難しいところで、それがないから面白かったんだという意識もあるんです。いまだと『表象』という学会誌があって、表象文化論学会があって、昔は学問になるかならないかわからなかったものがすべて学術論文として査読されて掲載されるようになっているでしょう。これは素晴らしいことなんだけど、同時にそうなってしまうと一人ひとりおとなしくなっているようにも見える。

高橋　デリダ研究もそうなってきていますね。新しい分野や対象が開けた段階と、それについての議論がある程度定着して専門化していった段階とは確かに違います。最近は、デリダについても専門研究然としたものが多くなっています。私でも、そういうものはあまり書いてないんですよ。専門研究然としたデリダとは違うところで勝負してきたという意味では、私たちは似ているかもしれないですね。

社会のなかで行動する哲学者

東　僕が大学院生だったときは、ちょうど高橋さんは加藤典洋さんと歴史主体論争をされていました。まさに、哲学者が社会のなかで行動するという態度を示されていた。それは、学術的なデリダ研究とは違うものですよね。僕は学生時代にそういう光景を見ていました。当時の駒場の先生方にはそういう態度を示される方が多かったと思います。

高橋　さきほど言われたように、当時、デリダの読み方として私は倫理主義的だとか、いろんなことを言われていたのですが、東さんについては、その後の展開を見ていて、スタンスとしてそれほど違わないところがあるんじゃないかと思っています。東さんは学部生の頃に「ソルジェニーツィン試論」（『批評空間』第1期9号（一九九三年四月）掲載）を書いて、修論ではバフチンを扱いましたよね。あの時代にそういうソ連の思想家や作家に興味を持っていた。それとフランス現代思想、あるいはデリダが一緒にあったわけだけど、おそらくソルジェニーツィンとかバフチンなどに興味を持つこと自体、社会的なものへの関心が最初からあったと思うんですよ。

東　はい。そうです。

高橋　だから、デリダの『弔鐘』とか『絵葉書』とか、ある種「文学的」なテクストを焦点化して扱ったんだけれども、他方では、多様な分野で活動されるなかで、基本的には社会批評的な、あるいは社会哲学的な議論がずっと一貫しているように思います。

東　ありがとうございます。一応、僕としてもそう思っているつもりです。ただ、これはまだうまく言えないんですけど、たしかに政治と哲学の結びつきが必要だと思いつつも、僕のなかには、六八年世代の政治と哲学の結びつきに対する警戒感がずっとあるんですね。六八年の哲学を研究する人々は、六八年革命をすごく高く評価される。でも僕には、大学生のインテリが街頭に出てお祭りをやっただけじゃないかと見えているところがあります。だから、そうではない哲学の社会に対する応答とは何だろうとずっと考えています。

高橋　それは私のように六八年世代のすぐ後に来た世代であればわかるんだけれども、さらにその後の東さんのような世代の人が、それだけ六八年世代を意識しているのはなぜなんでしょう。

東　なぜでしょうね。自分でもよくわかりません。僕は高校時代はドストエフスキーとかソルジェニーツィンとかを読んでいて、あとサルトルと論争したカミュも好きだったんですよね。何となく、共産主義を肯定的に評価する言説に対する違和感があったのかもしれません。大学時代はまだ

高橋哲哉（たかはし・てつや）
大学院総合文化研究科 超域文化科学専攻 教授．専門は哲学．1956年生れ．1978年東京大学教養学部教養学科フランス分科卒業，1983年東京大学大学院博士課程満期退学．南山大学講師，東京大学助教授などを経て，2003年より現職．著書に『記憶のエチカ』（岩波書店，1995年，2012年改版），『デリダ——脱構築』（講談社，1998年，のち『デリダ——脱構築と正義』講談社学術文庫，2015年），『戦後責任論』（講談社，1999年，のち講談社学術文庫，2005年），『靖国問題』（ちくま新書，2005年），『犠牲のシステム　福島・沖縄』（集英社新書，2012年）など．

九〇年代なので、知識人と言えば左翼で、マルクス主義の影響も強かった。そこで感じた齟齬はいまでもずっと残っています。僕がデリダに惹かれていったのも、デリダは明らかに政治的な意識を持った哲学者だけど、晩年まで街頭に出ない、かなり屈折してるように見えたからだと思います。デリダにとっては政治への参加そのものが屈折している。そこに関心を持ったということだと思います。

駒場の哲学の伝統

高橋　デリダを最初に読んだのはいつですか。

東　じつは野家啓一さんの授業がきっかけなんです。東北大学にいた野家さんが科学史・科学哲学（科哲）の大学院生向けの出張講義をやっていたんです。九一年ごろのことです。僕はそのとき大学二年生でしたが、自主的に聞きに行ったんです。ナラティブ（語り）の哲学というテーマでしたが、クワインなどのホーリズムとデリダの関係を話していてたいへん面白いと思ったんです。それまでもデリダについては多少読んでいたんですが、ポエティックで文学的で、よくわからないと思っていました。そしてポストモダンの人たちはそれを崇めているだけかなと思っていたんですが、野家さんの説明を聞くとデリダの哲学がすごいクリアにわかる。デリダは読めるんだということをそのときに感じて、それから読むようになりました。

高橋　野家さんはわかりやすい整理をしてくれる人ですね。私は大学院生の頃、科哲にもよく顔を出していましたけど、博士課程にいた野家さんはすごく活発でしたよ。大庭健さんとか土屋俊さんとかが毎回のように、大森荘蔵先生や廣松渉先生といった哲学者たちに論争を挑んでいる時代で、それをそばで聞いていました。とても刺激的でしたね。駒場の哲学の伝統は、いろいろな形で受け継がれてきているのかなと思います。

東　廣松渉さんは、科哲の懇親会でお会いしたことがあります。

高橋　私が駒場に入ったのは一九七四年ですが、坂部恵先生が一年生の哲学史の授業の初回にミシェル・フーコーの『言葉と物』（一九六六年）の原書を持ってきて、黒板に「表象の時代」が何とかと書き始めたんですね。それがきっかけで友人とフーコーの読書会を始めました。そのあと、三年生のときに廣松渉さんが駒場の専任教員として来たんですよ。私は四年生まで理系の哲学概説と文系の哲学史の二つは廣松さんの講義を聞きました。彼はマルクス主義者だけれども、現象学的な視点からの実に教育的な概説であり哲学史でした。当時は理系の学生も本当に食い入るように聞いてましたよ。私にとってその講義は、そのまま大学院入試の勉強になったくらい。

東　素晴らしいですね。

高橋　当時は、全学一般教育ゼミナールといって、教員がボランティアで一、二年生向けのゼミを持っていました。私は八六年にここに奉職してから十年ぐらいはそのゼミでデリダのフランス語の講読をしていたんですよ。『暴力と形而上学』とかを土曜日の午後に、九〇分なんてものでなく倍ぐらいやっていました。それでもついてくる一、二年生がいた。

東　高橋さんの授業で覚えているのは、とにかく高橋さんが怖かったことです。

高橋　いや、そんなに怖くないですよ（笑）。

東　とにかく正確に読むことを大事にする。僕を含め、大学院生の発表なんてのはフワッとしていて、講読といってもフワッと読んでくるだけです。それに対して、ここは条件法なんじゃないの、だから意味が違うんじゃないのと細かくしっかり指摘してくるので、気が抜けませんでした。

高橋　議論する前提としてテクストを正確に読むことは教員としてどうしても要求することですけれども、普通はそれで精一杯なんですよ。東さんはちゃんと読んできたのかどうかわからないけれども、いきなり議論をふっかけるわけ。

東　でもいつも遅刻していたんです（笑）。僕は遅刻するわ、フランス語はちゃんと読んでないわで、議論だけしている奴だった。

高橋　フラッと現れて、議論をかき回して、それで帰っていくみたいなね（笑）。でも、おかげで、議論がすごく活性化した。

東　いやいや、そんなのダメに決まってます。そもそもちゃんと読めてないんです。だから想像力で議論してるんで。いま思うと、本当に恐縮しきりで、ご迷惑をおかけしましたと平謝りです。この対談を読んでいる後輩諸君は、もう少ししっかり基礎を身につけた方がいいと思います。

読むというのは自由なこと

東　哲学とか批評とか、文系的な思考の核心は、ある種の自由さにあると思うんですよね。その自由さというのは、過去のテクストを読むにしても、いままでつながらなかったものをつなげるとか、新しい読みを提示することです。どう読んでもいいんだっていう感覚、何かを読むというのは自由なことなんだっていう感覚は、駒場にいたからこそ長い間保てたんだと思います。普通だったら、哲学に興味を持ったとしても、最初の読み方は間違いで、こう読むのが正しいというふうに教えられているんだと思うんです。

僕は駒場にいたので、これが特殊だということがわかるのに時間がかかりました。世の中みんなこうなってきたんだと思いこんでいたんですよ。つまり、脱領域で、自由な学問が許される、そういう時代に変わってきたんだなと思っていた。先生方もそう言ってたし。ところが、世の中に出たら全然そんなことはなかった。そこで苦労しました。僕はいまでも、人文的、哲学的なことというのは、いろんなものを結構自由に組み合わせて読んでいいし、領域も横断していいし、むしろそちらの方が高く評価されるべきだという価値観で生きているんだけれども。

高橋 それは、まったく駒場的な価値観ですね。

東 ええ。でも世の中に出たら、全然そうなってないですよね。

高橋 それを強く感じたのはどんなときですか。

東 同年代の違う出自の人たちと対談などで会い始めたときですかね。先行世代と喋っているときには、世代の差だと思っていたので、あまり意識しなかった。でも、三〇代も半ばに入り、僕と同年代の例えば歴史学者や政治学者と会うようになってくると、彼らがいまでもかなりカチッとした議論をするのに驚くわけです。僕から見ると、ディシプリンというものの正しさをまったく疑っていない。そういう人たちが先生として信頼されているというのは変わってない。

かつての古い人文的な縦割りのディシプリンが崩壊し、領域横断的な時代が来たなんていうことは、現実にはなかった。領域横断的なことをやっていたのは一部の人たちで、それはいまでも変わってないし、これからも変わらないんでしょう。だからこそ、駒場が貴重なんだと思います。

デリダやドゥルーズやフーコーにしても、彼ら自身は自由な哲学者だったと思うけれど、時代が経てばどうしてもそういう制度化のなかに組み込まれていくわけです。つまり、過去の制度的な古くさい哲学が終わってポストモダンになったのではなくて、制度化の圧力というのは常にあり続け、他方でそこから脱出しようとする運動がある、それだけの話なのだなと最近は思っています。制度化と脱制度化の闘いは別にいまでも変わっていないし、これからも変わらない。それがわかるようになりました。だから、駒場の大学院生に対しては、いま言ったような自由を享受しながらも、同時にそれが特殊な環境の産物でもあることを自覚してほしいと思います。

レイト・スペシャリゼーションの東京大学

高橋 その後、駒場もさまざまな「改革」を経てきたわけですが、こういう時代に大学はどうあってほしいと考えていますか。

東 もちろん、理工系、特に情報技術系については、国際的な競争力を身につけていかないと、日本の学生も外国に行ってしまうし、外国からも学生が来ないしということでだめなんでしょう。ただ同時に、文系学部や教養学部については、別の基準も必要だと思います。それらの研究はそもそも、時代からちょっと隔てられた時間が流れる場所がアイデンティティだったはずです。文系学部は、いま、この瞬間のランキングに最適化してどんどん設備を整えてプログラムを変えても、アイデンティティを失うだけだと思います。

駒場はそういうゆったりとした時間が流れる場所でした。僕は、駒場にいる間はずっとちょっと子どもみたいなところがありました。だからこそ貴重な時間でした。大学院に行ったら就職はどうなるかとか、人生はどうなるかとか、何も考えてなかったんですよ。

高橋 でも、『存在論的、郵便的』というあの博士論文を書き上げたことは決定的に大きいはずですよね。

東 もちろんです。ただ、フランスに留学するわけでもなく、ただダラダラとフランス現代思想を読んで、本を書いて、それでおまえどうするのって言われたら、当時の僕には何もプランがなかった。いまから思うと、僕はかなり馬鹿だった。そういうことを考えないで済んだというところが駒場の魅力なんだけど、これをポジティブにとるかネガティブにとるかというのは人によるし、結果にもよるでしょうね。

高橋　だから、究極のレイト・スペシャリゼーション。ずっと子どもだったという。レイト・スペシャリゼーションというのは駒場というより東京大学としてそういう方針をとっているわけですけど、世の中の流れにはいささか反しているので、やせ我慢してレイト・スペシャリゼーションを通しているのが東大であり駒場なんですね。

死者の扱いの問題

高橋　これからのお仕事はどういうふうに展開していこうとしているのでしょうか。

東　高橋さんの授業から学んだことはとても大きいのですが、その遅れてきた影響のせいか、最近「慰霊」という問題にずっと関心を持っています。公共圏をどう作るかといったときに、死者の記憶の上に公共圏を作らないと社会というのはうまくいかない。けれど、僕たちの社会はこの死者をうまく扱えていない。これは哲学的な問題なんじゃないかと思っています。

高橋　それは、九〇年代半ばに加藤典洋さんと私がやっていた議論ですね。

東　まさにそうなんです。あの論争はすごく重要なんだけど、何も決着がついてないし、あまり引き継がれてもいない。そこに戻るべきだなと考えています。これは具体的には、第二次大戦の死者の追悼をどうするかという問題です。日韓や日中でずっと揉め続けているのは、この問題に思想的にも政治的にも決着がついてないからだと思います。

そしてこれは、けっして戦後日本の話だけではなく、現代の情報環境の問題とも関係しています。いま、僕たちの文明全体がSNSなどを使い、リアルタイムで公共圏を作る方向に向いています。ポピュリズムがまさにそこから生まれます。デリダ的に言えば、「いま」という時間だけが優位になってきて、過去の死者たちの蓄積や記憶をうまく処理できなくなっているということですね。ヨーロッパだったら教会の下に死者が埋まっていて、そこでミサや集会が行われている。物理的に死者の上に公共圏が作られているわけです。それに近い仕組みを現代の情報的な公共性にどう取り入れていくか。そこが今後はキーになってくるんじゃないか。最近はそんなことを考えています。

東浩紀（あずま・ひろき）

批評家，作家．株式会社ゲンロン創業者．同社発行『ゲンロン』編集長．1971年生れ．1994年東京大学教養学部教養学科第一科学史・科学哲学分科卒業，1999年東京大学大学院総合文化研究科博士課程修了．著書に『存在論的，郵便的』（新潮社，1998年，第21回サントリー学芸賞（思想・歴史部門）），『クォンタム・ファミリーズ』（新潮社，2009年，第23回三島由紀夫賞），『弱いつながり――検索ワードを探す旅』（幻冬舎，2014年，紀伊國屋じんぶん大賞2015「大賞」），『ゲンロン0　観光客の哲学』（ゲンロン，2017年，第71回毎日出版文化賞（人文・社会部門））など．

高橋　もう少し一般化すると、歴史の問題とも言えると思います。そういう問題に関心を持ったのは、３・11がきっかけになったのですか。

東　そうですね。３・11の後に、原発や復興をどうしたらいいのかという問題を考えました。そのとき、日本で急速に強くなってきたのは経済合理性の思考です。起こってきたことは考えなくていいというサンクコスト（sunk cost／埋没費用）の思考ですね。起きちゃったことは取り返しがつかないんだから、いまからスタートして合理的に問題を解決するべきだと言われるようになった。

でも、人間というのは絶対に過去を忘れられない。過去に振り回されるし、むしろそれこそが人間の人間性を規定しているわけです。復興を考えるときも、むしろ過去を意識した方がいいのではないか。経済合理的な思考で最適解が見えても、人間は結局その通りには動かないということを、二〇一〇年代の世界ではいろいろ目の前にしていると思っています。それは、民主主義の限界やポピュリズムの限界と呼ばれていますが、もう少し抽象化して言うと、結局、いまの民主主義が死者や歴史の存在をうまく扱えていないことが大きな原因だと思うんです。

高橋　九〇年代の議論は、東さんがいま構想している議論に比べれば古く見えるかもしれないけれども、現代の死者の問題は冷戦構造が終わった九〇年代に淵源するんですね。国外追放から帰国したソルジェニーツィンとか、スターリン時代の大粛清の問題もありますね。

東　最近取材でロシアに行くことが多いのですが、ソルジェニーツィンはじつはプーチン政権によって高く評価され、いまは影響力が復活しています。プーチン政権はいまから二年ほど前に、政治的抑圧者の追悼を促進する法令を出しています。つまり国家が主導して記念碑を作るようになっているのですが、そのような「歴史のジェントリフィケーション」をどう評価するか、これも難しいところです。

高橋　とても興味深いので、どういう議論が出てくるか期待しています。九〇年代は冷戦が終わって、ある種の解放感があったのですが、それと同時に欧米でも東アジアでも、あるいはラテンアメリカやアフリカあたりでも、死者の問題が噴出してきた時期だったんですよ。

東　ところがその後急速に忘却されていく。さきほども言いましたが、その背景にあるのが情報環境の変化です。時間とどのように向き合うか。いまの時代はすべてを「いま」に還元してしまう。それをデリダは「現前」のコミュニケーションと言っていたわけですが、「リアルタイム」の限界がいまほど問題になっている時代はないでしょう。哲学的に問われていた話が、いまでは政治的な問題になってきている。ここは、本当はもっと面白い話ができるはずだと思います。

高橋　そういう意味では、デリダの哲学は長大な射程を持っていますね。形而上学の脱構築ということ自体が古代ギリシア以来、二千年以上のスケールを持った企てですから。世間とは別の時間が流れるところで、そういうスケールの問題を考えることがこれからも可能になる場所として、大学なり駒場なりが機能すれば、東さんも大学に戻ってくるかもしれないですね。

一人の中で学際的な人を育てる

師弟対談×2

金子邦彦×円城塔

（司会：武田将明）

変なことをやっている人のもとへ

円城　なぜ僕が金子研究室に来たかは謎なんですよ。学部は東北大学の物理系だったんですが、金属とか物性が強いところでした。その反動もあって、何か変なことやっている人はいないかなと思って、何となくパンフレットで金子さんを見つけて、大学院を受験したという感じです。

金子　面接のときに「何に興味があるの？」と聞いたら、統計力学のグランドカノニカルアンサンブル（大正準集団）とか言っていて、こんな真面目な、普通の人がうちに来て大丈夫なのかと思ったけど、あれは猫をかぶってたんだよね。大学院に入ってきてまた聞くと、急にヴィトゲンシュタインとか自己言及とか言い出して、それを数学とか物理でどう扱うかという話になって、関数が自分の関数を変えるというテーマになった。修士課程一年の夏休みくらいだよね。

円城　はい。特に何もしないまま夏になっていました。僕の物理のイメージもおかしかったんですよね。このテーマだったら情報とかの分野じゃないですか。何で物理だったんだろうと自分でもわからない。

金子　でも、卒業研究も量子力学の観測理論を扱っていたのでは？

円城　まあ、そうですけどね。量子力学の基礎は面白かったですね。いまだに自分に残っていて、ベルの不等式の意味とか考えますけど。

——大学院ではどんな論文を書かれたのでしょうか。

円城　修士論文も博士論文もよくわからないんですよ。

金子　普通の物理は、外の力学系がもつルールによって状態が変化していくけれども、脳や生命や人間の場合は、「自分が自分のルールを自己言及的に変えることこそが本質だ」という議論があります。普通は関数が状態を変える側にあるんだけれど、その中に関数を突っ込んで関数が関数を自分で変えるようにしたら、外側の関数は変える側で、中側にいるのは変えられる側になるという形式になって、普通の物理を超えて、自己言及するものを扱うことになるわけです。

円城　人文系の人だったら、シニフィアン（記号表現）とシニフィエ（記号内容）が一体になった世界という感じかなと。

金子　うん、明確に形式化されにくい世界ですよね。そういうのを研究はできるのかと考えた、ということですよね。

円城　数式を作って、それをコンピュータでシミュレーションして、変なことが起こるというのをいろいろ調べた。それで、「一体それは何の役に立つの？」とか、「それは何のモデルなの？」とか言われ続けました。

金子　僕は君が作家の島田雅彦に「何の役に立つの？」と聞かれたときの「小説を書くのに」って答えが気に入っています。あの答えは、小説が何の役に立つのかということも逆に問いかけています。

——自己言及といえば、デビュー作のタイトルが『Self-Reference ENGINE』（二〇〇七年）ですね。円城さんの小説は、大学院で書かれた論文とつながっているんでしょうか。

円城　完全にそうです。考えていることの中から修士論文も小説も生まれた感じですね。いまだにうまく言えないんですが、自然言語とか思考とか、何かカテゴライズされたものがあって、その上に文法を考えて組み上げるというのはあるんですけど、そのカテゴライズは何かを考えたときに、よくわからないという感じが子どもの頃からありました。文法からカテゴリーは作れないのかとか、分離がないところから何とか分離を見る方法がないのかとか、そういうのが興味ではあったんですが、いかんせん抽象的なので、よくわからないまま暮らしてきました。

自己言及を煎じ詰める

金子　生物とか脳とかって、煎じ詰めればそうなんですよね。自分が自分のルールで自分を変えていく。そうやってぐるぐる回って、その結果、カテゴリー化されたりされなかったりとかが変わっていく。だけど、生き物ができて、それが進化のルールで変わって、その結果また戻ってくるまでに時間がかかるわけですよね。

　君がやっていたのは、それを一気に煎じ詰めるということなんだけど、煎じ詰め過ぎていて、どうやって自然現象の理論として使えるのかがわからなかった。僕もそれ以来二十年考え続けて、何とかなるまでは定年退職（二〇二二年）を迎えられないと思っているんだけれど。

円城　あと三年だ！　人間が脳で人間の脳を考えるとか、素朴に不思議じゃないですか。人間の脳の条件で考えるもので脳を理解するって何なんだろうとか。でも、〝脳ポエム〟みたいになるんですよね。

金子　でも、数学的な定式化にはなっているんですよ。

円城　数式はあるので、〝数学ポエム〟みたいな感じです。

金子　そう。ただ完全な数学分野として確立するには難しいんですよね。進化とか脳の学習とか発生分化とかを対象に、自分のダイナミックな変化があって、それを変えた結果、またそのダイナミックな変化が自分に跳ね返ってくるとかいうのは、私も追求しています。生命や進化の実験といろいろ対応させれば議論しやすいわけですよね。究極的には煎じ詰めた理論になるんじゃないかなと思うんですけれど、そこのつながりがわからないんですよね。

円城　ポエムだから、想像でつなぐという話になって、また想像とは何ぞやという話になるんですけど。大学の研究室にはいろんなタイプがあって、徒弟奉公で先生に「これをしなさい」と分担させられるところもあるんですけど、金子研は学生が自分のやりたいことに合わせて、金子さんの引き出しを引っ張り出すという研究室でした。金子さんは、変な引き出しを引っ張るほど面白くなりますが、みんなが同じ引き出しを開けると「すでに開けた」と怒り始めます（笑）。それは駒場のイメージでもあります。

金子　確かに駒場の自由さはそこにある。

研究成果ではなく、小説を持っていった

——有名な話ですが、金子先生のところに小説を持っていったのが、円城さんのデビューのきっかけだったそうですね。

円城　僕は博士号を取ってから、いくつかの大学でＰＤ（ポストドクター研究員）をやって、最後のＰＤとしてまた駒場に帰ってくるんですよね。そのときに特に面白い研究結果も出ないので、ある日、小説を書いてみたわけです。短編が十編ぐらいでした。金子さんには会うたびに「研究はどうだ？」と聞かれるので、何か報告しようと思って、手元にあった小説を渡しました。

金子　あれはすごかったよね。あの小説は、一生で読んだ中で面白いベストテンくらいに入る。帰りの電車で読んで、これは絶対に小説家になるしかないんじゃないかと思った。

円城　これだと分量が少ないから「短編二十編くらいにして、小松左京賞に送れ」って正しく指導されました（惜しくも落選したが、『Self-Reference ENGINE』として早川書房から刊行）。

金子　僕は助手の任期が切れる前に九回くらい公募に出して落ちていたんだけど、無理そうなところでもとりあえず出しておくと、後から「別のこういう職がありますよ」と教えてくれたりするんで、「だめもとでも出したほうがいいんじゃない？」といろんな人に言っていて、その成功例かも。

円城　そこで「何をしてるんだ、研究もしないで」と怒られても不思議はなかったんですが。そうだったら、人生が変わっていました。

——どうして小説を書こうと思ったのですか。

円城　できることがそれぐらいしかなかっただけです。「何かできることはないか」とふと思って、ＰＤの勤務時間の前後、朝二時間、夜二時間みたいな空き時間に書い

てみました。あまりお金もなかったんで、小説を買うよりも自分で書いて読んだほうが安上がりというのもあって。意外と書けたという感じもありますね。それまでに同人誌を作っていたとか、そういうことは一切ないんです。小学生の頃とかも、作文はまず嫌いだった。「原稿用紙二枚で書け」って言われたら二枚目の一行目まで書くというタイプです。

金子　でもね、独特の文才というか、独自の文体があったよね。修士論文とか博士論文のイントロが全然普通の人と違うんですよ。小説も文体がいいと思うんですね。

円城　文体が変なのは、物理数学系の翻訳教科書の文体だからです。日本国憲法文とも言いますが。戦争は「永久にこれを放棄する」の「これ」はなんなんだって。教科書翻訳文体は読みづらいと思う人もいますが、僕は面白い文章だなと思うほうなんですよ。明治のときに翻訳から日本の文学語ができていくように、日本の科学教科書の言葉がそこで生成されて、やや変な文法や文体が作られるんですね。

金子　「これはペンです」や「良い夜を持っている」は題自体（二作とも『これはペンです』二〇一一年に所収）翻訳体だし。

円城　数式は文章の省略体なので、コンマやピリオドを打つじゃないですか。僕はそれを金子さんや高橋陽一郎さん（東京大学名誉教授）に頻繁に言われました。言語学の文法の論文とかも、非文や誤文に「＊」や「？」をつけます。ちょっとおかしいですよね。

小説「進物史観」からのペンネーム

——円城塔というペンネームは金子先生の小説「進物史観」（一九九七年）の物語生成プログラムの名前、円城塔李久からとったんですよね。

金子　小説を作る人工知能が競い合う話なんですけれど、単なるプログラムが仰々しいペンネームをもったほうが、ちょっとミスマッチで面白いかなと思って、適当に選んだだけです。

円城　ペンネームをもらおうと思っていざ探してみると、それぐらいしかペンネームになるのがなかったんです。

金子　使うことはいいけど、やめたほうがいいと思うよって言ったよね。

円城　でも、いいペンネームだって言われることが割と多いですね。

金子　物語生成プログラムである円城塔李久というのは、それこそ自己言及みたいな形になったわけで。

円城　さらに解説まで書いている（「進物史観」を収めた『カオスの紡ぐ夢の中で』の文庫版）。

金子　まさに循環的に。あの小説は、一九八九年に人工生命会議に行って、「この人たち、変なことやってるな」と思って、「じゃあ、いっそのこと人工物語を進化させたらどうなんだ」と思いついて、書いたのは一九九一年くらいじゃないかな。それで賞に投稿したけど、だめだったので机の中に入れてあった。それを雑誌『Bit』の編集者と話しているうちに「そういえば、昔こんなの書いたんですよ」と見せたら、「じゃあ載せる」と言われたのが、五年くらいたった後なんですよ。

円城　いま、ＡＩの話でそういうことをやっているじゃないですか。この間もＡＩが書いた小説が星新一賞の一次審査を通過したとか。金子研では、この話ちょっと単調過ぎませんかとか、ただの遺伝的アルゴリズムじゃないですかとか言われていたのに、ようやく時代がそこに追いついた。一九八〇、九〇年代にAIとかニューラルネットワークをやってた人が考えていたことが、計算機が速くなったことによって、いま一気にできるようになった。「そのまんまだ」という当たった嬉しさもあるけど、「もうちょっと現実が頑張れよ」みたいにも思う。

金子　これを書いたとき、ウェブとかなかったのに、ネットでどのくらい読まれたかが適応度になって進化するという話になっている。確かに、いまあれ以上のアイデアは出ていない。

円城　そうなんです。小説の中のそのシステムを考える先生も、「もっといいアイデアがあればそっちをやるんだけど、出ないからとりあえずこれでやる」というプランなんですよ。

金子　よく覚えているね。

円城　自分が出てくる話なんで、よくわかってる（笑）。

金子研を一人で繰り返している

——円城さんは、金子先生の話は聞いてもよくわからないこともあるんだけれども、それが何年後かになってわかることがあるという話をされています（『カオスの紡ぐ夢の中で』解説）。

円城　いまの話がまさにそれですよ。ほかにも金子研の同期には、細胞分化のモデルとかをやっていた古澤力（東京大学大学院理学系研究科教授）がいて、当時はあまりわかってなかったんですが、最近、小説でそっちのネタに行き始めて、「あのとき、あいつはああ言いたかったんだ」とわかり始めることがありますね。昔の金子研をいま一人で繰り返しているところもあります。

僕の中では小説と研究がシームレスにつながっています。どれぐらい嘘つきが許されるか、ほらを吹けるのかは違いますけど。小説は検証とかしなくていいし、間違いというのはないんですね。

金子　ドストエフスキーの小説も、どう考えても一晩で登場人物が話せる量ではないですよね。

円城　物理学者のポール・ディラックはドストエフスキーの『罪と罰』を読んで「太陽が一日に二度上がっている」と言ったけど、誰もそれを発見できないみたいな。誰が正しいんだかわからない。小説でそういう厳密なことをやってみたいかというと、実際は難しいんじゃないですか。

——小説家の中でいうと、円城さんはかなり厳密に設定を作られる印象があります。『文字渦』（二〇一八年）では文字を作るところから始めたりとか。

円城　文字が変化するのは、新潮社だからできたんです。漢字辞典でそういうのを専門にしている人がいるので。ダグラス・ホフスタッターの『ゲーデル、エッシャー、バッハ』（一九七九年）は小説と数式が交互に入る構成で、あれを超えるような文芸の可能性を考えるんですけど、なかなか難しいんですよ。

金子　研究は査読者がいて、いくらアイデアが面白くても嘘ではだめだし、数式としては正しくても現実には合わなかったらだめだし、といった縛りがある。鬱陶しい部分もあるけれど、それゆえに楽しい部分もあるのかなとも思います。全く自由になると、どうしたらいいのかわからなくなりそう。

円城　小説も文学史やテクニックの積み重ねがあるわけですね。ただ、もっとぐちゃぐちゃとしている。

金子　研究はほらを吹くと怒られるけど、

一見ほらのようなアイディアがあったうえで、ほらじゃなくなるのが研究の醍醐味ですね。逆に最初からほらがないところできっちり洞穴を掘ってもつまらない。

円城　研究というのはストーリーに依存していますよね。ストーリーがないと見つからないですよね。

金子　科学は物の見方を変えることだからね。

円城　AIもデータのチューン（調整）の仕方で結果は決まる。データにも人の認知バイアスがかかっちゃう。機械が小説を書けるのかというと、同じようなものが書けるだろうけど、新しいものは書けないということですよね。

金子邦彦（かねこ・くにひこ）

大学院総合文化研究科 広域科学専攻 相関基礎科学系 教授．東京大学複雑系生命システム研究センター長．専門は非線型・複雑系の物理，理論生物学．研究内容は，カオスを中心にした非線型科学，複雑系の物理，非平衡統計物理，それらをふまえた生物学への理論的アプローチ．1956年生れ．1984年東京大学大学院理学系研究科博士課程修了．東京大学助手，助教授を経て現職．著書に『カオスの紡ぐ夢の中で』（小学館文庫，1998年，のちハヤカワ文庫），『生命とは何か――複雑系生命論序説』（東京大学出版会，2003年，第2版，2009年）など．

――金子先生は円城さんの小説はずっと読まれているんですか。

金子　彼の小説は、出たらすぐに全部読んでます。彼はヴォネガット風とかボルヘス風とかレム風とか、いろいろ喩えられるけど、そのすべてがなぜか僕の好きな作家だった。

円城　金子さんと話していたときに出てきた人が多いですよね。リチャード・パワーズの『舞踏会へ向かう三人の農夫』（一九八五年）を勧められたのも金子さんからでした。

金子　「文字禍」の中島敦は好きなので勧めたかも。

円城　高橋和巳は勧められたけど読まなかった。高橋和巳と小松左京みたいな世界観と、僕の世界観のずれというのはややあります。でも、そこも「ああ、そういうことだったのだな」とだんだんわかってきた感じはありますね。

　カート・ヴォネガットは金子さんのほうが圧倒的に読んでいた。『ガラパゴスの箱舟』（一九八五年）は、近々死ぬ人の名前に「*」がついてるんですよ。グレッグ・ベアの『ブラッド・ミュージック』（一九八五年）とか『永劫』（一九八五年）、『久遠』（一九八八年）、『火星転移』（一九九三年）も金子さんのほうが早く読んでいたような気がします。ほら、ほとんど金子さんじゃないですか。

金子　そうか、読んでたんだ。最近読まないから。

円城　あの辺のSF作家が読まれなくなってきてるんですよね。チャールズ・ストロスの『アッチェレランド』（二〇〇五年）あたりで大体、みんなやめてる。僕はスタニスワフ・レム（『ソラリス』一九六一年など）にせよ、現代アメリカ文学にせよ、SFから強く影響を受けているんですね。

人文・数理で共有するロジック

――金子研には、二〇一八年度の総長大賞を受賞した山岸純平さん（本書一八六頁参照）も所属していますが、円城さんや山岸さんのような分野の枠にとらわれないユニークな学生が集まりやすい雰囲気があるんでしょうか。

金子　研究は何でもいいことにしています。いま、山岸さんとは別の学部四年生がやっているのは、クロード・レヴィ＝ストロース（『親族の基本構造』一九四九年など）

とかエマニュエル・トッド（『世界の多様性』一九九九年など）とかの家族の構造を、多階層進化モデルという生物の理論を使ってどうやってとらえるか、というダイナミクスの研究で、それなりに面白い結果が出ている。

円城　金子さんは一時期、イマニュエル・ウォーラーステイン（『近代世界システム』一九七四年など）とかフェルナン・ブローデル（『地中海』一九四九年など）とか読んでいませんでしたっけ。研究室で流行ってましたよね。ブローデルとか、こういうふうにも読めるかもしれないという姿勢で読むと、割と数理的にモデル化できそうですよね。いまは分野を分け過ぎなので、横断して自由にやるとよいと思います。

金子　ただ、学際研究をめざして違う分野の人を集めても絶対に失敗するんです。一人の中で学際になってないといけない。いま名前が出たような人たちは、理系的発想も持っていながら、ものすごい教養も身につけている。本当は駒場ってそういう人を育てるところのはずなんですよね。どうしたらできるんでしょうね。

円城　幾何学とかやるといいんじゃないですか。プラトンもそう言ってたし（「幾何学を知らない者はこの門をくぐってはいけない」との標語がアカデメイアの門に掲げられていたとの説あり）。

金子　東大に入ってくる学生を見ると、できる人は無茶苦茶できるんで、文系とか理系とか片方しかできないわけでもないんですよね。

円城　人文・数理の区別がない、基本のロジックみたいなものの共有ができるといいのかもしれない。

金子　例えばジャレド・ダイヤモンド（『銃・病原菌・鉄』一九九七年など）とかだって、あれは理系側の人だけど、単純化し過ぎているとはいえ、壮大な歴史を書く。

――最近の駒場では、太田邦史教授の『「生命多元性原理」入門』（二〇一八年）のなかで、遺伝子に関する最先端の知見をジャック・デリダの哲学と連結する記述があって驚きました。

円城　すごいですね。そこから広がっていくといいんだろうと思いますけど。

ああだこうだ議論する場

――ただ、文系の研究者の立場からすると、理系のことに下手に手を出すと、袋叩きに遭いそうな気もするのですが。

金子　例えば、物理をやるんだったら、標準的な教科書は完璧にマスターしてないとだめなわけですよね。文系はそういうのが弱いんじゃないのかなと。だいぶよくなってきたのかとは思うんですけれど、僕が学生の頃は、駒場の人文・社会系の授業で、千ページの本を読んでこい、みたいな（米国風の）教育は受けなかった。

円城　ＭＩＴみたいなアメリカの大学では、一、二年生のときに、文理関係なく分

円城塔（えんじょう・とう）

作家．1972年生れ．1995年東北大学理学部卒．2000年東京大学大学院総合文化研究科博士課程修了．2007年「オブ・ザ・ベースボール」で第104回文學界新人賞受賞．2010年『烏有此譚』で第32回野間文芸新人賞，2011年第3回早稲田大学坪内逍遙大賞奨励賞，2012年「道化師の蝶」で第146回芥川龍之介賞，『屍者の帝国』（伊藤計劃との共著）で第31回日本SF大賞特別賞，2017年「文字渦」で第43回川端康成文学賞を，2019年『文字渦』で第39回日本SF大賞を受賞した．他の作品に『Self-Reference ENGINE』『これはペンです』『プロローグ』『エピローグ』など．

子生物学をやらされるし、こういう作品を読んでおけというリストがあります。しかし、「最先端」というのはどこでどうなるか、見極めが難しいんです。僕は金子研にいた頃、カオスとか流行っていたのでそれなりに勉強しましたが、いまはそんなに流行ってないでしょう？

金子　文系物理の授業では、現代を生きる人間はカオスとチューリングパターンくらい知らないといけないと言っているけど。

円城　でも、あれは物理学史の中でそんなに大きな比重は占めないので。教養の選択というのは何が決め手なのか。

金子　教養は、冗談が通るってことでもありますよね。金子研に来て、「四十二」とかいうギャグに注がいると困るじゃないですか（笑）（ダグラス・アダムス『銀河ヒッチハイク・ガイド』で、「生命、宇宙、そして万物についての究極の疑問の答え」を問われたコンピュータが出した答えが「四十二」）。

円城　けっこう高いハードルですけど（笑）。金子研でも八割ぐらいは通じてないと思いますよ。誰かわかる人がいて、そいつが影でこっそり教えるという。

金子　修士課程からいろいろ議論したり聞いたりしていると、その場にトリガーされたような発想が出てくる。研究室というのはそういう場所なんですよね。理論系だから「学校に来なくてもやれる」と言えばやれるんだけど、来なくなった人はすべて失敗していますよね。失敗したから来なくなるのかもしれないけれど。ああだこうだ議論する場が研究室で、一日いると一、二時間は議論をしている。それも適当に集まった人が、たまたまそこで議論し出す。そういう中で、いいアイデアが生まれて、何か進むときもあります。あるいは、うまくいかないときこそ来ていたほうがいいんですけど。理論系で大事なのは、みんなが溜まれる茶飲み部屋で、そこでだらだらしてるうちに何か生まれる。

円城　人と話すのが大事なのは、小説でも同じです。一人で一生懸命考え続けるのが一番だめで、いろんな人と話しながら全然違うところからアイデアが来たりすることのほうがほとんどなので、作家になりたい人には「ご飯を食べて、寝て、人と話をしろ」と言っています。

――これからの駒場に期待することは何ですか。

金子　駒場の学生は優秀な人はすごく優秀なんだけど、学問が狭くなっている感じはありますよね。決った枠組みの中でやらなければいけないという思い込みが強過ぎて。教員だけじゃなくて、学生も早く論文を書かないと生きていけない、という変なプレッシャーを感じてしまっています。

でも最適化を求め過ぎると、結局あまり面白くないんですよね。それより、素直に自分のやりたいことを考えて、面白いことをやるという当たり前のことでしかないんですけど。自分がやりたいことを必死に楽しんでちゃんとやるってことかな。

円城　そうですよ。好きなようにやるのがいい。そういう意味では、ジャンルを広く取りたい人は駒場にいると利点はあるとは思うんですよね。ポスドク問題について聞かれることもあるんですけど、でもそうは言っても博士じゃないですか。博士なんだから自分で生きろよと僕は思いますね。そういうオールマイティな人を作る場として機能するようになっていくしかないんじゃないですか。だから自分で道を作って、こっちが王道だって言い張れる人が来るといいと思います。

1
国際関係論分科で学んだこと

川口順子

進学の理由

「国際」という言葉に惹かれて、教養学科国際関係論分科に進学した。一九六二年のことである。

日本は当時、高度経済成長の真只中にあった。国際社会から先進国として認められようとしていた。先進国の資格たるGATT11条国への移行は一九六三年、IMF8条国への移行、OECD加盟は一九六四年だった。東京オリンピックも一九六四年のこと。日本国中が「国際」という文字に未来への希望を見ていたと思う。

私は、なぜか外国に強い好奇心を抱いていた子供だった。高校二年の時、アメリカン・フィールド・サービスの留学生として、「米国の伝統的価値観」を体現した家族のもとで、一年間を過ごす幸運に恵まれた。「古き良きアメリカ」のピークの時代である。この時ニューヨークの国連本部を見学する機会があり、「いつかここで働きたい」と夢見た。私にとって、国際関係論は自然な選択だった。

しかしながら、進学後に勉強に打ち込んだとはとても言えない。

学んだこと

まず、勉強以外のやりたいこと、経験したいことが多すぎた。私はESSに入っていたが、その活動に多くの時間を費やした。他にテニス、読書会、友達との語らい、家庭教師、旅行、スキー等々したいことだらけ。今思い出しても大学の四年間はひたすら楽しく充実していた。一日二四時間では足りなかった。

もう一つ理由がある。教養学科で当時提供されたメニューは、東洋思想、歴史等の人文科学系から、法律、経済等の社会科学系まで幅が広かった。また、他の学部の授業も自由に聴講ないし単位取得できたと記憶している。教授陣も、他大学、官庁、ビジネスを含む幅広い陣容だった。クラスの人数も少なく、すべての授業がゼミのようであり、先生との距離が大変近かった。自由で幅広い、探しても他にはない素晴らしい学びの場だった。

ただしこういった場は、「これを深く勉

強したい」という主体性があってこそ十分に生かし切ることができる。当時の私は残念ながら晩熟で活用しきれなかった。折角の得難い機会だったのに、つくづくもったいなかったと思う。

同級生達は、グラムシを語り続ける人、ロマン・ロランに傾倒する人、学生運動に没頭する人など様々だったが、皆自信とたくましさに溢れていた。それまでの私の世界にはいなかった人ばかりである。彼らが私に教えてくれたのは、日本の多様性と天井の高さである。私には彼らがまぶしかった。彼らのお陰で、私は時には背伸びし、時には謙虚になって、その後の人生を歩んできた。

「学際」の重要性

教養学科で強調されたことの一つに「学際」の重要性がある。学生時代には、確固たる専門なしに「学際」を語ることに戸惑いがあった。しかし様々な仕事に携わった今強く思うのは「学際」の視点の重要性である。実際のところ、私が経験した範囲でも、日米貿易摩擦への対応にも、気候変動の国際的枠組み作りにも、経済、政治、技術、環境等が大きく関わる。地域研究も学際的アプローチでなければよい成果につながらない。一つの分野の専門家であるだけでは充分ではない。国、地方、企業、個人、NGO等が複雑な形で相互依存を深めているのが今日の世界であり、課題解決には学際的な思考が必要だ。

卒業後私は、通商産業省（現在の経済産業省）に就職した。日本の国際化の一端を担いたいと思ったからであるが、当時女性には、一部の官庁と大学院位しか選択肢がなかったからでもある。

当時通産省には、石炭局、鉱山局、繊維局という局があった。産業構造はその後大きく変化した。今後の技術進歩は、経済も政治も社会をも加速度的に変容させる。五〇年後の世界を予測するのは著しく困難である。そのような不確定性の高い時代にあって重要なことは、多様性の維持と複眼的・学際的視点だと私は考える。多様性に内在する力が進歩を生み、リスクを減少させるからである。

教養学科には、これまで同様に多様性と学際的な思考を育む場であり続けてほしいと願っている。

川口順子（かわぐち・よりこ）

武蔵野大学客員教授，武蔵野国際総合研究所フェロー，並びに東京財団政策研究所名誉研究員．1965年東京大学教養学士（国際関係論），1972年エール大学大学院経済学修士．通商産業省，世界銀行，サントリー等を経て，2000〜2004年森内閣および小泉内閣において，環境大臣，外務大臣，内閣総理大臣補佐官を歴任．2005〜2013年参議院議員を二期務める．2013年明治大学国際総合研究所特任教授を経て2018年4月より現職．著書に『涙は女の武器じゃない——より子流「しなやか激闘録」』（小学館，2006年），『アジア太平洋の未来図——ネットワーク覇権』（共編著，中央経済社，2018年）．

2
駒場から〈文学のふるさと〉へ

小野正嗣

小説を書いたり翻訳をしたり文学の研究をするようになったのは、駒場での出会いがとても大きい。フランスでの大切な出会いもまた駒場が用意してくれたと言える。

従来の学問の枠組みにとらわれない多様な研究が活発に展開されている場所——そのような駒場＝教養学部のイメージに惹かれて、僕はこの大学に入学した。二〇世紀フランスの人文学の新しい思潮に興味があったので、第二外国語としてフランス語を選択した。それが結果的にはとてもよい方向に働いた。

大学二年次のフランス語の授業で、明治学院大学から教えに来ていた哲学者の西谷修先生に出会った。たちまち先生の寛大な知性と人間味あふれる優しさに魅了された。刊行されたばかりの先生の『不死のワンダーランド』（青土社、一九九〇年）を読み、授業以外でも先生と話す機会が増えた。先生のフランス留学時代の話をうかがい、自分もいつか留学したいと夢想した。

駒場では先生の知人が何人も教えていた。歌舞伎など舞台芸術の専門家であるパトリック・ドゥヴォス先生はそのひとりだ。また、マラルメ研究からメディア論まで幅広い仕事で知られる石田英敬先生のことを教えてくれたのも西谷先生だ。僕は石田先生の指導を仰ぎたいと、駒場の教養学科比較日本文化論分科に進学し、大学院は言語情報科学専攻を選択した。

西谷先生、ドゥヴォス先生、石田先生は、もしかしたら、いやもちろん、小野の知性よりも体力を評価してくれたのだろう、思い返すと、お三方のすべてからご自宅の引っ越しの手伝いを頼まれている。ドゥヴォス先生の場合は、計二度、日本ばかりかフランスでもお手伝いした——先生の運転するトラックの助手席に先生のお嬢さんと並んで座り、パリからルマンまでドライブしたのは楽しい思い出だ。

大分県南部のリアス式海岸沿いの小さな集落出身の僕は、郷里をモデルとした小説を書いてきた。創作の上で大きな刺激を受けたのが、カリブ海のフランス海外県の文学である。こうした文学について最初に僕に教えてくれたのもまた西谷先生だった。

その代表的な作家パトリック・シャモワゾーの小説を読み、深い懐かしさに打たれた僕は、この地域の文学を研究することにした。博士論文執筆のため、僕はパリ第八大学に留学するのだが、パリ八を選んだのはやはり駒場の学術的環境のおかげが大きい。パリ八と東大には知的交流があり、駒場で共催イベントが開催されるなど身近に感じられる大学だったのだ。そして留学した一年目に、東大とパリ八とジュネーブ大学共催のシンポジウムがパリで開催され、僕はそこで自分の閉じた文学の世界を大きく広げてくれる決定的な出会いをする。

　あのシンポジウムがなければ、人生の師にして最良の友となった詩人・批評家・翻訳者のクロード・ムシャール先生を知る機会はなかっただろう。世界中から留学生を受け入れ、手作りのお菓子でもてなすと同時に、学生らとともに自分の知らない言語の作品をもフランス語の世界へと招き入れていた歓待の人。僕は中庭のマグノリアが美しい花を咲かせる彼の家に五年近く住むことになった。

　そして駒場では、西谷修先生との出会いと同じくらい決定的に大切な出会いがもうひとつあったことも書き添えたい。アメリカ文学者で翻訳者の柴田元幸先生の名前は入学前から知っていて、この人の授業に出たいとずっと思っていた。その念願がかなったのは、後期課程への進学が決まった二年次の冬学期だ。

　文学テクストが語りかけてくる声に耳を傾け、日本語の世界に最良のかたちで迎え入れることを誰よりも知る名翻訳者の授業は、学生たちがそれぞれの声をのびのびと響かせて語りあいながら、テクストの声を歓待する、光あふれる風通しのよい場所だった。

　あらゆる文学作品が、そしてそれを読む僕たちが、故郷にいるかのように安らぎを感じ、たがいに歓待しあう場所。〈文学のふるさと〉とでも呼びたい——そしてクロードと柴田先生がその生き方によって示してくれた——そうした場所は、僕にとっては、おそらく、いやもちろん、駒場とつながっている。

小野正嗣（おの・まさつぐ）

作家．早稲田大学文学学術院教授．1970年生れ．東京大学教養学部卒．同大学院総合文化研究科言語情報科学専攻博士課程単位取得退学．パリ第8大学で文学博士を取得．2001年「水に埋もれる墓」で第12回朝日新人文学賞受賞．2002年「にぎやかな湾に背負われた船」で第15回三島由紀夫賞受賞．同年，第1回東京大学総長賞受賞．2013年，早稲田大学坪内逍遥大賞奨励賞受賞．2015年「九年前の祈り」で第152回芥川賞受賞．主な著書に，『獅子渡り鼻』（講談社文庫），『水死人の帰還』（文藝春秋）など．訳書に，V・S・ナイポール『ミゲル・ストリート』（共訳，岩波文庫），アキール・シャルマ『ファミリー・ライフ』（新潮社）など．

ムシャール先生のマグノリアの中庭

郷里の「浦」

3

日本を学ぶ。視野を広げる。自分を知る。

ディオン・ン・ジェ・ティン

「東京大学」といえば、赤門や安田講堂など、思い浮かぶランドマークが多々ある。

PEAK（Programs in English at Komaba）という教養学部英語コースに所属していた私がよく不思議がられたのは、「せっかく東大に留学しているのに、赤門と縁がなかった」ことだ。確かに赤門をくぐる回数は少なかったが、その代わりに四年間教養学部に在籍していたおかげで、駒場キャンパスの豊かな多様性に満ちた環境を心から味わうことができた。

日本を学ぶ

PEAKの後期課程文系コースである国際日本研究（Japan in East Asia、通称JEA）コースは、日本の過去、現在と将来を俯瞰するカリキュラムが備わっており、歴史学、文学、政治学、社会学、国際関係論など多方面のアプローチにより日本について学べるよう設計されている。高校卒業後の進路に悩んでいた一八歳の私には、特に専門家になりたいと思える特定の学術領域が正直なかった。そんな私にとって東大のPEAKは、複数の学問に関わるゼネラリストの立場から日本という特定地域のスペシャリストになる唯一無二のチャンスだった。入学後はまず前期課程で幅広く学び、後期課程では学生一人ひとりの学術的興味に絞り込んだ研究を可能にするJEAコースに進み、最終的に社会言語学に関する卒論を書きあげ、日本についての理解を学術面で深めることができた。

視野を広げる

入学前は、大学は「教育を受ける」といった受動的なスタンスよりも主体的な知識の追求が重要となってくる場であり、具体的には、情報収集、データ分析、解釈などの訓練が行われるのだろう、と思っていた。教養学部のPEAKで四年間を過ごして気づいたのは、それだけではなく、学際的なアプローチに基づき複数の学問・観点から物事を分析・解釈することにより、単なる知識の寄せ集めを超えて知恵を生み出せるということである。前期課程で広範な範囲をカバーする基礎を身につけることができ、その基盤があってはじめて、後期課程で一つの分野に焦点をあてる際に、他の分野で用いられている理論や概念を適用した比較分析などが可能となるのだ。

ＰＥＡＫには多彩なバックグラウンドを持つ学生が集まっているが、私は授業や部活動を通して、いわゆる「一般の日本の学生」と授業内外で接する機会も多かった。様々な背景の仲間と接する日々の生活では、それぞれの認識の基盤の差異に由来する解釈の相違もあった。しかし、そうした摩擦は避けられないものの、それを根本まで見つめ議論を進める中で自分が「当たり前」としてきた前提を見直し、一つの課題に対して様々な観点から捉える姿勢を身に着けることができた。

視野を広げ、新たな考え方の存在と可能性を素直に受け入れ、真剣に考察すれば、新たな理解とアイディアを生み出すことができる。それは、私がＰＥＡＫ・教養学部の一員として日々気づかされたことだ。

自分を知る

「大人になれば、やりたいことと成すべきことがきちんと見えてくる」と、小さい頃から信じてきた方は多いだろう。しかし、ずっと夢を持ってきた人であっても、その夢の適正と実現可能性を判断しなければならないし、入学時点でやりたいことが不明な場合は、長期的な目標を設定するには、まずは大学生活の場で様々な可能性の探索を始める必要がある。運動会バトミントン部、バンドサークル、新聞メディア編集部、フランスと香港でのサマープログラム、インターンシップ、外国人としての就職活動、卒論の執筆、岩波ジュニア新書からの留学体験記の刊行――濃厚な大学生活で積んだ様々な経験に基づき、自分の強みと興味のある分野を見つけ、ヘルスケアのコンサルタントとして働きはじめた私は、これからも人生における探索の旅を楽しんでいくことだろう。自分を知ることができたのも、東京大学のＰＥＡＫ・教養学部を選んだからこそだと確信している。

ディオン・ン・ジェ・ティン
(Dionne Ng Zhe Ting)
株式会社グローバルヘルスコンサルティング・ジャパン所属．1994年生れ．2017年東京大学教養学部教養学科国際日本研究コース卒業．2017年10月フロスト＆サリバン ジャパン株式会社入社，2019年3月同社退社，2019年4月より現職．2017年東京大学卒業生総代・PEAK（JEA）最優秀学生賞．著書に『東大留学生ディオンが見たニッポン』（岩波ジュニア新書，2017年）．

PEAK 卒業式

4
駒場に七〇年、基礎科、統合自然科学科について

氷上 忍

筆者は発足して間もない時期の教養学部後期課程の基礎科学科（以下では基礎科と省略）に五期生として進学し（約五〇年前）、更に新設された基礎科に接続する大学院を卒業した。その後、七年間京都大学の助手をし、また基礎科に教官として戻ってきた。定年まで基礎科に居たので、駒場の付き合いは相当長いことになる。

親が一高と教養学部の教官であったので、物心ついた時から駒場のキャンパスを遊び場としていた。定年時に「駒場の六〇年」と教養学部報に書いたのはその理由である。定年後も東大数理科学研究科の建物を共同研究のため使わせてもらって駒場にいることが多い。それゆえ「駒場に七〇年」である。

この機会に教養学部後期課程の基礎科・統合自然科学科の意義を少し考えてみたい。純粋な理学部と応用の工学部の間をつなぐ人材の輩出を目指した学科として基礎科は設立された。教養学部報の解説記事〝新設基礎科学科とは〞（学部報一〇三号一九六二年二月一七日）や発足時の座談会〝基礎科学科を語る〞（学部報一一五号一九六三年七月八日）を見れば設立当時の事が明確に理解できる。なお、これらの学部報記事は駒場図書館で見ることができる。当時は高度成長期で、新しい学問の発展による成果が求められていた。量子力学に基づいた電子素子、レーザーや半導体、そしてDNAに基づく分子生物学を目指していた。今から振り返ると当然の流れだったように思われる。

卒業生の活躍は目覚ましいものがある。本書の巻頭鼎談にある大隅良典さん（二期生）や経済同友会代表幹事の小林喜光さん（四期生）など目覚ましい活躍は数えられないほどである。コンパクトディスク（CD）などに応用されたレーザー開発や半導体などは基礎科卒業生が活躍できる仕事内容だった。多くの企業の基礎研究所所長や重要職は基礎科出身者で占められていた時期があった。そのように輝かしい成果を生んだのは専門にとらわれない基礎科の設立当初の方針が大きいと思われる。基礎科での教育方針は「畳の上の水練」方式で基本型を教えるだけで、実地でのスイマーとしての応用はその後の本人に任せるというものであった。研究には失敗が付き物であり、本人でなければ失敗を考えて乗り越えられ

ないからである。特に数学、物理、化学、生物の基本を全て学ぶことの他に、語学や体育（テニス、サッカー、スキー）まで含むカリキュラムであった。教養学部後期課程の教養学科が成功を収めていたので、教養学部に自然科学分野でも同様の後期課程をつくろうとしたのであったが、見事に成功したと言える。二〇一一年に基礎科は統合自然科学科として改組されたが、今も基礎科の精神は受け継がれている。筆者もこの教育方針の影響で今でも、数学、物理、化学、生物全てに関わることを目標に研究をしている。

東大退職後、学部に分かれていないカルフォルニア工科大学（Caltech）をモデルとした新設の沖縄科学技術大学院大学（OIST）に携わることになった。そこではまさに基礎科・統合自然科学科のカリキュラムを大学院の五年のうち二年間で行うことになっている。また数学、物理、化学、生物の研究室に二年間に三つまでローテイションして配属されることが義務付けられている。まさに統合自然科学科のコピー校である。OISTは日本の大学の将来を見据えた実験校であると位置付けられているので、成功すれば近い将来多くの日本の大学が統合自然科学科のようになるということを意味する。統合自然科学科には未来を切り開く学科として頑張ってほしいと願うものである。

統合自然科学科は五〇年前の基礎科発足時に比べカリキュラムや教員共に改善されているように思う。今の教員の顔ぶれを見ると最先端の研究をしている優秀な人がほとんどで非常に頼もしい。しかし基礎科で行われた基礎の中の基礎を教える「畳の上の水練」は今でも重要な方針と思われる。専門に固執するよりは「なんでもチャレンジできる人」を目指した人材教育を望みたい。さらに付け加えるならば英語の教育がある。科学の共通語である英語ができなければ話にならないグローバルな時代になっている。特に日本人は英語が苦手である。うまく喋れなければコミュニケーションできない。これは意外に思われるかもしれないが数学でもそうである。統合自然科学科での語学（英語）の授業の復活を望みたい。それが無理ならば、授業を全て英語で行うか、または積極的にインターンシップ制度を導入して学生が外国に行く機会を設けるかして英語に慣れ自由に話せるようになる必要がある。公用語が英語になっていて学生の九〇%以上が外国人であるOISTでのインターンシップが活用され、それが統合自然科学科の発展に役立つならば幸いである。

氷上忍（ひかみ・しのぶ）

沖縄科学技術大学院大学教授，東京大学名誉教授．専門は数理物理・物性基礎．1948年生れ．1970年東京大学教養学部基礎科学科卒．1975年同理学系大学院相関理化学博士課程博士号取得．京都大学基礎物理学研究所助手，東京大学教養学部基礎科学科助教授，同大学院総合文化研究科広域科学専攻教授を経て現職．1987年西宮湯川記念賞を受賞．著作に *Random Matrix Theory with an External Source*（共著，Springer Brief of Mathematical Physics 19, 2016）．

5
駒場に支えられた三〇年

鳥井寿夫

私が駒場で過ごした時期は、ほとんど平成という時代と重なる。平成二年（一九九〇年）からの九年間は学生として、そして平成一四年から現在までは物理学の教員として、私は駒場の住民であった。

住民という言葉には、比喩以上の意味がある。私は修士課程の二年間を、かつて駒場キャンパス内に存在していた駒場寮で過ごした。それは駒場寮が正式に大学の寮であった最後の二年間でもあった。昼夜を分かたず実験に没頭する毎日を支えてくれたのは、研究室まで歩いて五分という立地と格安の寮費（確か、一ヶ月五〇〇円くらいだった）に他ならない。私は廃寮と同時に三鷹寮（三鷹国際学生宿舎）へ移ったが、入寮のための面接の際、教員から「三鷹寮では、駒寮生がやってくるのを怖がっている」という忠告を受けた。しかし、実際に三鷹寮でチューターとして積極的に留学生の支援をし、下火だった三鷹寮生間の交流活動を支えたのは、他ならぬ元駒場寮の大学院生たちであった。三鷹寮で新たに知り合えた仲間との交流は、私の貴重な財産となっている。

博士号を取得した後、マサチューセッツ工科大学のウルフガング・ケタレ（W. Ketterle）先生の下で博士研究員をしていた。ケタレ先生は分子分光学で博士号を取得後、エンジンの燃焼分析といった産業寄りの研究を経て、三〇代前半に原子物理学に転向した異色の経歴を持っていた。「学生は一日二〇〇ドルで雇っているのだから、無駄な仕事をさせてはいけない」「それは、一時間でできる仕事だ（今できる仕事を怠って将来の可能性を狭めるな）」「我々の仕事は新しい島を発見することであり、島を探検することではない」「専門知識よりも一般的な技能のほうがずっと重要だ」など、数々のことを教えられた。駒場の職に応募する際、ケタレ先生に推薦状を書いてもらったが、先生がその年のノーベル物理学賞を受賞したことが採用に影響したのかも知れない。とにかく、私はまた駒場の住民に戻ることになった。

教員として、そしてボストンで生まれた長男の親として駒場に戻ってきた私を次に支えてくれたのは、キャンパス内の保育所（東大駒場地区保育所）であった。駒場の教職員組合が主体となって一九七一年（私が生まれた年）に開所されたこの保育所の存在を教えてくれたのは、ハーバードイェンチン研究所の客員研究員として同じくボストンに滞在していた駒場の瀬地山角教授（当時は助教授）だった。帰国後に生まれた次男も含めて、一〇年近く保育所にはお世話になることになった。落合秀子園長をはじめとする保育士の方々の経験に裏打ちされた育児方針に、親として多くを学んだ。長野県栄村での年間を通した稲作体験や三歳児クラスから始まる高尾山登山など、キャンパスを超えた多くの活動に私もたびたび参加させてもらった。今は中高生になった長男と次男が自分の興味あることには何でも夢中に取り組む姿を見ると、その礎は保育所で育まれたものと強く感じる。

親の立場となって駒場の自然の豊かさを再発見できたのも幸運であった。私の居室は、キャンパスの隅にある野球場に面した一六号館の二階にある。自分の窓から、満開の桜に囲まれた野球場を我が子が仲間の園児たちと元気よく走り回っている様子を眺めたとき、駒場は東京に残された最後の楽園なのではと本気で思ったものだ。

野球場から見た16号館．2階にある私の居室から美しい枝垂れ桜を眺めることができる．

最後に、私を支えてくれた駒場の学生たちについて書きたい。学生には申し訳ないが、講義をすることで一番学ぶのは教員なのである。講義の準備を通して、学生時代より遥かに強固な知的基盤を築くことができ、それが研究に直結している。また、大学院生の素朴な発言や失敗から研究上のブレイクスルーがもたらされることが何度もあった。教養学部が学生向けに発行している『教養学部報』の教員紹介の欄で、学生へのメッセージとして「批判より提案、主張より傾聴、独創より模倣」と書いたことがある。これはむしろ自分への戒めなのである。

鳥井寿夫（とりい・よしお）

大学院総合文化研究科 広域科学専攻相関基礎科学系 准教授．専門は原子物理学，量子エレクトロニクス．1994年東京大学教養学部基礎科学科第一卒業，98年同大学院理学系研究科物理学専攻博士課程中退，学習院大学理学部物理学科助手，マサチューセッツ工科大学博士研究員などを経て現職．著書に『基礎からの量子光学』（共著，オプトロニクス，2009年），『現代物理学の歴史II』（共著，朝倉書店，2004年）．

6

「訝《いぶか》しさ」を抱えて挑戦する人のための場所

安部敏樹

大学二年の時、進路に悩んだ。

なにせ私は「東大」に入ることを目指しただけで、大学の中でやりたいことなどなかった。

友人の勧めで『ドラゴン桜』という漫画を読んだことをきっかけに、親をバットで殴ってしまうようなロクデナシな人生を変えたいと思って、がむしゃらに勉強をして東大に入った。

入学してみれば、同級生たちは予想をしていたよりもはるかに「良い子」の集まりで、化け物のような天才や異常な熱量を持つ狂人に出会うことはほぼなかった。

私の学部生活の前半は楽しさもあれど、たくさんの失望に満ち溢れた時間であった。海外でマグロ漁師の仕事もしていたが、よほどそちらの方が学ぶことが多かったくらいだ。

率直に、大学二年生の私は「東大」に失望していた。

それから一〇年。

私は結果として東大と関わり続けることになった。

それはやはりあのとき文系から理系に転向し複雑系を専攻し、本郷キャンパスに行くことなく教養学部に残り続けたことが大きかったと思う。

〰

私は今、世間的には「社会起業家」などと紹介されることが多い。

「社会の無関心の打破」を理念に掲げて社会問題の現場に学びに行くためのスタディツアーを個人・学校・企業・政治家・自治体・国に向けて提供する事業や、社会問題に特化したオンラインの調査報道メディアを運営するリディラバという非営利団体と会社を経営している。

いくつか本を出したり、テレビでレギュラーの番組を持ちコメンテーターを務めたりもする。また、現代アートの世界的な祭典の一つである「大地の芸術祭」のオフィシャルサポーターや、国の政策決定に関する委員会などに呼ばれて意見をすることもある。

それらにつく肩書きや仕事に共通するのは、これまでになかった仕事の内容であったり、存在はしていてもなり方が分からないということである。そういった仕事は、概して「訝しい」のだが、私は自分のこうした訝しさが嫌いではない。

本人としては必死に見つけたい「真理」を追っているつもりなのだが、外部から見ると何をやっているか分からない。世界が見たことのない新しい「何か」を作り出すということは、己の立ち位置を「怪しい、訝しい」と批判される側に身を置いておくことでもある。

私は「社会の生命性と意識」という研究テーマを自分に課して日々を送っているが、おそらくそれが何を意味しているかを理解した上で評価してくれている人はそう多くはない。

それでいいのだ。

後ろばかり見てたら前には進めない。遠くに行こうと思ったら、訝しさを抱えながら走り続けるしかない。

今の私にはそれらの訝しさに耐えられる程度には仲間もいる。世間から訝しいと言われながら、それでも自分や仲間を信じ続けて、「真理」に挑み続ける準備ができている。

でも、これを読む君はどうだろうか？ もしかしたら、自信を持って「はい」とは言えないかもしれない。一〇年前の私がそうであったように。

米『フォーブス』誌が選ぶアジアの若手三〇人、観光庁長官賞、総務省起業家甲子園日本一。一〇年もすると結構な賞や評価をいただくようになった。何らかの形で評価してくれる人がいることはありがたい。そういうものがないと立てない場所もある。使えるものは何でもかんでも使わせてもらおう。

だけど、そんなものは後付けの評価だ。新しい世界に挑もうとする人間にとって大事なのは、そんな評価を受けるようになる手前の段階を誰が支えてくれるか、だ。

私にとって、東京大学教養学部という場所は、あるいは駒場キャンパスという場所は、何も出来上がっていない、まだ形にもなっていない未熟な私の思想や仮説を、面白がり、支えてくれる場所であった。

そして何より、やりたいことを形にしていくために専門性の境界を超えて誰もが支えてくれる場所であった。ここは、境界を超えて、手を動かして「創る」ことを奨励される。物事への本質的な理解はそこにあるからだ。

実は私はいまだにこの教養学部・総合文化研究科の博士課程の学生だ。おそらく卒業することはなくこのまま去っていくことになるが、それでも私はこの駒場にとても感謝をしている。

安部敏樹（あべ・としき）
一般社団法人リディラバ代表理事，株式会社 Ridilover 代表取締役．1987年生れ．東京大学教養学部広域科学科広域システム分科卒．同大学院総合文化研究科広域科学科広域システム分科に所属．専門は複雑系．東京大学在学中，社会問題をツアーにして発信・共有するプラットフォーム『リディラバ』を2009年に設立．250種類以上の社会問題のスタディツアーの実績があり，これまで1万人を社会問題の現場に送り込む．また中学校の修学旅行や企業の研修旅行などにもスタディツアーを提供する．特技はマグロを素手で取ること．総務省起業家甲子園日本一，学生起業家選手権優勝，ビジコン奈良ベンチャー部門トップ賞，KDDI ∞ラボ第5期最優秀賞など受賞多数．第2回若者旅行を応援する取組表彰において観光庁長官賞（最優秀賞）を受賞．著書に『日本につけるクスリ』（共著，ディスカヴァー・トゥエンティワン，2016年），『いつかリーダーになる君たちへ』（日経 BP 社，2015年）．

7
「一人学際」と対話の場づくり

江間有沙

私は、教養学部文科三類に入学、後期課程で理転して広域科学科広域システム分科に進学した。一般的には学部後期や大学院となると、専門化が進む一方、前期課程のように多様な「知」に触れる機会は減りがちである。しかし、教養学部と総合文化研究科は、他部局の授業を受講しやすいカリキュラム編成であった。そのため「一人学際」と称して、単位になるならないは関係なく、自分が興味ある様々な学部や研究科の授業を受講していた。

学生実験と文章力

それが可能だったのは広域システム分科の必須科目数が少なかったからではない。むしろ逆である。広域科学科の前身である基礎科学科第二の設立二五周年に刊行された記念冊子には、二〇〇五年進学の三人の学生による対話が掲載されており、そこには「一週間二三コマとか入ってた」「毎週の課題とたまりゆくレポートとのイタチゴッコ。追加実験〜と称して夜中の一〇時過ぎまで」学校にいたという私の発言がある。

広域システム分科では授業の一環としてフィールド調査や試料収集も行われた．

広域システム分科は一〇人程度の学生に教員が四〇人以上という贅沢な環境だった。学習内容も「広域」を掲げるだけあり、電気回路の組み立てからプログラミングに統計処理と数学、生物実験、化学実験、地学実験、フィールド調査やプロトコル分析など、幅広い実験や調査方法を経験した。文科三類から理転した私は、実験レポートを書くにあたっても、例えば「電気とは？」など基礎的な内容までさかのぼって勉強する必要があった。今思えば、それが「専門外や初めて読む人にもわかりやすい文章を書く」ための訓練になっていた。

そんな大変な状況も楽しんで乗り切れたのは、同期との繫がりが大きい。皆、専門がバラバラであるにもかかわらず、毎日朝から晩まで顔を合わせる中で、「広域家族」が形成されていた。一五号館一階の学生部屋は、私の異分野交流の原点の一つである。

対話の場づくり実践

大学院生になると、授業や仲間内の議論だけでは飽き足らず、同じように一人学際をしていた友人とともに、教員を巻き込んだ「広域セミナー」を開催していた。私自身の留学もあり二年間で四回しか開催できなかったが、多くの場合、テーマは私たちが知りたいことや、「この人とこの人は分野が違うけれど、合わせてみたら面白そう」という直観から企画していた。

ちなみにイベント開催のノウハウは、学部時代から小規模の音楽系のサークルや同好会に所属していたことで培われた。所属する人数が少なかったこともあり、メンバーと曲の選定、練習場所確保と日程調整、ウェブサイト運営、演奏会企画やプログラムとチラシ作り、当日の司会と演奏や伴奏、写真や音源の記録と編集、メンバー勧誘と懇親会の手配などを数人で行うことが当たり前であった。そこでの教訓は、専門や得意分野が違っても、志を同じくして一緒に戦ってくれる仲間が二人いれば物事は動き出す、ということだった。

知的好奇心から研究へ

現在、私は「人工知能技術と社会」に関する研究と活動を行っているが、このテーマこそ異分野・異業種・異文化の人たちとの協働が不可欠である。そのため、今でも対話の場を多く開催している。「何か面白そう」と感じる人がいたら、自分の研究に関係なくてもまずは話を聞きに行ってみる。志を同じくする仲間がいたら自分たちでイベントを企画、開催。それを繰り返すうちに仲間が増える。異分野・異業種・異文化の人たちとの対話から研究のアジェンダを見つけ出し、研究費を獲得、議論の内容を報告書や論文にして公開する。それが新たな繋がりをもたらし、次の興味深い課題の呼び水となる。「知的好奇心」から始まったものが「研究」になっていく。

こうしてみると、基本的にやっている内容は学生のころから変わらない。異分野・異業種・異文化の人との対話の場づくりの原点は、学生の自主的な活動を許容してくれる駒場の自由かつ学際的な風土に培われたのは間違いない。

江間有沙（えま・ありさ）

東京大学未来ビジョン研究センター特任講師，国立研究開発法人理化学研究所革新知能統合研究センター客員研究員．1984年生れ．2007年東京大学教養学部広域科学科広域システム分科卒業，2009年東京大学大学院総合文化研究科広域科学専攻修士課程修了（学術），2012年同博士課程修了（学術）．京都大学白眉センター特定助教，東京大学大学院総合文化研究科・教養学部附属教養教育高度化機構特任講師，東京大学政策ビジョン研究センター特任講師などを経て現職．東京大学総長賞（2007年），広域科学専攻奨励賞（2009年），東京大学一高記念賞（2012年）を受賞．科学技術への顕著な貢献2017（ナイスステップな研究者）に選定．著書に『AIと社会は共存できるか？』（共著，早川書房，2016年），『AI社会の歩き方』（化学同人，2019年）．

生態系のスタビリチーを論じて併せて納豆の運動に及ぶ

山岸純平（やまぎし・じゅんぺい）
1995年生れ．現在，総合文化研究科広域科学専攻相関基礎科学系修士課程1年．専門分野は普遍生物学，生物物理学．2018年度総長大賞，一高記念賞を受賞．趣味は俳句で，作品の一部は佐藤文香編『天の川銀河発電所』（左右社）に収録されている（山岸冬草名義）．

僕は二〇一四年に理科一類へ入学し、二〇一九年一月現在は教養学部後期課程の統合自然科学科に所属している。兵庫県出身の僕が駒場キャンパスを訪れたのは入学ガイダンスの時がはじめてだったけれど、高校二年生の十一月から、駒場には憧れがあった。駒場で博士号を取得した作家円城塔氏とその指導教官である金子邦彦教授の著作に惚れこみ、ミステリと哲学と経済学を偏好していた僕が、物理学者を志すようになったからだ。

ありがたいことに、僕は学部一年生の時からずっと、金子研究室のお世話になっている。きっかけは、「「生命とは何か?」に迫る研究体験ゼミ」において、金子先生と特任助教（当時）の斉藤稔先生のご指導のもと、細胞集団における分化と分業のメカニズムおよび安定性について理論研究を行ったことだった。この講義は、教養学部前期課程で開講される「全学自由研究ゼミナール」のひとつで、主に板書に頼る普通の授業とは大きく異なる。具体的な講義内容と形式は各教員の裁量にまかされているのだが、金子先生と斉藤先生の場合は、毎週、僕がそれまでの一週間で数理モデルのコードを書き、計算結果や問題点を相談し、お二人からアドバイスを受け、僕がまたコードを書き……という形で進められた。一学期目などは二人の先生の仰ることに従うだけだったが、二学期目の後半あたりから、僕自身の理解も徐々に深まっていったように思う。この研究の成果は二〇一六年に、お二人との共著論文として *PLoS Computational Biology* というオープンアクセス誌から出版された。グレッグ・イーガンのSF小説『ゼンデギ』にも登場する論文誌だ。

ゼミの履修が終わってからも共同研究はつづいている。二〇一八年十一月には、生態系の中で代謝物を漏らしてやりとりすることで多様な細胞種が安定的に共存し（競って富を贈り合うネイティブ・アメリカンの儀式「ポトラッチ」のようにして）相利共生できるという理論研究を論文にまとめた。また、助教の畠山哲央先生と共に、細胞の代謝制御をミクロ経済学における消費者行動の理論から捉えることで、両分野に新たな知見をもたらせるという論文も執筆中である。

最近は目線を変え、納豆のように粘弾性をもった糸を引く粉体の統計物理学的性質・ガラス的挙動なども扱っている。他学部の友人の話を聞くと、色々なテーマを自由に研究できるのは教養学部ならでは、のようだ。うれしい。

実は、人生に迷い一年間だけ本郷キャンパスの医学部に所属していた時期もあったのだが、縁あって駒場キャンパスに戻ってきた。この本が出版されるころには大学院の総合文化研究科に入学している予定で、また数年間、駒場と金子研究室のお世話になるわけだ。大学院を卒業したあとも、願わくは教養学部が百周年を迎えてからも、この縁がつづいていたならば幸いである。

V

理想のキャンパス——学びを支えるインフラ

1 図書館・書庫
——「こまとちゃん」の来し方

石原あえか

本が好きだ。それも紙の本！　当然、図書館はお気に入りの場所。林立する本棚の間を往来する人影、古書の香り、紙の手触り、木漏れ日の射す斜め窓。この頃ずっと他地区の図書館や学内研究所から専門書籍の取り寄せばかりしていたので、本稿依頼を機に、楽しい散歩と宝探しを兼ねて、「こまとちゃん」にその来歴を訊いてきた。

現・駒場図書館の貴重資料

「こまとちゃん」は二〇〇二年十月二日開館の駒場図書館公式キャラクターで、御年十七歳。全国の図書館のお祭り「図書館総合展」に初参加した二〇一五年から、三年間連続で「図書館キャラクターグランプリ」に入賞を果たした若手ホープ。だが同館貴重書室には、江戸時代の浄瑠璃本や名所絵図、今はなき資源科学研究所の旧蔵本草書（『本草綱目』はもとより、近代産業史を知る上で価値ある資料群、たとえば「日本ワインの父」、川上善兵衛の『葡萄種類説明』ほか）など、古いDNAが流れ込んでいる。特に狩野亨吉《かのうこうきち》文書（約二万点）や『大日本海志』編纂資料（約八二〇点）については、駒場博物館で二〇一五年と一八年にそれぞれ企画展示が行われたので、その「氷山の一角」をご覧になった方もいらっしゃるのでは？　前者は、「一高」こと旧制第一高等学校の名校長で、『吾輩は猫である』の苦沙弥先生のモデルとも言う狩野の、書簡など文書中心の資料であることが特徴。後者は実現せずに終わった『海志』用資料を海軍省から引き継いだ、《武田信玄軍艦之図》などの和・洋船の絵図・絵巻、秘伝書や漂流記なども含む歴史・海事マニア垂涎のコレクションである（デジタル公開中）。

ところで両展示場所になった駒場博物館こそ、一高の図書館（一九三五年竣工）だった。一高敷地に多数の焼夷弾が落ちた山手大空襲の難は運よく免れたが、戦後は学生数が増えて閲覧席も不足し、夏は天然暖房、冬は天然冷房がよく効く、利用者には酷な環境だった。蛍雪の功を地で行く学生のために照明を明るくし、「もっと気楽に、ゆったり本を読んだ方が、書物への親しみも増すのでは」と、新しい図書館建設の夢実現に心を砕いたのは、当時の第四代館長・成瀬正勝だけではなかったようだ。ちなみに学内初の「館外貸出」は、一九六一年度の冬休みに駒場で開始。翌六二年四月下旬には、本郷より少し遅れて、開架式閲覧室も設置された。

念願の教養学部図書館（現アドミニストレーション棟）は、一九六四年秋に着工、国費では到底足りず（しかも光熱費は計上されず）、一高ＯＢの寄付によって六九年に竣工。工期は学生紛争と重なったが、土木用ヘルメット姿の建設プロたちは、喧騒をものともせず、ほぼ遅延なしで完成させた。以上、遡れば昌平坂学問所を起源とする駒場図書館がアドミニ棟に移るまでの歴史は、長尾龍一の私家本『一高・駒場・図書館』に詳しい。

取材協力&イラスト
駒場図書館

保存庫の一高文庫と掛図

一九九六年に新図書館構想が決まるも、当初予定の半分の大きさで、先代図書館と八号館にあった教養学科図書室が統合した一期棟「こまとちゃん」誕生。幻の二期棟が出来るまで、入りきらない歴史的研究資料はアドミニ棟増設部の保存庫に眠る。禁帯出の「一高文庫」は、法学の蠟山正道や三谷隆正、経済学の河合榮次郎らの一括寄贈された個人蔵書を含む。特に一九二〇年代にハイデルベルクに留学した岡本［新二郎］文庫には、ドイツで買い集めた文学作品や学術書のほか、趣味の俳本・歌本・詩集も多い。しかも七十年前、一高と旧制東京高等学校が東京大学に包摂され、教養学部開設に至った経緯から、東京高等学校の蔵書もある（加えて海軍文庫も保管）。

本ではないが加えて注目したいのが、一高の授業で使われた約二百点の教育用掛図だ（一部デジタル公開中）。理系の一高生に必修だった「測量」の実習成果を表装した《実測図》も含まれる（余談だが、駒場博物館は陸軍測量部からの下げ渡し機材を所蔵）。関東大震災直後に理学部物理学科生の有志が協力し、延焼火災と飛火を記録した《東京市火災動態地図》もあるが、和軸・洋軸ともに劣化・損傷が激しい。これら資料の整理や修復が、先立つモノと人手の不足から遅々として進まないのが気がかりだ。駒場図書館の主要任務が、ふたつある源流の片方、先代駒場図書館の任務を受けて「学部前期課程学生の教育・学習支援」と定められ、膨大な資料の整理や研究が後回しになりがちなのは、由緒ある図書館ならではの、贅沢な悩みでもある。

ところで図書館利用マナーの徹底に余念がない「こまとちゃん」、夏目漱石がうっかりペンで書き込みした三冊が貴重書指定なのは、公然の秘密なの？

（いしはら・あえか）
大学院総合文化研究科　言語情報科学専攻　教授／
ドイツ文学・ゲーテ研究

2
美術作品
——考古学資料から現代美術まで

加治屋健司

駒場博物館を中心に

　教養学部にある美術作品の大部分は駒場博物館が所蔵している。梅原龍三郎寄贈のコプト織、中南米とアジアの考古学資料、旧制第一高等学校関連資料等があり、現代美術も収集している。他にも、駒場図書館や駒場ファカルティハウス、数理科学研究科なども興味深い作品を所蔵している。以下では、その主な作品を紹介したい。

　東京芸術大学教授をつとめた洋画家の梅原龍三郎は古今東西の様々な美術工芸品を蒐集したことで知られるが、駒場博物館には、梅原本人が寄贈したコプト織（六〜一〇世紀頃）がある。梅原の長男で一九五七年に急逝した梅原成四《なるし》が教養学部助教授だったことによる。

　南米アンデス地域の独特な造形美と技術を示す土器、土偶、首飾りなどは、古美術商からの購入または増田義郎名誉教授の寄贈による。戦後長らくアンデス文明研究の世界的な拠点となっていた教養学部文化人類学教室の活動の一端を示すものといえる。アジアの考古学資料としては中国の金属工芸品が挙げられる。殷代から明代までに作られたもので、容器、武器、鏡、装身具など様々な種類がある。中でも青銅鏡は、漢代から金代までの鏡だけでなく、高麗や日本の鏡も所蔵している。これらは、東洋史・東洋考古学を専門とした三上次男教授が中心となって収集したものである。

　旧制第一高等学校関連資料で特筆に値するのは、明治期の日本画である。小堀鞆音《ともと》の《菅公図》と《田村将軍図》（一八九〇年）、橋本雅邦《西行法師之図》（一八九二年）、下村観山《蒙古襲来之図》（一八九二年）などがある。これらは東京美術学校にゆかりのある画家たちの手によるもので、一高時代に倫理講堂や歴史参考室に掲げられていた。いずれも日本史の重要人物や事件、風俗等を描いており、画題の選択には日本史教育を通じた倫理教育を重視した一高（当時は「第一高等中学校」）の第三代校長、木下廣次の思想が表れている。

　明治・大正期の洋画も数点保管されている。山本芳翠《鮫島尚信の肖像》（一八八一年）、中村彝《つね》《数藤先生の像》（一九二〇年）、岡田三郎助《小島憲之先生の像》（一九一七年）などである。《鮫島尚信の肖像》

は、芳翠がパリで描いた絵画で現存する数少ない一点。在任中にパリで急逝した駐仏公使の凜とした姿を精緻に描いている。

現代美術も収集

　現代美術作品で重要なのは、マルセル・デュシャン《花嫁は彼女の独身者たちによって裸にされて、さえも》の複製（通称《大ガラス》東京ヴァージョン）（一九八〇年）である。瀧口修造と東野芳明の監修で、東京大学と多摩美術大学の教員・学生が中心となって制作したものである。フィラデルフィア美術館が所蔵するオリジナルとは異なりガラスは割れていない。ストックホルム版とロンドン版に続く三番目の再制作版。この時期は、現代美術を教養教育に導入する試みがあり、一九七九年にサム・フランシス、一九八一年に関根伸夫と李禹《リウー》煥《ファン》の版画を購入している。

マルセル・デュシャン《花嫁は彼女の独身者たちによって裸にされて，さえも》複製（通称《大ガラス》東京ヴァージョン）（1980年）
ミクスト・メディア，227.5×175.0 cm，1980年，東京大学教養学部駒場博物館蔵

　二〇〇二年に教養学部図書館、八号館図書室及び同分室の資料を統合して開館した駒場図書館には、日高理恵子《樹の空間からⅤ》（一九九八年）と戸谷成雄《森化Ⅳ》（二〇〇三年）が展示されている。一階ロビー奥にある日高の絵は、日本画の材料である紙と岩絵の具を用いて、樹を見上げたときの包まれたかのような感覚を描いている。戸谷の木彫は、入って正面にある吹き抜けの右壁にある。二本の木の対を壁に設置する「森化」のシリーズで、チェーンソーで大小に刻まれた表面の躍動感は、無機質な壁によって一層引き立っている。

　駒場ファカルティハウスには、駒場を代表する壁画がある。今関一馬《青春》（一九六九年）である。今関は旧制第一高等学校を経て東京大学に入学するが、一九五一年に中退して画家となった。一九世紀フランスのアカデミズム絵画のような群像表現で、ピラミッド型の構図で画面に秩序を与えている。若者は、裸体ではなくブリーフやレオタードを身につけており、近代日本の西洋受容の一面を示す味わい深い表現となっている。長らく教養学部図書館に掛けられていたが、駒場図書館の開館に際して駒場ファカルティハウスに移された。

　他にも、数理科学研究科棟には、宮脇愛子《うつろひ》（一九九五年）や平川滋子《五つの赤い宇宙》（一九九九年）がある。杉本博司は同研究科が所蔵する幾何学模型を撮影した写真作品を手がけており、そのうち《数学的形体：曲面 0003》（二〇〇四年）が同研究科に収められている。

（かじや・けんじ）
大学院総合文化研究科 超域文化科学専攻 准教授
／表象文化論・現代美術史

3 駒場博物館
──大学と社会を結ぶ窓

折茂克哉

沿革と所蔵資料

駒場キャンパスの正門を入り時計台のある一号館前ロータリーを右へ進んだ先、大きなヒマラヤスギの背後に教会風の小ぶりな建物が見えてくる。現在は駒場博物館として機能しているこの建物は、昭和初期に教養学部の前身である旧制第一高等学校（一高）の図書館として建てられた由緒あるものである。戦後は、教養学部図書館や教務課、美術博物館展示室として使われてきたが、二〇〇三年に内部の改修が行われ現在の駒場博物館となった。

当館は、美術博物館と自然科学博物館という二つの組織で構成されている。美術博物館は、初代教養学部長・矢内原忠雄の掲げた文理横断型総合教育構想の一環として一九五一年に発足。最初は常設の展示室もなかったが、一〇年にわたり資料蒐集が行われ、一九六一年に第二本館（現在の二一、一二三、一四号館の位置にあった巨大な総合施設）内に展示室が開設された。現在の建物に移転したのは一九七一年。内部に二階が設置され、そこに移設されることとなった。一方、自然科学博物館は、一九五三年に教養学部自然科学系教員を構成員とする自然科学博物館委員会によって設置された。こちらも初めは展示室を持たなかったため、年一回の駒場祭に合わせての資料公開や講演会を定期的に開催する等、地道な活動を続けてきた。二〇〇三年、それまで別々に活動してきた美術博物館と自然科学博物館は、それぞれの組織、資料、展示室が統合された駒場博物館として新たに活動することとなった。

所蔵資料には、本学の教養教育に資するものとして蒐集された古今東西の考古学・古美術資料や鉱物、昆虫標本類の他、現代美術作品であるマルセル・デュシャン《花嫁は彼女の独身者たちによって裸にされて、さえも》の複製（通称《大ガラス》東京ヴァージョン）がある。これは一九八〇年に完成し、当館のシンボルとして一階展示室に常設展示されている。

また、二〇〇四年に開催された特別展「第一高等学校創立一三〇周年記念　駒場の歴史展」を契機として本学教養学部内に残されていた関係資料が移管、さらに同年に活動縮小を決定した一高同窓会の資料が寄贈されたことで、現在当館所蔵資料の大部は一高関連のものとなっている。一高出身者には川端康成（文学）や小柴昌俊（物理学）、南部陽一郎（物理学）等のノーベル賞受賞者を含む様々な分野の著名人がおり、年間数十件の資料閲覧や画像掲載、他館展覧会への出陳依頼等が寄せられている。

　これに加え、本館には、全国の美術館・博物館・文学館等で催された企画展および常設展の図録（カタログ）のうち、専門性と学際性において優れたものを集めた、ユニークなアーカイブ、カタログ資料室がある。二〇〇七年の開室以来収集してきた資料は、学内の研究・教育に活用されているだけでなく、学外の方々にも広く利用されている。

駒場博物館外観

駒場博物館の役割

　展覧会は春・夏・秋と三季それぞれに企画され、年間合計二〇〇日以上開催されている。二〇一八年度は春に所蔵品展「美術展を本の世界で——駒場博物館カタログ資料室と学術活動」、夏に理科系特別展「卵からはじまる形づくり——発生生物学への誘い」と「博物学に学ぶ進化と多様性」、秋に文科系特別展「第二回ふね遺産認定記念大日本海志編纂資料展」が開催された。当館の展覧会は研究や教育の成果発表という体裁をとることが多く、企画・制作にはそれぞれの専門分野の大学院生が関わることで専門教育の一助としている。さらに、そのように制作された展覧会を本学学部生が見学することで教養教育に資するように計らい、同時に広く一般に無料公開することで社会教育に貢献することを目指している。

　大学博物館とはその大学の資料を保管・管理・活用して大学の歴史を語るだけでなく、そこで行われている研究・教育を紹介することで大学と社会とを結ぶ窓となることが期待されているものである。閉鎖的になりがちな研究・教育機関としての大学において、学内と学外とを問わず交流できる貴重な場所が大学博物館であるといえよう。様々な学問分野の研究者・学生を擁する本学では、残念ながら学内ですら専門分野や学部が異なると交流を持たないことが少なくない。その点、文系・理系（およびその中間）の研究者が一つの研究科に共存している駒場キャンパスにおける当館の活動は、まさに文・理を問わない大学院総合文化研究科・教養学部らしさを体現するものといえよう。専門分野にこだわらず展開される当館の展覧会を機会とし、学内外の交流の場として利用していただけるよう今後も努力していきたいと考えている。

（おりも・かつや）
大学院総合文化研究科　超域文化科学専攻　助教／
博物館学・考古学

1
QOM ジム
——生活の質の向上とスポーツ科学の研究成果

永井久美子

注目されるスポーツ・健康科学

駒場には、キャンパス内にジムが存在する。しかもそのジムは、オリンピック金メダリストの走行フォームをなぞるスプリントトレーニングマシン、自転車のような外見ながら漕ぎ方はまったく異なる車軸移動式パワーバイクなど、珍しいマシンを取り揃えている。東京大学では、二〇一二年、教養学部統合自然科学科にスポーツ科学サブコースが設置され、二〇一六年には、一六に及ぶ部局（大学院、研究所、センター）が連携する拠点が設けられるなど、現在、全学規模でスポーツ・健康科学分野の研究が進められている。その拠点の施設として二〇一七年春に開設されたのが、「東京大学スポーツ先端科学研究拠点ジム」、別名「ＱＯＭジム」である。

ＱＯＭとは、Quality of Motion、すなわち動作の質のことを指す。ジムには、短距離走のタイムを縮めるため、「むだ」のない質の高い動きを追求する研究から生み出されたマシンがある。一連のマシンは、スポーツに特に馴染みのない者も、美しく均衡のとれた姿勢へと導いてくれる。たとえば写真のアニマルウォークマシンは、四足歩行の動物の姿勢をとるものであるが、体のバランスが悪いと、ハンドルやペダルを回すことが難しい。左右均等に体重の移動ができれば、スムーズに回せるようになる。乗ってみることで、筆者も自分の体のくせを自覚し、改善することができた。

ＱＯＭなる用語の生みの親は、駒場キャンパスで身体運動科学の教育および研究に長年携わってこられた小林寛道《かんどう》名誉教授である。小林先生のほか、筋肉研究の第一人者である石井直方教授など、拠点の教員の研究内容を記したパネルが、ジムの内部には多数掲示されている。それらに加えて、ＱＯＭジムがこれまでに新聞や雑誌・ＴＶ等の取材を受けた際の記事も、壁面に並んでいる。東京オリンピックを目前に控えた気運や、長寿社会における健康維持意識の高まりなどを背景に、スポーツ健康科学は、いまもっとも注目される研究分野の一つとなっている。そしてその研究の成果は、筆者のような専門分野の異なる教員や学内の学生のみならず、ＱＯＭジムを通して、広く一般に公開されている。

ひらかれた先端知見

ＱＯＭジムには、一〇代から八〇代までの幅広い世代の利用者が、遠方からも訪れる。韋駄天を目指す陸上部員や市民ランナーはもちろん、ダンスや歌唱発声のパフォーマンス向上を目指す人や、バランスのとれた歩行によりけがを予防したいと考えるシニアなど、定期的にジムに通っていると、実に多様な利用者に出会う。体幹を鍛え、体のゆがみを取るということが、そもそもの研究の出発点であった短距離走にとどまらず、他の競技や日常生活全般の動きの改善にも有用であることを、ＱＯＭジムは証明している。

アニマルウォークマシンでトレーニングする筆者（2019年）

一回一時間の利用の中で、体力や体調に応じて使うマシンは選ぶことができ、負荷やスピードの調整もできるため、利用者は各自の目的に応じたトレーニングを行うことができる。専門的な研究から生み出されたマシンであるが、操作が難解ということはなく、使い方は指導を受けることができる。激しい筋トレではなく、むしろストレッチに近い動きが多いため、筋肉痛になることは少ないと思われる。体がほぐれるため、個人的には、肩や腰が少々固まってしまったときこそ、心地よくマシンを活用している。

利用は一回券もしくは回数券を購入する方式であり、会費制ではないため、続けられるか不安がある場合も、まずはどのようなところか一度試してみることが容易となっている。混雑の緩和のため、初回は予約が必要であるが、煩雑な入会手続きはないので、ホームページを参照のうえ、気軽に訪ねてみるとよいだろう。一般学外利用者については、東大駒場友の会に入会すると、会員割引が適用される。利用は一八歳以上からのため、高校生以下の読者の皆さんとは、受験が一段落した暁に駒場で会えたらと思っている。

立ち姿や歩き方で、人の印象は大きく変わる。スマホを覗き込み猫背になる人の多い中、背筋のピンと伸びた小林先生は、七〇代半ばとは思えぬほど若々しく見える。スポーツ科学の最先端の知見は、トップクラスのアスリートにのみ還元されるものではなく、すべての人々に開かれている。歩き方、立ち居振る舞いから、日々の生活の質、ＱＯＬ（Quality of Life）を高めることを目指してみてはどうだろうか。

（ながい・くみこ）
大学院総合文化研究科　進学情報センター・超域文化科学専攻兼担　准教授／日本古典文学

2
MRI（磁気共鳴画像）装置
――最先端の装置が身近なものに

四本裕子

理想の教育棟の中で

銀杏並木の東側の端にあるガラス張りの建物、21 KOMCEE（21 Komaba Center for Educational Excellence）は、設計段階で「理想の教育棟」と呼ばれていた。「理想の教育が行われている棟とは、なんと強気な」と思えなくもない。ここで紹介するMRI（Magnetic Resonance Imaging：磁気共鳴画像）装置は、この「理想の教育棟」の地下に設置されている。

MRIは、大きな磁場を用いてヒトなどの動物の生体組織を可視化する装置である。この装置を用いて脳の血流の変化を測定することで、脳のどこが活動したかもわかる。MRIを使うと、筋肉や骨の構造、脳の構造、各脳部位の神経線維の密度、神経線維の連絡経路、神経活動、特定の神経伝達物質の濃度などを測定することができる。頭に穴を開けなくても中の様子が詳細にわかるので、ヒトを研究する者にとって嬉しい機械である。値段は約三億円。加えて毎年数千万円の維持費がかかるので、決してお手頃価格とは言えない。

私は博士号取得後、アメリカの脳イメージング研究所で研究員として五年ほど働いていた。この研究所では五台の研究用MRIが二四時間体制で稼働していたが、MRIの使用を許されていたのは、プロフェッサーか博士研究員、そして少数の幸運な博士課程の大学院生だけであった。私が実験できたのも、一週間に二時間程度であった。MRIは、当時も今も、誰もが簡単に使用できるわけではない装置である。

駒場キャンパスにシーメンス社の最新型研究用MRIが設置されると決まったのは、ちょうど21 KOMCEEの建設が始まるころだった。理想の教育の実現に燃えていた教養学部の執行部が、この装置を東京大学の学生の教育に活用できるようシステムを整えてくれた。そのため、この装置は東大生にとって身近なものになった。

MRIを用いた教育・研究

教養学部前期課程の一年生を対象に、担当教員の専門分野についてゼミ形式で学ぶ「初年次ゼミナール」では、二〇名の一年生を対象に「文系の脳科学」と題してこの

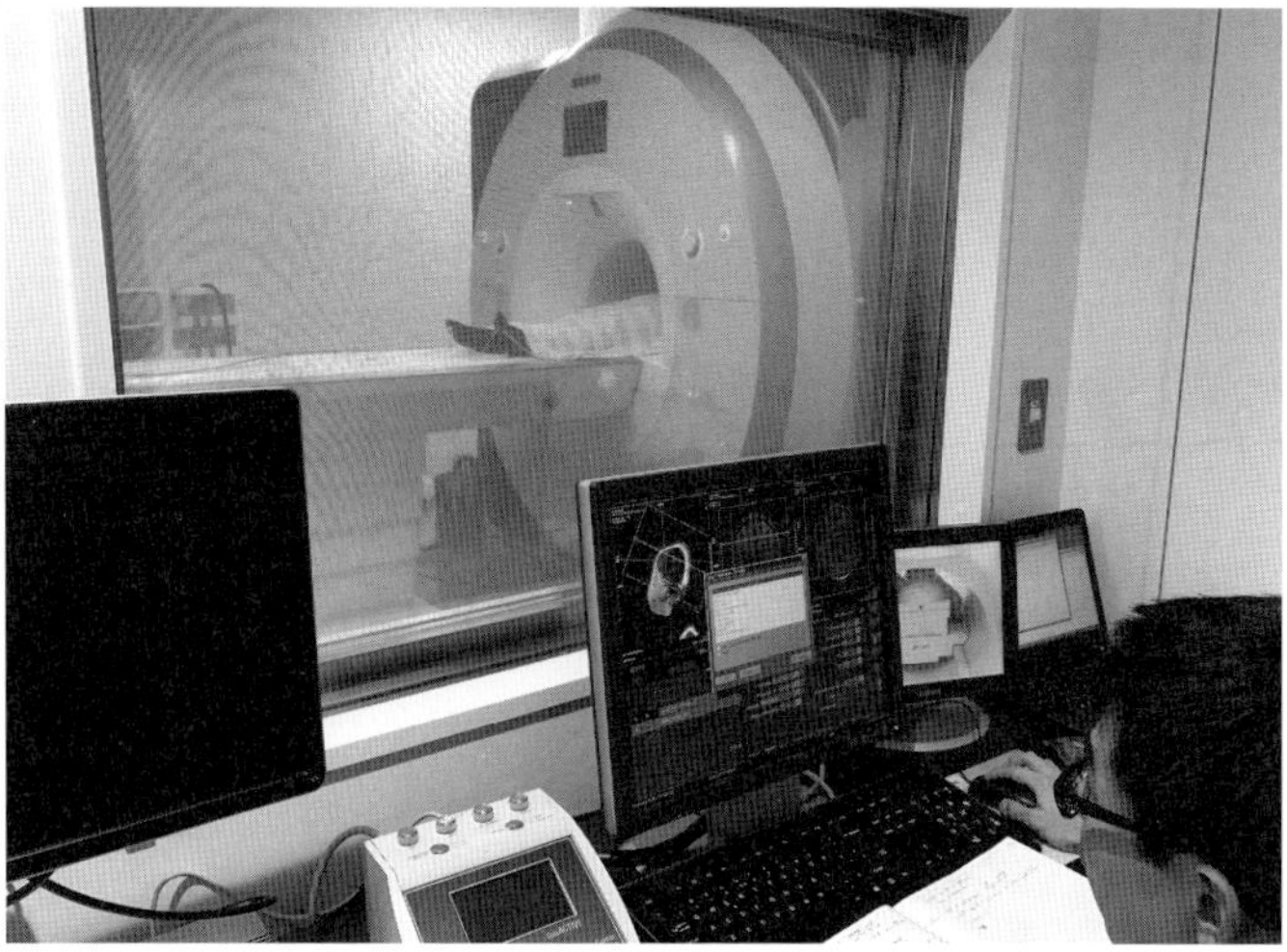

MRI 実験の様子

ＭＲＩを用いた脳の撮像とその解析を行った。四月に文科の学生として入学してきた一年生が、五月には脳をスキャンして解剖を学んだ。ゼミでは脳に関する一般書を輪読し、その内容を発表することで、脳に関する理解を深めた。専門課程に進学して学部三～四年生になると、学生が装置を操作して脳の解剖と機能測定を行い、そのデータを解析する実験演習が行われる。さらに、学部横断プログラムとして、「MRI for beginners」と題した実習も開講されている。この実習では、学部生が三～五人でグループを作り、仮説を立て、その仮説を検証するための実験計画を作り、その実験をプログラミングし、ＭＲＩを用いて脳活動を測定し、得られたデータを解析し、発表会で報告する。

もちろん、卒業研究や大学院生の研究にも利用されている。卒業研究でＭＲＩを用いた脳機能計測を行い、卒業前に査読付きの国際学術誌に論文を掲載した学部生もいる。ＭＲＩを用いた研究で複数の論文を発表し博士号を取得した後、その知識と技術を認められて国内外の研究機関で活躍している卒業生も多い。現在までに、学内約三〇の研究室がこのＭＲＩを研究に利用しており、国際共同研究にも利用されている。

私の知る限り、国内でも海外でも、駒場キャンパスのＭＲＩほど学部生が触れる機会のある装置はない。最先端の装置を通して専門的な研究を身近なものに感じることで、学生の視野はきっと広がる。少なくとも脳機能イメージングに関しては、建物の名前どおりの「理想の教育」が行えていると自負している。

（よつもと・ゆうこ）
大学院総合文化研究科 広域科学専攻 生命環境科学系 准教授／認知神経科学・知覚

3
大隅良典先生ノーベル賞受賞記念碑
——観る楽しさ、知る喜び、解く歓び

村田 滋

駒場東大前駅西口から坂下門を通ってキャンパスに入り、第二グラウンドの横にある石段をあがって左手、桜並木の奥に見える建物が一五・一六号館である。駒場の理系のほとんどの教員はこの建物に研究室をもち、日々研究・教育に励んでいる。銀杏並木を横切って玄関に向かう小道の左手に、高さ九〇センチほどの石碑がある。周りの風景と調和した自然な佇まいながら、美しく磨かれた御影石の黒色が重厚さを感じさせる。前面には、「観る楽しさ　知る喜び　解く歓び　大隅良典」と刻まれている。この石碑は、大隅先生（二〇一七年より東京大学特別栄誉教授）が二〇一六年のノーベル生理学・医学賞を受賞したことを記念して、二〇一八年四月に建立されたものである。

大隅先生と駒場キャンパス

大隅先生は東京大学教養学部基礎科学科（現在は統合自然科学科に改組）の出身であり、学位取得後、本学理学部の助手・講師を経て、一九八八年に駒場にあった理学系研究科相関理化学専攻の助教授に着任した。まったく新しいテーマで研究しようと決めていた大隅先生は、酵母の液胞を用いてタンパク質の分解過程の研究に着手し、光学顕微鏡下に「オートファジー」現象を世界で初めて観察することに成功した。この駒場キャンパス三号館の小さな研究室での発見が、ノーベル賞の受賞理由である「オートファジーの仕組みの解明」の出発点になったのである。大隅先生は教養学部基礎科学科を選択した理由として、「新しい境界領域を目指すという学科の理念に共鳴した」と述べている。また、先生の「人のやらないことをやり、競争をしないで独自のものを出す」という研究姿勢も、学生時代、および独立した研究者として最初に過ごした駒場の環境によって培われ、発展したものと思う。その理念は、現在も統合自然科学科に、また大学院広域科学専攻に受け継がれている。

二〇一六年一〇月三日夜に大隅先生ご受賞の一報が届くと、駒場キャンパスは喜びに沸いた。翌朝には教養学部のウェッブサイトで当時の小川桂一郎学部長がお祝いの言葉を述べ、一五・一六号館のエントランスには大隅先生の業績を記したパネルが設

置された。駒場東大前駅のホームから見える位置にも、受賞をお祝いする大きな看板が立てられた。ほどなく、自身も著名な生物学者であり大隅先生をよくご存知の毛利秀雄元教養学部長を中心に、これらの看板はいずれ撤去されてしまうので、後世に残るモニュメントを設置したらどうかという声が上がった。この提案に対して二〇一七年に就任した石田淳学部長が理解を示し、その年の秋にモニュメントの設置が決定した。ところが、設置に際して一つ難題があった。それは、仄聞したところでは、大隅先生は晴れがましいことがお嫌いであるとのことで、果たして先生の了解をいただけるかということであった。これに対して、石田学部長は自ら大隅先生宛てに手紙を書き、このモニュメントの趣旨と駒場キャンパスに設置する意義を丁寧に説明した。学部長の誠意は大隅先生に伝わり、先生からは、個人の顕彰でない形のものならば了解するとのご返信があり、関係者一同、大いに安堵した。

大隅良典博士　2016年ノーベル生理学・医学賞受賞記念碑

科学する心を忘れずに

このモニュメントは、駒場キャンパスにおいて世界に誇る研究がなされたことを後世に伝えるとともに、「観る楽しさ　知る喜び　解く歓び」を大切にする心が駒場の伝統であることを示すものである。「観る楽しさ　知る喜び　解く歓び」は、大隅先生が二〇一七年二月に駒場キャンパスで開催されたノーベル賞受賞記念講演会の際に残した言葉である。研究という営みの原点を、これほど端的に、的確に表した言葉を私は知らない。この言葉をモニュメントの文面にしたらどうかと発案したのも、石田学部長であった。なお、モニュメントに彫り込まれた文字は、大隅先生ご自筆の文字を写しとったものである。担当になった私が恐る恐る先生にメールでお願いしたところ、何とか書いてみますとのご返事をいただき、実現に至った。

統合自然科学科や広域科学専攻に所属する教員・学生の多くは、通勤・通学の際にこのモニュメントの前を通る。ときにこの言葉に勇気づけられ、また研究を志した頃を思い出し気持ちを新たにすることだろう。遠からず、駒場から大隅先生に続く研究者が現れることを願っている。

（むらた・しげる）
大学院総合文化研究科　広域科学専攻　相関基礎科学系　教授／有機化学

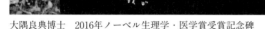

1 駒場の建築

田村 隆

一高の面影

駒場Ｉキャンパスのシンボルと言える一号館は、旧制第一高等学校（一高）の本館として、当時駒場にあった東京帝国大学農学部との一九三五（昭和十）年の敷地交換に先立つ一九三三年に竣工した。本郷キャンパスの安田講堂と同じく工学部建築学科教授兼営繕課長の内田祥三《よしかず》による設計で、ゴシック様式を基調としつつ（「内田ゴシック」と呼ばれた）、アーチ部分にロマネスク様式を取り入れた時計台は、昭和初期に流行したスクラッチタイルに覆われている。二〇〇〇（平成十二）年九月二十六日に国の登録有形文化財に登録された（第一三－〇〇八九号）。駒場祭（十一月下旬）の人気企画のキャンパスツアーでは、六階の高さにあたる時計台の塔屋部分を特別に見学できる。

一高の名残として銀杏並木側の壁面上部には護国旗章が見られ、その下のマンホールにも「一高下水」の文字がある（銀杏並木の東端には「農学部」と刻まれた、一高以前のマンホールも残る）。正門の門扉（一高の門扉を二〇〇八年に復元）にも見られる一高の校章はオリーブ（橄欖《かんらん》）と柏を意匠とするが、一号館東側の前庭にはオリーブの古木と齋藤阿具《あぐ》一高教頭による「橄欖」碑（一九三三年）があり、銀杏並木側に柏の木がある。

一号館の前にはシンボル樹木としてシラカシの木、その東西に二本のヒマラヤスギが配され、木の奥に、やはり内田の設計した駒場博物館と九〇〇番教室（講堂）がある。

東側の駒場博物館は一高の図書館として一九三五年に建てられた。建物としても九〇〇番教室と対をなし、それぞれオリーブと柏を象ったレリーフが掲げられる。一階と二階に二つの展示室があるほか、絵画収蔵庫や展覧会カタログ資料室、セミナー室が設けられている。

西側の九〇〇番教室は一九三八年竣工。教養学部最大の教室で、座席数は六五六席。一九六〇年四月の教室番号変更までは九大教室と呼ばれた。元は一高時代の倫理講堂で、文武両道を示す歴史画として小堀鞆音《ともと》（一八六四～一九三一年）の描いた菅原道真と坂上田村麻呂の絵が掲げられていた（現在は駒場博物館所蔵）。一九七七年に森泰吉郎氏から寄贈されたパイプオルガンを備え、教養学部の学位記伝達式等で演奏されるほか、教養学部オルガン委員会主催のオルガン演奏会が定期的に催されている。

一九三五年に建てられた一〇一号館には、一高時代は特設高等科が置かれていた。「第一高等学校特設高等科規程」（一九三七年改正）の第二条には、「特設高等科ハ中華民国及満洲国ノ留学生ニ対シ高等学校高等科ノ程度ニ拠リ高等普通教育ヲ授クルヲ以テ目的トス」とある。戦後、学部長室と事務部総務課・教務課などが置かれた時期を経て、現在は教養教育高度化機構や国際研究協力室、留学生相談室などが入っている。この建物の玄関や九〇〇番教室の裏口は内田が好んで本郷キャンパスにも多く用いた尖頭形のデザインだが、その見た目から営繕関係者の間では蔭で「犬小屋」と呼ばれていたという。

「第一高等学校本館ヨリ特設高等科ニ通ズル地下道」（1935年）

一高時代の建物の転用はその後も行われ、アール・デコ調の一高同窓会館洋館（一九三七年竣工）は、改修されて駒場ファカルティハウスとなり、二〇〇四年にレストラン「Lever son Verre《ルヴェ ソン ヴェール》」（一階）および「橄欖」（二階）がオープンした。

地下道・三昧《ざんまい》堂

一号館、駒場博物館、一〇一号館と駒場寮（二〇〇一年まで存続し、跡地はサークル活動で使われるキャンパスプラザ、および生協の入るコミュニケーション・プラザとして整備された）はかつて地下道で繫がっていて、一高生達は往き来していたという。設計を手がけた内田は、「これがちょっとほかのところでやるといってもできないことですが、雨が降っている時でも傘を持たないで教室と寄宿舎との間の交通が自由にできるということ」（「内田祥三談話速記録（二）」）と回想している。一号館の北東側や一〇一号館の正面奥には地下に降りる階段が残り、近くの地上数箇所に通気口もある。図版は、『東京帝国大学営繕工事記録写真帳』（東京大学総合研究博物館小石川分館所蔵）所載の地下道建設中の写真である（画像データベースが公開されている）。

「内田ゴシック」とは別に、西門のそばにある三昧堂は、一九四〇年に一高陵禅会の学生修養道場として建てられたものだが、その用材として宮内省（当時）の旧侍医寮診療所一棟（木造瓦葺平家、簓子下見《ささらこしたみ》張）を下附されたことが宮内庁書陵部所蔵『昭和十五年　恩賜録　六（賜物）』により確認できる。現在も坐禅堂として利用されており、東京大学陵禅会の活動のほか、野矢茂樹教授（現在は名誉教授）による坐禅ゼミが二〇一七年度まで開講された。

（たむら・たかし）
大学院総合文化研究科　超域文化科学専攻　准教授
／日本古典文学

2
駒場の桜と緑

佐藤俊樹

キャンパスと桜の歴史

駒場は桜と縁が深い。もともとは帝国大学の農学部（駒場農学校）で、関係者が樹々を愛しんでこられた。その歴史の堆積でもある。例えば農学校時代の正門は北側にあった。駒場キャンパスの北縁は、渋谷川水系と目黒川水系の分水嶺にあたる。三田用水沿いに甲州街道につづく尾根道が走り、その道に面した正門入口にも桜並木があったらしい。

江戸の八重桜の伝統を残す荒川堤の桜、「江北《ごうほく》の五色桜《ごしきざくら》」が大正期になって、工場の煙などで枯れ始めたときには、移植先の一つにもなっている。京都の桜守として有名な、佐野藤右衛門家に送られたのも、駒場で接ぎ木して育った苗木である（佐野藤右衛門『桜花抄』誠文堂新光社、一九七〇年、一九、二四四頁など参照）。今でも春になると、一葉《いちよう》や関山《かんざん》、普賢象《ふげんぞう》などの八重桜が美しく咲くが、それらはいわば江戸の桜の後身。もしかするとそのなかには、本当に駒場に里帰りした桜もいるかもしれない。

第一高等学校になった後の、現在の正門の近くにも桜があったようだ。そこから坂下門へ降りる長い坂道には、情報教育棟ができるまで、染井吉野《そめいよしの》がつづいていた。今は数本を残すだけだが、それでも大島桜《オオシマザクラ》の白い花とともに、キャンパスを訪れる人々を毎春、優しく迎えてくれる。

春の花模様

現在の駒場の桜の景観の、基本形ができたのは、一九六四年の東京五輪のころのようだ。ラグビー場周辺の染井吉野は、その前後に植えられたものだろう。

野球場の紅白の枝垂桜も忘れるわけにはいかない。最近は東京でも、谷崎潤一郎の『細雪』や川端康成の『古都』で有名な八《や》重紅枝垂《えべにしだれ》をよく見かけるが、あの桜は明治二八（一八九五）年の第四回内国博覧会のときに、仙台から贈られたもので、むしろ染井吉野とよく似た、近代の桜の代表格だ。

その前の、古典文学に出てくる枝垂桜の姿を知りたければ、野球場の西南隅で、白の一重《ひとえ》がひっそり咲いている。三塁側の紅枝垂の並木には八重もまじるが、やはり一重が多い。八重紅枝垂が流行する前の、あるいは江戸彼岸の巨木が観光名所になる前の、「昔の桜」を本当に偲びたければ、京都の市中（洛中）ではなく、駒場で眺めるのが一番よい。さすがは教養学部。

最初の数本は、東京五輪の練習場に施設を貸したお礼として来たものらしい。平成も終わった現在では、とても貴重な桜である。第二グラウンド脇の、ちょうど花盛りを迎えている八重桜と大島桜、染井吉野の桜並木は、その後に整備されたものだろう。

えんえんと駒場の桜と来歴を書き連ねたが、その歴史は実は、駒場の緑がどんなものかも教えてくれる。あたりまえだが、桜にかぎらず、駒場の緑は時代時代の積み重ねでできている。旧い姿を残すとともに、つねに新しい姿を加えてきた。

桜の名所であることからわかるように、本来の植生は照葉樹林。二号館正面玄関の朱い椿の咲きぶりがその面影を宿すが、中世以降、落葉広葉樹に人工的に転換された。そんな場所に高等教育機関がおかれて、植物標本になりそうな樹も植えながら整備していった。

一重白枝垂（野球場西南隅）

受け継ぐものと受け渡すもの

だから、「旧い樹は絶対伐るな」みたいに言われると、違和感をおぼえる。野球場の一重枝垂や一九五〇年代からの樹は絶対伐ってほしくないが、一切「手をつけない」だと、それはそれで、駒場の緑の伝統からは外れる。歴史を積み重ねるにも新しい樹を加える必要があるわけで、樹の種類や位置が部分的に変わるのはしかたがない。

桜にしても、以前と同じ品種に少しこだわりすぎる気がする。日本列島の桜の姿は今、百年ぶりの規模で大きく変わりつつある。多彩な色を楽しむようになり、特に河《かわ》津桜《づざくら》や陽光《ようこう》などの、早咲きで紅の濃い品種がふえている。これらは琉球諸島や台湾など、「ヤマト」の外で咲いていた寒緋桜《カンヒザクラ》の系統に連なるものだ。染井吉野を引き継ぐ形で並木に使われている、アメリカ合衆国生まれの神代曙《じんだいあけぼの》の姿もぜひ見たい。

そうやって、日本の桜は今も新たな歴史を紡いでいる。その意味でも、そしてアジアや太平洋に開かれたキャンパスという意味でも、今の、そしてこれからの駒場にぴったりの桜たちだと思うが、「手をつけるな」だと、そうした新しさを加えていくこともできない。

少しずつ姿を変えながら、キャンパス全体で記憶と歴史を遺していく。駒場の緑はそんな緑でありつづけてほしい。そんな風に私は思っている。

（さとう・としき）
大学院総合文化研究科　国際社会科学専攻　教授／
社会学

3
小説に描かれた駒場キャンパス

出口智之

一高の移転と高木彬光

駒場の地に研究・教育機関が置かれたのは明治初期であったが、しかし大正以前の小説で舞台とされたことはほとんどないようだ。何しろ当時の駒場はまだ片田舎で、一八九六（明治二十九）年に近隣を歩いた田山花袋は次のように回想している。

渋谷の通を野に出ると、駒場に通ずる大きな路が楢林について曲っていて、向うに野川のうねうねと田圃の中を流れているのが見え、その此方《こちら》の下流には、水車がかかって頻りに動いているのが見えた。地平線は鮮やかに晴れて、武蔵野に特有な林を持った低い丘がそれからそれへと続いて眺められた。私たちは水車の傍《そば》の土橋を渡って、茶畑や大根畑に添って歩いた。（『東京の三十年』）

「駒場に通ずる大きな路」とは今の文化村通り、それが「曲っていて」というのはおそらく東急百貨店本店がある角のことだから、そこからさらに遠ざかる駒場がいかに田舎だったかが思われる。

転機となったのは一九三五（昭和十）年の旧制一高の移転で、以後ここに学んだ青年たちが小説に描かれるようになる。本郷に比べればその数は少ないが、いずれも作者の駒場へのかぎりない愛惜が感じられ、舞台としての印象はかえって強い。たとえば、移転直後の一高に学んだ高木彬光は『わが一高時代の犯罪』（一九五一／昭和二十六年）において、当時のキャンパスや駒場寮での生活を懐旧の情をもって美しく描き出している。本館（現・一号館）時計台の屋上から学生が忽然と消えたトリックはあまり目新しいものでないが、しかし本作の真髄はむしろ、光文社文庫版の解説で由良三郎が言うように「当時の一高の雰囲気と、そこにも押し寄せた時代の荒波、それを受けた学生たちの苦悩など」にあって、軍事色を強める時代に一高に流れていた空気が、実名・仮名で登場する教授や学生たちとともに印象深く描き出されている。

戦後〜平成期の小説と駒場

一方、戦後の駒場を描いた白眉は、何と

言っても柴田翔『されど　われらが日々――』（一九六四／昭和三十九年）および『贈る言葉』（一九六六／昭和四十一年）の二篇である。いずれも学生運動の激化を予感させる混沌とした時代を背景に、若人たちを翻弄する政治運動、学問、社会通念と規範、友情と孤独、恋愛と性などの問題を扱い、漠然とした喪失感を抱えた彼らの煩悶と葛藤とをあざやかに結晶させている。特に『贈る言葉』は、語学のクラス、駒場寮での生活、進学振分けなど、駒場での学生生活が重要なモチーフとなっている。だが、それが決して単なる風俗描写にとどまらず、青春の激情と苦悩とを描出して今なお新鮮さを失わないのは、ひとえに圧倒的な筆力の冴えによるものだろう。

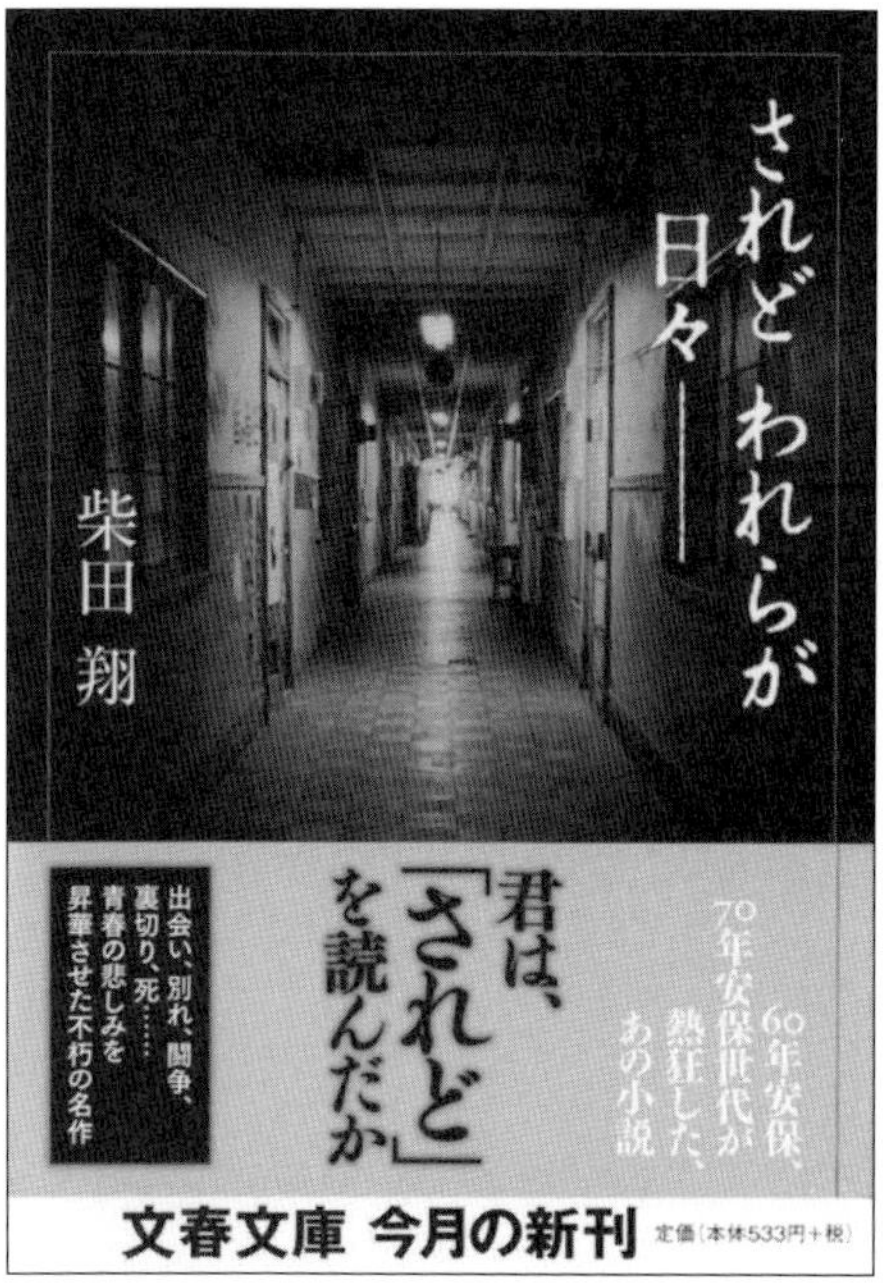

『されど　われらが日々――』（文春文庫，2007年）

小森健太朗『駒場の七つの迷宮』（二〇〇〇／平成十二年）は、もう少し後の時代、昭和末期の駒場を描く。「あとがき」によれば「この物語の舞台となった一九八五年の駒場は、著者が文科三類の二回生だった時」で、「文中に出てくる建物や施設は、みな実在のもの」である。実際、登場人物たちが棟々を縦横に駆け、キャンパス自体が主人公とでも言うべき趣を湛える。学生運動の衰頽を受けて活発化した宗教団体による勧誘を背景とし、現代に近づきつつある駒場の雰囲気を伝えている。

近年の駒場を描いた小説としては、野沢尚『反乱のボヤージュ』（二〇〇〇～二〇〇一／平成十二～十三年）を挙げたい。舞台は架空の大学でフィクション性が強いが、駒場寮の廃寮問題に揺れたキャンパスを強く思わせる。とはいえ、作中でも言及されているように、大部分の学生はこの問題に冷淡で、クライマックスに置かれた争闘も現実には起らなかった。その意味で、本作は駒場の歴史を見続けた寮と、かつてそこで青春の夢を育んだ学生たちに贈られた、虚構の鎮魂歌のようである。

『贈る言葉』の主人公は、「リーベという言葉には、旧制高校の、古き、よき、甘えた時代が匂って、ぼくたちをぞっとさせた」と語るが、前時代への仮借なき批判は若者たちの特権であると同時に、それでも一高の教養主義が強く意識されているところが駒場らしい。教養と学問の伝統のなかに、多くの青春のロマンティシズムを育んだこのキャンパスは、次なる時代にも新たな文学を生み出してゆくに違いない。

（このほか、『校友会雑誌』などに掲載された作品は稲垣眞美『旧制一高の文学』に詳しい。なお、二〇一九年一月時点で、以上の作品の多くは文庫や電子書籍等で入手可能だが、『駒場の七つの迷宮』のみ絶版である。）

（でぐち・ともゆき）
大学院総合文化研究科　超域文化科学専攻　准教授
／日本近代文学・美術

大工と爆発

小川 哲（おがわ・さとし）

1986年，千葉県生れ．総合文化研究科超域文化科学専攻博士課程在籍．大学院ではイギリス人数学者のアラン・チューリングを研究．2015年，『ユートロニカのこちら側』で第3回ハヤカワSFコンテスト大賞を受賞し，デビュー．2017年刊行の長編『ゲームの王国』で第38回日本SF大賞，第31回山本周五郎賞を受賞．

僕が東京大学に入学したのは二〇〇五年だ。その年、愛知で万博が開催され、福知山線の脱線事故があった。テレビはまだアナログ放送で、スマホは存在していなかった。以来、十四年間も駒場にいる。もちろん、入学したときはそんなに長居するつもりなどなかった。四年か五年で卒業して、どこかの会社に就職する予定だった。どうしてこんなことになったのだろうか。

最初の転機は大学二年生のときだ。理科一類で入学した僕は、周りの多くのクラスメイトとともに工学部へ進学した。進学先の学科から出された課題を終えた日、気晴らしに何か本でも読もうと駒場の書店で一冊の本を手に取った。ウィトゲンシュタインの『論理哲学論考』だ。この本が僕の本郷人生を終わらせ、駒場人生を延長させた。『論考』を読むまでの僕は、学問とは天上にある「世界の謎」という果実を手にするために、大工となって足場を組み立てていくものだと思っていた。だが『論考』を読み終えたとき、僕たちが立っている足場の虚構を暴き、爆破して奈落へ突き落とす行為もまた学問なのだと知ったのだった。

「工学」とは基本的に大工の仕事だと思う。足場の破壊もしたくなった僕は、工学部への進学をやめることにした。いろんな人に相談し、自分でも考えた結果、新たな進学先は教養学部の超域文化科学科に決めた。僕はウィトゲンシュタインの研究がしたかったわけでも、哲学の研究がしたかったわけでもなかった。世界の虚構を破壊し、まっさらな平原に自分なりの足場を組み立て、「世界の謎」に接近したかった。そのためには学際的な知識が必要になるだろう。教養学部という場でしか、僕は自分の研究ができないと思った。

もちろん、簡単にできることではなかった。周りの友人たちが就職し、仕事や上司やゴルフの話をする中、僕は「言語とは何か」とか、「心とは何か」とか、そういった問いについてずっと考えていた。勉強すればするほど、「世界の謎」は遠ざかっていった。注意深く足場を組み上げていくと、その足場の下にあった土台が誤っていた、そんなことを何度も繰り返した。そして気がつくと十四年が経っていた。

妙な経緯から、僕は今、大学院に在籍しながら小説を書いている。小説もまた、学問と同じで、足場を組み上げる行為と、足場を破壊する行為の繰り返しに他ならない。大工となって丁寧に物語を構築していく。その一方で、常にその足場が虚構ではないか、破壊することができないか、と疑っている。駒場で染みついた癖だ。

僕は未だに、四年か五年で卒業して、どこかの会社で働いていた人生と、今の自分の人生のどちらが良かったのか、まったくわかっていない。あの日『論考』を読み、進路を変えた自分を肯定するためには、この十四年間で学んだことを作品に活かすしかないと思っている。

おわりに——すべての道は駒場に通ず

本書の目的と構成

本書は、東京大学教養学部の創立七〇周年を記念して、教養学部・総合文化研究科を広く紹介するために編まれたものである（以下、教養学部・総合文化研究科をまとめて「駒場」と呼ぶ。駒場には東京大学生産技術研究所などのある第二キャンパスも存在するし、教養学部のある第一キャンパス内には数理科学研究科も置かれているが、便宜上この愛称を用いることをお赦し願いたい）。七〇年の歴史のなかで、駒場の研究・教育に関する文献は多数出版されているが、今回の記念出版が特に目指したのは次の三点である。まず、東京大学のなかの教養教育の担い手としてだけではなく、独立した学部・研究科としての駒場の実態も示すこと。そして、駒場における人と学問の多様性が一目で分かるよう工夫すること。さらに、多くの読者にとって親しみやすいよう、ひとつひとつの記事を短くまとめ、写真・図版も多く取り入れること。

目次を見ればお分かりのように、本書は駒場の七〇年にわたる歴史だけでなく、いまの駒場の研究・教育活動の全体像も浮かび上がるように構成されている。巻頭には、二〇一六年のノーベル生理学・医学賞の受賞者にして、駒場で研究・教育に従事されていた大隅良典氏と、前の総合文化研究科長・教養学部長の石田淳《あつし》氏、いまの研究科長・学部長の太田邦史《くにひろ》氏による鼎談が置かれ、日本の大学教育において駒場の果たしてきた役割と今後の課題が示されている。また本書の中央には「知の最前線」として、総勢一七名の現役教員が自身の研究を分かりやすく解説した文章が並び、特色ある研究を育む駒場の雰囲気を伝えている。ほかには、著名な卒業生が学生時代の指導教員と語り合う「師弟対談」、各界で活躍する卒業生や将来を嘱望される在学生による寄稿、駒場の歴史・組織の簡潔な説明、ユニークな教育プログラムや魅力的な設備の紹介など、多彩で欲張りな内容となっている。

多彩といえば、執筆陣の豪華さにも触れずにはいられない。先述の大隅氏はもちろんのこと、元外務大臣の川口順子氏、芥川賞作家の円城塔氏と小野正嗣氏、批評家の東浩紀氏、若手起業家の安部敏樹氏、駒場のグローバル化を象徴するPEAKプログラム出身のディオン・ン・ジェ・ティン氏、大学院在学中に山本周五郎賞を受賞した小川哲氏など、世代、分野を問わず、さまざまな才能が本書に結集している。また、「知の最前線」に寄稿した一七名の教員のうち七名は女性であることも、相対的な駒場の研究・教育活動の（いまだ課題は大きいとはいえ）公平性を示す事実として注記しておきたい。

「駒場愛」の源

本書を編集しながら密かに楽しんでいたのが、複数の執筆者のことばに意外なつながりを見出すことだった。たとえば、一見して役に立たない研究も長い目で見れば意味があるという大隅氏の見解と、外交の現場では一分野の専門家よりも複数の分野に明るい人が成果を挙げるという川口氏の指摘は、いずれも短絡的な実用主義に警鐘を鳴らしているように思われるし、これは駒場の学際性が一般社会ではなかなか理解されないという東氏の指摘とも響きあっている。そして社会の常道から逸脱するのを咎めない、いや時には奨励さえする駒場のような場に集うさまざまな人と出会うことが予想外の可能性を開くことも、本書に繰り返し示されている。その見事な例が、指導教員である金子邦彦氏の助言から小説家になった円城氏であり、さらにはその円城氏の小説への情熱が嵩じて金子研に入り、学部生にして顕著な研究成果を挙げた山岸純平氏（二〇一八年度東京大学総長大賞受賞）であろう。

　このような類似性、反復性を示しつつも、執筆者の駒場体験はそれぞれバラバラである。駒場で学問に目覚めた人、（謙遜もあるだろうが）勉強にあまり熱心でなかった人、教員として初めて駒場に来た人、訳あって駒場を後にする人など、あらゆるパターンが本書に見られる。しかしその誰もが、寄稿について前向きで、積極的に協力してくださった。こちらからの執筆依頼のメールに、ほんの数分で快諾の返事をくださった方も少なくない。

　この溢れんばかりの「駒場愛」の源はどこにあるのだろうか。実は学生時代に駒場で教育を受けたことのない私には、なかなか分かりにくい。編集をはじめた当初はそう感じていたが、次第にこう思うようになった。いや、むしろ私のような「縁なき衆生《しゅじょう》」も自然と受け容れる度量の広さを備え、学問の伝統や縄張り意識に縛られない自由な空間を実現しているからこそ、駒場はさまざまな人の精神的な故郷となり得るのではないか、と。すべての道は駒場に通じている。私のような者がこの文章を書いていることが、その何よりの証拠だろう。そして本書を手に取ったあなたの目の前の道も、きっとここへと通じている。これから駒場が八〇周年、九〇周年、一〇〇周年を迎えても、この自由な空間が守られていることを強く願う。

「おわりに」のおわりに——感謝のことば

本書の企画は、二〇一八年に研究科長（当時）の石田淳氏が立案し、研究科長補佐（文系）であった武田を実務担当者として進められた。他に、新井宗仁、佐藤守俊、清水剛《たかし》、杉山清彦、前島志保、長谷川宗良《ひろかず》、津田浩司の各氏も編集委員として参画した。このうち、研究科長補佐（理系）の長谷川氏と、武田の次に研究科長補佐（文系）に着任された津田氏のお二人は、武田と共にすべての原稿のチェックをおこなった。お二人の勤勉な仕事ぶりに触発されて、編集作業がどれほどスピードアップされたか分からない。この「三本の矢」ならぬ三人の編集体制を提案された石田氏は、いつも絶妙なタイミングで的確な助言をくださった。また、「組織——先端知を生み出す三層構造」の立体的な構造図や、キャンパスマップ、アクセスマップについては、杉山氏が才能を発揮された。さらに、本書に収められた写真の多くは、野鳥と天体の撮影を趣味とする長谷川氏によって撮られたものである。その献身的な仕事ぶりは特筆に値する。

本書の企画を実現するためには、東京大学出版会の山田秀樹氏、小暮明氏、住田朋久氏のご協力が不可欠であった。『東京大学駒場スタイル』というタイトルは、出版会から提案されたものである。

また、本書の刊行に際し、東大駒場友の会から多大なるご支援を賜ったことも、ここに記しておきたい。友の会会長の浅島誠氏（元教養学部長）、友の会理事の村松真理子氏、本書の編集委員で友の会の学内委員でもある新井氏をはじめ、友の会会員の皆様に心から感謝申し上げます。

本書の編集作業がスタートしたのは、二〇一八年四月二五日であった。それから約一年、原稿も（本稿を最後に）無事揃い、七月七日の教養学部創立七〇周年イベントに刊行を間に合わせることができそうで、少し安堵している。先述の皆様のほか、本書に関わったすべての方々に深く御礼申し上げます。

二〇一九年四月一五日

編集委員を代表して　武田将明

東京大学駒場スタイル

2019年6月27日　初　版

［検印廃止］

編　者　東京大学教養学部

発行所　一般財団法人　東京大学出版会

代表者　吉見俊哉

153-0041 東京都目黒区駒場4-5-29
http://www.utp.or.jp/
電話 03-6407-1069　Fax 03-6407-1991
振替 00160-6-59964

印刷所　株式会社精興社
製本所　牧製本印刷株式会社

ISBN 978-4-13-001351-2　Printed in Japan